# 成都藏族流动人口的生活

## ——一项关于社会支持的实证研究

张勇　窦存芳　著

中央民族大学出版社
China Minzu University Press

**图书在版编目（CIP）数据**

成都藏族流动人口的生活：一项关于社会支持的实证研究/张勇，窦存芳著. --北京：中央民族大学出版社，2021.5

ISBN 978-7-5660-1865-6

Ⅰ.①成… Ⅱ.①张… ②窦… Ⅲ.①藏族—流动人口—研究—成都 Ⅳ.①C924.24

中国版本图书馆CIP数据核字（2020）第272950号

**成都藏族流动人口的生活——一项关于社会支持的实证研究**

著　　者　张　勇　窦存芳

责任编辑　赵　鹏

责任校对　杜星宇

封面设计　舒刚卫

出版发行　中央民族大学出版社

北京市海淀区中关村南大街27号　邮编：100081

电话：（010）68472815（发行部）　传真：（010）68933757（发行部）

（010）68932218（总编室）　（010）68932447（办公室）

经 销 者　全国各地新华书店

印 刷 厂　北京鑫宇图源印刷科技有限公司

开　　本　787×1092　1/16　印张：20

字　　数　256千字

版　　次　2021年5月第1版　2021年5月第1次印刷

书　　号　ISBN 978-7-5660-1865-6

定　　价　80.00元

谨以此书献给改革开放40年来为成都市社会经济发展和民族团结做出贡献的藏族流动人口和移民！

各美其美，美人之美，

美美与共，天下大同！

# 目　　录

# 引 言

地球上北纬30度孕育了人类的几大古文明：巴比伦文明、埃及文明、玛雅文明、中华文明等。中华民族的母亲河黄河和长江的源头都在青藏高原，而长江流域面积主要分布在北纬30度左右，长江从青藏高原唐古拉山发源，一路曲折而下，穿越中国社会经济的腹心地带，流经11个省、市、自治区，从上海汇入太平洋。这条河流的发源地就是我国藏族居民的聚居区。从吐蕃时期创制文字，统一各部落，逐步形成一个统一的民族，千百年来藏族居民在地球的“第三极”谱写了中华文明的恢宏篇章，在其漫长的发展过程中创造了一套适应于青藏高原的文明体系，是中华文明的重要组成部分。勤劳质朴的藏族人民在社会实践中创作了世界上最长的史诗——《格萨尔王》。

“藏彝走廊”也位于北纬30度这条神奇的纬度线上，费孝通先生20世纪80年代提出“藏彝走廊”这一学说，并认为它是一个历史上形成的民族区域，也是西南地区的主要少数民族生存的空间，在长期的民族交流交往交融中，各族人民共同塑造了中华民族多元一体格局。

今天我们把关注的目光再次投射到这条纬度线上时，依旧为大自然的精妙安排而惊叹。如果我们从被誉为中国最美公路的318国道起点出发，即从长江的入海口溯流而上，沿着北纬30度纬线经过最为繁荣富庶的江浙地区、鄱阳湖平原、江汉平原、洞庭湖平原地区，然后过渡到丘陵地区，进入世界最大的水利工程——三峡大坝库区，实现历代领导人梦寐以求“高峡出平湖，神女应无恙”的梦想。再拾级而上，一步步踏上青藏高原，进入世界上地质构造最为复杂的横断山脉地区，先后穿越14座海拔4000米以上的山峰，而横断山脉地区七脉六江似乎从未阻隔各民族文化之间的交流，历史上这里就是我国西南少数民族地区和内地交流交往的主要通道，且形成了保存较为完整的民族区域特色文化，跨越横断山脉，然后到达高原圣城拉萨。继续向南到达尼泊尔、印度、斯里兰卡等国，向西则到阿拉伯国家、欧洲地区。青藏高原中部山脉是三江源头，被誉为亚洲水塔，孕育了中华民族文明。如果我们把这条线上主要的国内城市连接起来，我们会发现上海、杭州、南京、合肥、长沙、武汉、重庆、成都、昆明、昌都、拉萨等城市几乎都在这条纬度线附近。藏彝走廊历来就是民族交融的重要通道，从文成公主进藏联姻成功开启了汉藏民族交往的佳话，茶马古道记载的千秋故事，到青藏线、川藏线、滇藏线上络绎不绝的车队，都仿佛诉说着历史的沧桑变迁。从芒康地区的井盐（纳西族生产的白盐和藏族生产的红盐）通过茶马古道上的商贩输送到千家万户，再到今天前赴后继旅行者进行徒步游、骑行游、自驾游等，各类群众经商务工，连接了千百年来民族交流与交往的历史。无论是青藏高原独特的自然景观、生物多样性的奇观还是民族文化多元性的壮观都会引发人们强烈的震撼。今天国家实施的一带一路倡议，把西藏和四省藏区与世界各地紧密联系起来。本书主要研究的对象就是从青藏高原特别是四川藏区迁移到内地的藏族人口，他们为什么要迁移到成都？如何迁移到成都？在成都从事什么职业？生活得怎么样？……

## 一、问题的提出

人口流动是人类社会自古以来存在的重要社会经济现象，世界各国、各地区、各民族，概莫能外。纵向地看人口流动塑造了各国民族关系的格局，横向地看它塑造了各国各民族社会经济发展的特征。中国作为世界上从未中断文明的悠久国家，不同历史时期的人口流动创造了不同的社会经济发展水平，各民族间在中华大地上持续不断的人口流动塑造了中华民族多元一体的格局。自吐蕃政权和中央王朝建立社会经济友好交往以来，双方社会经济联系从未中断过，石硕的专著《西藏文明东向发展史》研究表明，西藏文明东向发展是历史的必然。该书以大量的史实论证了中原文明对吐蕃政权具有强大的吸引力和凝聚力，吐蕃与中央王朝在长期互动中形成了一个不可分割的整体，特别是双方经济发展存在依赖性和互补性，在不同的历史时代有不同的表现形式。双方贸易不但增强了双方交流，而且形成中原地区经由“藏彝走廊”通向南亚、西亚、阿拉伯等地区重要的商贸通道——南方丝绸之路。历史上藏区与内地这种天然的、紧密的社会经济联系，促成了西藏文明不断东向发展。我们通过研究民族通道的文献资料发现，长期的各种贸易往来不仅加强了汉藏民族的交融，而且使西藏文明不断向东扩展，川藏线上的很多城市就是民族贸易的产物，康定城就是在汉藏民族长期的历史交往中形成的，后发展为全国最重要的贸易中心之一。

中国作为世界上人口最多的国家，自改革开放以来，人口流动的大潮汹涌澎湃，大量流动人口不仅推动中国经济的快速发展，也使得城市的面貌日新月异。在中国人口流动大潮中有一道独特的风景线，就是中国藏区与内地城市间人口的双向流动，即内地人口向以青藏高原为主要地理区域的藏区流动；青藏高原的藏区民众向内地的城市流动。其实，这种双向流动的现象自古以来就一直存在，只不过流动的数量比较有限。中华人民共和国成立后，为了支援藏区的社会建设，内地的建设者不断进入藏区，藏区民众也纷纷到内地学习和工作，由此引起藏区的重大变化。改革开放以来，藏区与内地间人口的双向流动不仅数量大大增加，而且流动的人群也更加多元化，特别是21世纪以来，藏区人口大量流入内地，到底是什么原因驱动他们进入内地，这种双向流动的原因是什么呢？

其实，我们从“藏彝走廊”的相关研究中发现，藏区与内地社会经济的交往是整个漫长历史发展阶段的主流。从丝马古道、茶马古道、南方丝绸之路到现代化的各条道路，藏区与内地的产品交换发生了巨大的转变，从马匹、牛羊毛、牛羊皮、药材等土特产到木材、松茸等，从冬虫夏草、藏药到传统文化产品，这些产品从藏区古玩店到北京潘家园珠宝市场、798艺术区、成都武侯祠、上海豫园等，内地则主要向藏区提供一些民族特需产品、生产生活用品以及藏区发展所需的各种资源。而在持续不断的商贸流通中藏区的人口流动也随之发生重大的转变，从各类具有特权的藏区头人、商人的流动演变为各行各业的普通百姓流动，由此藏区与内地社会距离越来越短、人员往来越来越密切，社会经济的一体化程度越来越高。因此，民族人口之间的交往交流交融是推动社会发展最为活跃和深层的影响因素，当代藏族大量的流动人口和移民一步步踏入内地社会，成功融入内地城市，他们不仅对藏区产生了良好的示范、引导效应，对内地城市的多元发展也增添了新鲜的元素。像藏区的餐饮品牌玛吉阿米、传统医药品牌奇正藏药等在内地已经有广阔的市场，藏族文化作为中华民族文化大家族中一颗耀眼的星星在新时代已经熠熠生辉，给人们留下深刻的印象。不论是北京奥运会上展出的千幅唐卡还是传唱久远的《青藏高原》等，都让我们感受到，一股藏族文化热席卷了大江南北，到底是谁造就了藏族文化如此巨大的吸引力？

## 二、中国藏区人口流动的社会经济动因

中华人民共和国成立以来，藏区与祖国内地的联系和发展翻开了新的一页。为了加强边疆民族地区的建设和促进民族团结，中央政府采取了和以往不同的社会经济政策，由于青藏高原特殊的自然环境下物产有限，内地长期向其输送大量藏民所需生产生活物资，中央政府在民族地区实行民族区域自治制度，长期以来持续不断的社会经济援助和建设，使中国藏区的社会经济面貌发生了天翻地覆的变化，从贫穷逐步走向富裕，从封闭逐步走向开放，一个社会稳定、经济繁荣、民族团结的社会主义新藏区绽放在雪域高原。改革开放作为当代中国最具鲜明时代特征的春风吹向中国大地，中国藏区的人口流动就此徐徐展开。

1980年5月，中共中央总书记胡耀邦亲自去西藏考察。从此，西藏的发展迈入一个新阶段。中共中央书记处成立不久在北京召开了西藏工作座谈会，中央书记处指出，西藏和平解放以来，在党中央领导下，推翻了封建农奴制，改变了西藏几千年来的落后面貌。但同时也指出，由于林彪、“四人帮”极左路线对于党的民族政策、经济政策、宗教政策、统战政策、干部政策等方面的严重破坏，西藏人民的生活没有明显改善。第一次中央西藏工作座谈会提出，加强团结，千方百计发展国民经济，提高各族人民的物质生活水平和文化科学水平，建设边疆，巩固边防，使西藏兴旺发达、繁荣富裕起来。为推动藏区工作的全面发展，中央政府给予藏区发展各种特殊的倾斜政策，加强各族干部和人民的团结，调动一切积极因素，发展西藏社会经济。在此政策背景下，一个全新的藏区发展大幕徐徐开启，改革的春风似乎吹遍了藏区每一个角落，藏族群众迸发出前所未有的热情，每个人都对未来充满无限的憧憬和期盼，全身心投入一个新时代的发展，藏区和内地的发展关系越来越密切。从此，许多人的命运和人生

轨迹开始发生了变化，藏区的人口流动明显加快。其后，1984年中央召开第二次西藏工作座谈会，进一步放宽经济政策，以期解决让西藏人民尽快富裕起来的问题。并决定由北京、上海等九省市帮助西藏建设43项迫切需要的中小型工程项目。1994年7月第三次西藏工作座谈会提出西藏工作的指导方针，即以经济建设为中心，紧紧抓住发展经济和稳定局势两件大事，把西藏的潜在资源优势逐步转变为现实的经济优势。中央实施对口支援西藏的政策机制，实行长期援建的制度安排，安排60个中央国家机关、18个省市和17家中央企业对口支援西藏。这些大型的援藏项目主要用于改善民生和基础设施建设，为西藏经济社会持续发展奠定了坚实基础。2001年6月，第四次西藏工作座谈会提出，抓住西部大开发战略机遇，促进西藏经济跨越式发展、社会局势长治久安。发展特色经济，培植旅游业。2010年中央第五次西藏工作座谈会后，中央政府按照省市财政收入的千分之一核定了17个援藏省市的援助资金量，并建立了稳定增长机制。2014年中央第六次西藏工作座谈会准确把握新形势下民族问题、民族工作的特点，围绕西藏工作的特殊性，形成依法治藏、富民兴藏、长期建藏、凝聚人心、夯实基础的西藏工作重要原则。中央西藏工作座谈会是改革开放以来西藏最重要的政治工作安排，每次会议之后，都出台相应举措不断推动西藏社会经济发展，在此背景下，与内地的人员往来越来越频繁。

继西藏工作座谈会后，20世纪90年代中央建立了中央民族工作会议与国务院民族团结进步表彰大会合一的会议机制。历次中央民族工作会议紧密围绕“加快少数民族和民族地区经济发展和社会进步”的主题，经济发展的重心从东部向西部不断转移，地区之间、民族之间的社会经济文化交流加速推进。1992年是当代中国极不平凡的一年，邓小平“南方谈话”及社会主义市场经济体制目标的确立犹如一颗璀璨的明星，照亮了中国前进的道路。从此，民族地区的发展也走向经济发展的快车道，催生了更多的少数民族流动人口在城市寻找新的职业，“星星之火，必将燎原。”特别是21世纪以来，越来越多的少数民族人口进入内地城市，成为内地城市民族经济的一股新兴力量。其实这也是中华民族历史上民族互动的延续，新型的少数民族流动人口为少数民族经济的发展和构建社会主义新型民族关系开启新的实践。2000年国家实施西部大开发战略，进一步加快了西部民族地区的经济社会发展，使民族地区全面融入全国发展的格局，对外开放也进一步扩大。这种外部输入与内部结合的发展，使民族地区和边疆地区成为开放发展的新高地。在中央一系列促进民族地区社会经济发展政策的指导下，藏区呈现出跨越式的发展态势，民族之间的交流成为新的社会现象。20世纪80年代东部地区的商贩跑到西部、西藏从事各种商品活动，90年代初期西部商贩包括西藏的商贩开始出现在东部地区，各民族人口开始双向互动，不再是单向流动。这种双向互动在内地的大城市非常普遍，像北京、上海、南京、广州、成都等城市的街头随处可见穿着藏装的人在街头摆摊，卖佛珠、藏药、藏式文化用品等。这些现象表明边疆少数民族也开始了经商流动，个体经营活动出现，并在经济活动中流动到内地。这种流动的规模越来越大，到20世纪90年代后期，在内地城市出现了很多来自西部的少数民族群体，北京、成都是西藏的商贩较为集中的地方。

边疆民族地区由于历史和现实发展不平衡，相对落后于内地，正是在当代中国全面推进现代化建设的时代背景下，中央政府为统筹推进藏区的社会经济发展，采取了特殊的社会制度安排和政策举措，有力地促进了藏区的社会发展。这种外部产生的“拉力”和藏区自身需要改变面貌的“推力”形成了藏区人口流动和移民的现象，特别是越来越多的藏族流动人口体验到祖国内地的繁荣，享受到经济活动带来的好处，又带动更多的少数民族加入这个流动潮流中。伴随中国的现代化进程持续推进，藏区现代化的滚滚车轮将继续带动藏区的各族人民追求更加美好的社会生活，流动、迁移的脚步将会越来越快。当然，随着少数民族流动人口的大量涌入，给城市的管理带来新的挑战，1993年国务院发布的《城市民族工作条例》，其实就是要顺应和解决“让少数民族融入城市”的问题，人口流动必然带来一系列的社会问题，我们要以宽广的眼界看待这些社会现象，在中华民族共同体的大格局中妥善处理这些问题。历史经验表明，各民族交往、交流越频繁，社会经济发展就越好。

20世纪80年代伴随中国社会转型的加快和市场经济转轨，社会进入剧烈变迁时期。民族地区也加入这一过程，逐渐发生全面的变化。民族地区经济力量相对薄弱，需要更多制度性、政策性的支持，在中央和地方政府一系列优惠政策的支持下，民族地区也逐渐融入整个社会发展的大局。四川藏区的发展也不例外，由于有成都的天然地缘优势及四川省政府的诸多政策性支持，四川藏区的发展也进入快车道。在此背景下，出现了第一批内迁移民，这是在成都人数最多，影响最大的一个少数民族群体。这个群体是如何把成都变为藏区的后花园的？双流区是如何一步一步演变为甘孜州藏族老百姓戏称的“甘孜州第19个县”的？都江堰又是如何演变为阿坝州藏族老百姓戏称的“阿坝州第14个县”的？从点状居住到带状分布，再到成都全域分布，这些内迁移民在成都是如何一步步适应城市生活转变为成都市民的？本研究将运用社会融合理论、国家与社会理论分析在社会经济制度的变迁过程中内迁移民如何创造性地发挥他们的聪明才智，一步步发展壮大经济实力，形成藏族在内地最大的聚居区。

对于四川藏区内迁移民，若持移民经典理论的“推拉观”“劳动力市场观”“世界体系观”“二元观”等任何一种观点，都是不全面的，四川藏区内迁移民是当代中国现代化进程中多种因素互动作用“合力”推动的社会后果。探索四川藏区内迁移民应该将其放在一个自然环境、人口、经济结构、社会制度、文化传统等多因素的连锁体系中加以考察，任何单一的角度研究都不可能解释这一复杂移民现象，本研究算是多维视角研究的尝试。

## 三、四川藏区流动人口和移民的社会性条件

自吐蕃政权和唐代中央王朝建立友好交往以来，汉藏民族的社会经济联系从未中断过，汉藏双方社会经济发展存在必然的联系。一千多年汉藏民族交流的历史告诉我们，通过茶马古道的贸易通道不但把藏区与内地连接起来，而且增强了民族的融合，藏区与内地这种紧密的社会经济联系，促成了西藏文明不断东向发展。我们通过对这些民族通道的考察发现，它们不仅加强了汉藏民族的交融，而且使西藏文明不断向东南扩展，康定城就是汉藏民族在长期的历史交往中形成的。内地生产的各类生活用品源源不断输送到藏区，今天成都地区的邛崃、大邑等地在清代就已经为藏区生产各类用品，邛崃市冉义镇是全国最大的藏民族文化用品生产基地，年产值达数亿元，几乎藏区需要的民族用品都可以生产，如各式哈达、经幡、氆氇、龙达、转经筒等。成都的红牌楼区域本是明代藏区使者进贡的接待点，现在演变为西藏自治区人民政府驻成都办事处，由过去的行政办事职能演变为办理社会经济文化事务、沟通内地的窗口。藏区所需的各类物资都是通过内地运送到藏区，藏区的木材、矿产、水电、中药材资源输送到内地，有力地促进了国家经济建设。

改革开放以来，中国社会发展最重要的变化就是体制转轨、社会转型，即从社会主义计划经济体制向社会主义市场经济体制转轨，从传统社会向现代社会转变、从农业社会向工业社会转变、从农村社会向城市社会转变、从单位制社会向社区社会转变。中国藏区的发展也不例外，在宏观

社会背景下，四川藏区的发展受到整个社会环境的影响。四川藏区在特定的自然生态环境和特定社会经济发展条件下，流动人口和移民呈现出阶段性发展特征。藏区在体制的转轨和社会转型的过程中遭遇了诸多的困难和挑战，但其积极面对机遇与挑战，克服了一些困难，走过了坎坷，成功实现了社会的转型。藏族人走出青藏高原，走出本民族世代居住的地理单元，和内地紧密地联系起来。

中国改革开放取得的伟大成就，可以说是成功地融入经济全球化发展的结果，藏区发展也从中受益，西方人梦想的“香格里拉”伴随旅游业的兴起，掀起了人们对藏文化向往的热潮。1998年云南省迪庆藏族自治州的中甸县改为香格里拉市，四川省阿坝州南坪县改名为九寨沟县等就是例证。21世纪以来，旅游业快速发展，为藏区注入了新的活力，藏区成为众多对青藏高原向往者和旅游者的首选。九寨沟已经成为世界人民的九寨沟，被西方人久久追寻的香格里拉已经成为新的世界旅游热点，一个大香格里拉旅游圈初步形成，给世界各地的游客提供前所未有的旅游体验。20世纪90年代《青藏高原》《向往神鹰》《神奇的九寨》等藏族歌曲风靡内地，以亚东、容中尔甲、降央卓玛等为代表的四川藏族歌手活跃于音乐界，藏族文化热成为内地文化多元的重要表现。同时，这其实吹响了藏族流动人口进入内地的号角。从这些社会文化现象背后我们可以看到整个藏区与内地社会经济发展的不可分割性和内在的逻辑联系。

改革开放以来，四川藏区在国家和地方政府政策的支持下，为加快藏区的建设实施了一系列卓有成效的举措，从直接的经济援助“两项资金”（国家支持欠发达地区发展资金和民族地区发展资金）到促进发展的金融税收优惠政策，从民生工程（牧民定居行动计划、卫生计划、教育计划等）至经济发展的重大战略调整等，都有力地促进了人口的流动。藏区持续不断的流动人口和移民在成都开展了创造性的经济活动，特别是在体制转轨下，一些民族产品有了发展的空间，敏锐的商人迅速抓住商机，在武侯祠创建了民族用品一条街和形成其他一些聚居区，它们是观察和展现汉藏民族关系极其重要的窗口，不仅体现汉藏民族经济、政治、宗教、文化交流等方面的关系，而且也是国际社会了解中国民族关系的一扇窗口（西方多个国家在成都设有领事馆）。因为在这个场域中包括了非常重要的一些藏区的机构和实体，西南民族大学、西藏各单位驻成办、四川藏区及其各单位驻成办等几百个办事机构，还有以藏艺商场、成都卓娅藏医医院和启雅尚国际酒店等为代表的大量的经济实体。这已经超越了藏区移民在城市生活、工作、学习等例行化的生活实践，也包含了藏区与内地经济发展、民族文化交流、宗教等的复杂互动，更成为观察和了解汉藏民族关系、宗教发展的晴雨表。因此，藏区内迁移民为国家统一、民族团结、文化多元、社会和谐发挥重要作用。

2008年对藏区来说是非同寻常的一年，“3・14”事件后，国家加强其他藏区人口赴西藏自治区的管理，四川藏区作为第二大藏区，很多商人开始寻找新的机会，成都很快成为他们的首选目标，一时间大量商人进入成都民族市场，武侯祠民族用品一条街获得空前发展，进一步向周围地区扩展，其中较重要的是送仙桥古玩市场的繁荣。“5・12”地震对四川藏区宗教场所的破坏，客观上刺激了武侯祠民族用品市场的一度繁荣。自然环境的因素和社会性因素相互叠加，极大促成了成都民族经济市场的发展。

我们通过对四川藏区内迁成都移民发展脉络的梳理，发现藏区驻成都的各级部门、成都市相关的机构和部门、藏区内迁的移民建立的各类组织协会、商会和各类经济实体已经形成多重关系，在一些内迁移民或流动人口聚居的区域形成了多个移民社区、利益共同体，一个规模宏大、群体多样、社会文化影响较大的移民群体已经形成。在新时代背景下，我们要努力维护、经营和发展已经形成的这种良性民族社会经济发展格局，把成都建设成为民族团结、民族关系和谐的优秀示范城市，为其他城市提供启示。

## 四、四川藏区内迁移民的生活考察

本研究主要关注藏区特别是四川藏区的内迁移民，当代“藏彝走廊”的民族交往正在演绎新时代的社会主义民族关系，我们将从历史上“藏彝走廊”藏族居民的迁徙予以考察。中华人民共和国成立以来特别是改革开放后，藏族居民由于各种社会经济原因迁移到成都平原生活，我们将从迁移的社会制度背景、迁移的社会经济文化因素、迁移原因、迁移的类型等方面全面考察藏族居民的社会流动过程，揭示这种社会现象背后的逻辑。同时，以翔实的资料澄清藏族同胞在改革开放以来全面参与到社会经济建设当中，成为主宰自己发展的真正主人的事实，全力驳斥国际上企图离间我国藏族的各种不实言论。

藏族作为成都市人口最多的少数民族，他们住在什么地方？从事什么工作？过得又怎样？我们的实地观察和相关数据表明，藏族流动人口和移民集中在都江堰市、郫都区、金牛区、双流区和武侯区五大区域，从城市中心到郊区都有分布，并以家乡来源地为基础聚居，甚至工作也是如此。这里有社会经济的因素，但更多的是因为初来乍到，主要依靠老乡的介绍和各种社会关系网络，家乡来源地相同的从事的职业和行业也比较接近。如甘孜藏族自治州的移民主要集中在双流区和武侯区，阿坝藏族羌族自治州的则集中在都江堰市、金牛区等。正是由于他们居住比较集中，甘孜州人戏称双流区为“甘孜州第十九个县”，阿坝州人戏称都江堰为“阿坝州的后花园”。我们在对藏族流动人口和移民进行长期的研究后发现，那些住在同族集中区域的移民，主要从事自雇和比较集中的民族职业和行业，比一般外来少数民族移民更具收入上的优势，对受教育水平低、收入较低的群体来说，更是如此。藏族在成都的融入方式不同于其他少数民族，首先在政治上占据了天然的优势，藏区驻成都办事处的悠久历史与优惠的政策为藏族内迁移民提供了便利条件。藏族深厚的民族文化传统，也为他们提供了发展民族文化产业的不竭动力。

本研究通过定性分析探讨了四川藏区移民内迁的社会经济根源，探讨改革开放以后特别是建立社会主义市场经济体制以来，四川藏区的藏族人口如何一步步迁移到成都，从事各类民族社会经济生产活动的问题。从最初的租房居住到集资建设小区住房，再到成都区域的各地购房定居的居住格局；从建立了极具影响力和知名度的街道——武侯祠民族用品一条街（有研究者称为“成都的八廓街”“小拉萨”）、民族用品区域中心市场、安德民族贸易市场，到不仅在成都市中心地带有鲜明藏民族风格的藏艺商场、卓娅藏医医院，而且有琳琅满目的民族文化用品畅销全国各地乃至世界其他地方，四川藏区内迁移民在生产生活中发展民族经济、弘扬民族传统文化、促进民族团结、繁荣市场经济，做出了积极的贡献。改革开放以来四川藏区内迁移民用实际行动诠释了社会主义新型条件下的民族团结之路。

今天，中国藏区已经以崭新的面貌呈现在世人面前，或许那首“溜溜的”《康定情歌》唱醉了现代人，才会有敞开怀抱的圣洁甘孜欢迎您！中国藏区，雄伟的珠穆朗玛峰成为世界之巅，布达拉宫的辉煌饮誉世界……不论何种理由，中国的藏区似乎都能深深折服所有的人，只要你去青藏高原。或许正是这些印象给很多人留下了疑惑，我们将通过对藏族移民在成都的融入研究拨开这些迷雾。

一条连通中国内地和青藏高原的茶马古道的漫漫长路，记录了汉藏交流的千年历史，诉说着那一段段令人荡气回肠、气壮山河的民族华章。今天现代化的公路、铁路、航空等立体化的交通极大拉近了藏区与内地的距离，内地源源不断输送藏区所需的各种资源，藏区的特产也进入内地市场。伴随物资的流通，藏区各类向内地的流动人口和移民不断增多，联系更加紧密，社会经济发展的一体化程度越来越高。历史上形成的茶马古道向来就是民族商贸之道、民族文化融合之道、民族团结之道，北纬30度线上的这条纽带维系了藏区与祖国的血肉联系。今天，这条纽带进一步书写千年历史续篇，大量藏族人口向内地不断迁移，与各族人民交往交流交融更加紧密，藏区与祖国内地的社会经济联系更加密切，必将为实现中华民族伟大复兴书写浓墨重彩的一笔。

今天的中国藏区已经迈向现代化的征程，实现了从传统社会向现代社会的转变，现代化的巨大力量已经波及藏区各个角落，藏区不再是一个封闭的世界。伴随旅游业的崛起，世界各地的人们都在寻找心目中永远的“香格里拉”，藏族人民也拥抱今天的这个世界，寻找他们心中的现代化，在流动中实现他们的梦想。或许，这就是费孝通先生所说的“美美与共”，才能实现人类社会自古以来追求的“理想社会”。

# 第一章　文献述评、研究思路及研究方法

## 第一节　相关研究的文献述评

移民是人类社会发展过程中普遍存在的社会现象。《圣经》中记载的《出埃及记》希伯来人怀着对美好生活无限的憧憬，一路受尽了千辛万苦、冲破重重社会阻挠，最终迁移到那流淌着蜜汁的土地，由此揭开了人类迁移的历史记载。地理大发现后，伴随西方人的殖民掠夺，欧洲人开始移民到世界各地，特别是美国被认为是移民之国。1620年，一批英国的清教徒为逃避宗教迫害，到达美洲建立一个自由的国度，由此拉开美国移民的序幕。中国历史上对人口迁移的记载也非常多，像古代中国农业人口的不断南移、西北河西走廊的民族迁移、西南地区藏彝走廊民族迁移、南岭走廊的民族迁移等等，特别是对历史上著名的“走西口”“湖广填四川”“闯关东”等这些人口迁移的记载，书写了一幅幅波澜壮阔的迁移画面，荡气回肠，令人唏嘘不已。改革开放以来，中国大规模的流动人口，创造了前所未有的社会财富，带来了社会经济发展的无限生机和活力。少数民族流

动人口作为其中的一部分，在中国迈向现代化道路和中华民族复兴的伟大征程中也贡献出了自己的力量。本研究将对我国少数民族之一的藏族流动人口和移民做专门的探讨。

现代社会科学对移民现象有大量研究，特别是经济学、社会学、人口学等学科都有各种经典的研究成果。我们对中外移民的研究成果做一简要的文献回顾。

## 一、国外经典人口迁移理论

古典经济学的创始人威廉·配第（William Petty）曾经对人口流动做了解释，他说：社会劳动力从传统农业部门流向现代工商业部门是经济效率的差异造成的。这一观点可能是最早从经济学角度所阐发的人口流动原因。1885年，人口学家雷文斯坦（Ravenstein）从人口学阐释了人口迁移，并归纳了英国人口迁移规律。随着研究的深入，资料的扩充，他在六项规律的基础之上扩展得到“人口迁移规律”7项原则：1.人口的迁移主要是短距离的，其方向为工商业发达的城市；2.流动的人口从城镇外围逐步迁移到城市中心；3.一般都是农村人口向城市流动；4.每一次大的人口迁移会带来反向流动，这一反向流动可以被视为人口迁移的补偿；5.长距离的流动较大概率为向大城市的流动；6.与农村居民相比，城镇居民的流动率极低；7.与男性相比，女性流动率较高。

由唐纳德·博格（D.J.Bague）提出的“推—拉”理论认为，人口流动是两种力作用的结果，一是促使人口流动的积极力量，另一种是阻碍人口流动的消极力量，这两种力呈现相反方向。同时，流出地存在“推”“拉”两种因素的力量，但相比之下“推”的力量比“拉”的力量要大，因此，人口流动就会发生。

李（E.S.Lee）在“人口迁移规律”和“推—拉”理论的基础上发展了人口迁移理论。他建立了一个包含迁出地、迁入地、迁移障碍和个体特征四个因素的分析模型。试图通过该框架解释在迁移过程中会发生的引力和阻力，以及不同迁移群体的反应。李认为，迁出地和迁入地的许多因素会对迁移决策产生影响，人们对两地的了解程度影响迁移决策；迁移过程存在诸多影响因素，因为个体特征有主观和客观的差异性；迁移过程的完成只发生在迁移引力大于阻力的情况下。虽然这一理论对于人口迁移的研究有巨大影响，但其仅依靠经验观察，在一定程度上缺乏严谨的科学推断和假设检验。

美国经济学家刘易斯（Arthur Lewis）建立了发展中国家劳动力转移的二元经济经典模型——刘易斯模型。一般而言，发展中国家经济存在两个迥然不同的部门：一个是传统农业部门，传统农业部门人口众多，生产效率低，普遍存在劳动力过剩的状态；另一个是现代工业部门，经济增长的推动力是现代部门在工资率不变的状况下，吸收边际生产率为零的无限供给的农村劳动力的过程。在现代部门有把积累全部转化为投资的动力的情况之下，投资越多，吸收劳动力就业越多，直到农村剩余劳动力被吸收完毕。

1964年费景汉、拉尼斯（H. Fei & G. Ranis）对刘易斯模型假设进行了修正。其在考虑工农业两个部门平衡增长的基础上，完善了农业剩余劳动力转移的二元经济发展思想。认为劳动力转移存在两个阶段，第一阶段是边际劳动生产率为零的农民向工业部门转移。在工农数量发生转换之后，就进入第二阶段。这一阶段必须依靠提高农业劳动生产率的办法，补偿部分并不完全“剩余”的农民向非农业部门流出所带来的影响。在第二阶段里，社会劳动力在工农两部门间的分配将由竞争性的工资水平决定。

修正后的刘易斯—拉尼斯—费模型扩大了适应性，可以进一步解释农村劳动力转移的规律。但其还存在严重的不足，即不能解释为何农民不顾城市失业的事实，执意向城市流动。托达罗模型弥补了这一不足。托达罗认为：①城乡劳动力迁移的动力是劳动力在城市获得的预期收入，而非即期绝对收入。②个体迁移决策是建立在个体素质、进城后获得工作的概率、工作收入、迁移的实际成本以及机会成本等因素综合权衡的结果之上的。若预期收入大于迁移成本，迁移则发生，反之则不发生。③人们在做出迁移决策时，要考虑短期和长期的预期收入和成本，甚至要从整个生命周期来权衡；若长期收入可以弥补短期损失，则做出迁移决定。④因为人们的个体特征差异，同一时间、地域的人们迁移倾向不同。之后的学者们从城市劳动力市场的作用、工资率水平、就业与失业概率、农村发展政策对迁移的影响等方面对该模型的有效性进行了实证验证。尽管如此，托达罗模型也存在不足，如模型假定了准备迁移的人群都是风险厌恶型的，因此它对特定制度环境下的劳动力就业选择问题缺乏解释力。

与传统迁移理论和新经济迁移理论不同，二元劳动力市场理论假设迁移的动机来自城市经济的二元结构及其内生的劳动力需求（Piore，1979）。在城市经济或发达国家的经济中存在供求不同的主导部门和辅助部门。主导部门的工资待遇好、条件优越；辅助部门反之。本地居民较多在主导部门工作，辅助部门对其缺乏吸引力。因此，劳动力供给长期不足的辅助部门需要外地劳动力补充，迁移动机就此产生。本地劳动力不愿在辅助部门工作主要出于四方面原因。一是工资结构上涨的刚性。在工会组织的压力下，主导部门的工资只能上涨，不能下降。因此，为了解决工资通胀问题引入低成本的劳动力成为必要；二是动机问题。本地劳动力不仅追求高工资，还追求社会地位，辅助部门工作不能满足其需求。三是经济二元性。主导部门技术密集，要求劳动力就业相对稳定，而辅助部门劳动力就业不稳定；四是劳动力供给结构的问题，城市或发达地区的辅助部门所依靠的妇女和年轻人，已经向主导部门工作岗位转移，需要由迁移劳动力来补充。

除上述理论外，世界系统理论也从经济全球化的角度对人口迁移问题做了相关解释。随着经济全球化的发展，世界市场的不断扩大，发展中国家日益边缘化，成为发达国家的“附属国”。发达国家的资本渗透到发展中国家的各个角落，控制了土地、原材料、劳动力和市场，双向流动随之产生——发达国家的资本进入发展中国家，发展中国家的劳动力、原材料等向发达国家流动。这种流动是由市场竞争和经济全球化带来的，而非工资差异。

综上所述，国际上人口迁移相关理论在不断地发展，也取得了不错的成就。每个理论有其自身的优势，同时还存在不足，因此有一点需要明确，现代人口迁移现象十分复杂，仅仅依靠一种理论无法对其进行全面的解释。分析现存的诸多理论为我们提供了广阔的视角。我们可以从个体的角度出发，利用新古典模型分析个体迁移决策的动机；也可以立足于家庭层次之上，利用新经济迁移理论解释迁移决策的影响因素；还可以从宏观的角度或从国际的视域，利用迁移的政治经济学理论来解释国内迁移和国际迁移问题。因此，理论应用的关键是把握好理论存在的条件和假设。

## 二、国外有关流动人口和移民的主要理论

从国际学术界来看，流动人口和移民一直以来是学术研究的经典主题，它早就引起了人口学家、社会学家、人类学家、民族学家和经济学家等的持续关注，不同学科的学者对人口迁移发展存在不同的解释理论。

### 1. 经济学的视角

最具影响力的是上文提到的雷文斯坦等人提出的“推—拉”理论，还

有后来的一些著名经济学家提出的理论，如刘易斯的“二元经济”结构理论、舒尔茨的“三态论”、钱纳里和塞尔昆的“多国模型”论等。这些理论都是从经济学的立场出发，从宏观层面解释移民现象。在新古典主义和新自由主义视角下，人口迁移的决定因素是人力资本和地区收入差距（Schults，1961；Sjaastad，1962；Todaro，1969）；行为学派认为迁移是由理性决策的心理因素决定（Wolpert，1965）；网络理论强调社会关系网和原居地塑造迁移过程和模式的作用（Goodman，1981；Massey，1990）；劳动力市场分割描述迁移人口如何进入城市劳动力市场或非正规部门；家庭决策视角认为迁移是家庭资源分配的一部分。无论这些理论对移民的各种现象解释多么完美，其实都不能完整解释移民现象的复杂性。

西方学者有关人口迁移的主要理论大多忽视了国家在国内迁移的作用。研究国际迁移的学者更关注政策、法律和相关制度因素影响（Massey，1997；Wright and Ellis，1997，2000）。持国家—社会分析视角的学者则批评强调市场中心的观点，主张从国家的视角解释人口迁移（Breman，1976；Skocpol，1985；Amin and Jessop，1999）。

**2. 社会学视角**

人口迁移的国际社会学研究范式可以划分为三类。第一类是以“推—拉”理论为代表的古典主义范式，其强调资源分布不平衡导致人口迁移。第二类是以世界体系理论为代表的结构功能范式，其认为由于国家社会的结构功能不同，处于社会的发展位置不同，导致人口迁移。第三类是“主体—实践”范式，其认为移民并非完全地被“结构”限定的人群，而是社会行动的主体、政治主体（项飙，1998）。社会学发展的综合性理论可以解释此现象，英国社会学家吉登斯的结构化理论是典范。这三种范式在分析移民的过程中都把国家、市场和社会作为重要的影响因素。在不同的范式下发展了各具特色的分支理论流派，前两种范式本研究中涉及较少，在此不作陈述。就主体实践范式而言，和本研究密切相关的社会学理论有社会融合理论、社会资本理论、社会支持理论、网络理论、前因累积理论等，现做简短概述。

社会融合理论

法国社会学家迪尔凯姆（Durkheim）在研究自杀现象时发现社会联系的紧密与否与自杀率有关，针对19世纪西欧国家在工业社会转型过程中的危机进行了实证研究，并提出社会团结（social solidarity）理论，分析了前工业社会向工业社会转变中诸多危机出现的原因，并针对问题提出相应解决方案。社会团结理论强调了国家，尤其是法人团体和集体意识在社会融合中的重要性，成为当代社会融合理论的重要源泉。由此开始，“社会融合”概念激发了很多社会学家的想象力，他们对社会融合理论进行了创造性的发展，用于解释人类社会发展的诸多方面。

社会融合理论分析移民的观点也复杂多样，有学者认为可以划分为一个基础和三个层次。一个基础由脆弱群体理论、社会分化理论、社会距离理论和社会排斥理论等共同组成；三个层次是宏观、中观和微观层次。这三个层次分别对应以涂尔干、帕森斯等为代表的社会整合理论；以克雷夫科尔的熔炉论、帕克的族群关系循环论和戈登的同化过程理论以及多元化模式为代表的社会融合族群模式理论；从微观个体的心理层面研究的社会认同理论等（黄匡时，嘎日达，2010）。不同理论观点的学者提出社会融合的发展过程并建立了测量社会融合的维度。芝加哥学派的领军人物帕克（Park）提出社会融合经历经济竞争、政治冲突、社会调节和文化融入四阶段。其他学者研究提出了不同的社会融合测量维度模型，主要有戈登（Milton Gordon）的文化性融合和结构性融合二维度模型、塔斯（Junger Tas）的结构性融合、社会文化性融合和政治合法性融合三维度模型和恩泽格尔（Entzinger）的经济融合、文化融合、政治融合和主流社会对移民接纳或排斥四个维度模型等。

社会资本理论

学术界一致认为布迪厄（Pierre Bourdieu）、科尔曼（James Coleman）和帕特南（Robert D. Putnam）是社会资本理论的三大创始人。社会学对于社会资本的研究主要包含两层次，一是以伯特、布朗、华裔学者林南等为代表的个体层次。伯特认为社会资本是社会网络结构中的各网络节点间的资源控制与传递的手段，以及实现财富、利益共享的渠道和方式；林南认为社会资本存在于网络中，社会资本的投资与使用是个体的行为，依据个体需求而决定，网络中的资本不能被个体独占，布朗从个体层面出发对社会资本理论进行了微观、中观、宏观三个层次的分析与总结，认为社会资本是按社会网络中个体间关系进行资源分配的系统。布迪厄、科尔曼、普特南则通过群体层面对社会资本进行分析。布迪厄认为社会资本为集体共有，群体内的制度化代理使得社会资本集中，并为群体的存在提供基础，为网络中的成员提供支持。科尔曼和普特南认为社会资本是共同体继承与积累下来并处于其中的，强调信任、规范与网络。普特南更强调社会资本作为集体资产的维持和发展，以及帮助解决集体行动困境，为群体成员带来更多的机会和利益。

纳哈皮特（Nahapiet）在格兰诺维特（M. Granovetter）对结构性嵌入和关系性嵌入进行分析的基础上将社会资本划分为三个高度相关的维度：结构维度、关系维度、认知维度。格兰诺维特（M. Granovetter）所阐释的结构性嵌入是由作为整体的社会系统和关系网络的功能所带来的一种共享资源。关系性嵌入是人们通过交往而建立起来的人际关系。结构维度是指行为者之间联系的总体方式，即你与谁接触以及你如何接触他们；关系维度则关注通过人际关系来创造、维持与获取网络中的资源，主要包括信任、友谊、规范、尊敬等。认知维度是指各方能够提供共享的表述、解释和体系的资源。

社会支持理论

社会支持又称社会网络，是指来自亲属、朋友、同事、伙伴、党团等社会各方面组织或个人给予个体精神或物质上的帮助和支持系统。人们间的相互支持是人类社会维系的基石。社会支持作为一个学术概念，始于心理学。在20世纪70年代初，卡塞尔（Cassel，1976）在精神病学文献中引入社会支持概念后，引起了相关社会科学研究者的重视。社会支持通过生活事件发挥直接的社会功能及调整压力产生的影响，促进身心健康。社会支持一方面在应激状态下为个体提供保护，即对应激起缓冲作用，另一方面对维持良好的情绪体验产生重要的作用。西方学术界对社会支持的研究一般划分为两类：一是客观的支持，包括物质上的直接援助和社会网络、社会团体的存在和参与，后者是指稳定的初级群体联系或不稳定的社会联系（如非正式团体、暂时性的社会交际等）的大小和可获得程度，这类支持独立于个体感受，是客观存在；二是主观支持，指的是个体感到在社会中被尊重、支持、理解的情绪体验，和不同的个体主观感受程度紧密相关。

网络理论

网络理论认为，移民们建立了一套人际关系来“连接新移民、老移民以及在来源地和目的地中不迁移的人们，这些关系可以是亲缘、友谊或是同乡。这些关系提高了进行国际移民的可能性，因为这些关系在降低移民的成本和风险的同时又提高了移民的预期回报”（Massey，1993）。一旦开始，移民就用这种扩散的方式自我维系，直到所有想要移民的人都这样做了为止。

族裔经济理论和聚居区族裔经济理论

社会学家博纳西奇（Bonacich）等认为，任何移民或少数族裔的商家业主拥有并经营的企业（雇主和雇员属同一族裔群体的企业）即为族裔经济。简单来说族裔经济泛指少数族裔群体成员从事的经济活动。其有两个特征：一是经济的所有权，主要指族裔群体成员有经营企业及企业控股权；二是经济的控制权，主要指族裔群体成员控制雇员的渠道和就业网络，也包括通过这些渠道和网络把同族成员引导进入非同族成员所拥有和经营的企业、主流劳务市场以及政府的公共部门。族裔经济的自雇率有高有低，不同的族裔有不同的族裔经济。族裔经济与族裔社区、文化不存在必然联系。因此，不同的族裔群体运用族裔资源运作和社会排斥机制而产生不同的社会流动模式和结果；不同的族裔通过雇工渠道和就业网络打入主流经济，从而导致不同的经济整合结果。

美国社会学家阿列汗德罗·波特斯（Alejandro Portes）借鉴了二元劳动力市场理论，提出了聚居区族裔经济理论，特别强调族裔经济聚居区和同一族裔文化两个因素互动的内在联系，聚居区族裔经济呈现二元发展模式。族裔经济聚居区形成必须要满足以下5个条件：一是经济活动不仅限于族裔社区内有族裔文化特色的商贸活动和服务业，还应包括相对于主流经济核心的相关行业，呈现多元化程度较高的状态；二是服务对象包含本族裔的成员、社区以及主流社会大众；三是该族裔群体内必须有相当大比例的自雇主如创业者和企业家阶层等；四是族裔成员以共同的族裔性淡化阶级意识和内部冲突，以共同的族裔性和族裔文化价值观作为雇主与工人、业主与顾客、委托人与受托人之间的日常关系和互动的社会基础；五是最重要的一个条件，聚居区经济需要有一个特定的区域，族裔经济聚居区包含结构与文化两个层面。从结构层面看，族裔经济与主流经济结构既有相同之处又有特殊形态，类似于核心经济及其劳动力市场和边缘经济及其劳动力市场，也包含了经济活动和经营方式的多元化。从文化层面看，聚居区族裔经济受两种文化因素的影响：族裔性的凝聚力和被族裔性所强化的信任机制。[①] 在一定条件下，少数族裔聚居区可以为移民提供向上层社会流动的平台或动力，而不是经典同化论所宣称的阻碍移民融入主流的陷阱或绊脚石。

前因累积理论

前因累积理论认为，每一次移民行为都会影响后续的移民决策，因为移民会对来源地和目的地地区的社会环境造成影响。在来源地，相比于其他家庭，从外面寄回家的汇款提高了有外出移民的家庭的收入水平。这使得其他家庭在决定移民的时候动机更强了。移民自身会成为移民文化的一个组成部分并可能在将来再次移民，从而增加移民总量。一旦开始，移民的持续的可能会催生一些机构的出现。移民会开始遵循自己的规律来进行，而不再受那些在一开始导致其出现的原因影响，形成连锁移民。人口特征以及关于移民的社会、文化行为准则一同塑造了人们在移民问题上的价值取向——对移民可以带来多少好处的期望。这些好处代表了一套迁移的动机，这包括了对财富、地位、舒适（更好的工作和生活的条件）、刺激（包括了各种娱乐与放松）、自治（个人自由）、归属（和家人及朋友在一起）以及道德（特别是宗教信仰）的追求。同时，人格特征（比如说是不是一个愿意承担风险的人）以及家庭内部、社区内部的机构联合在一起影响移民的成本并影响着人们的迁移行为。所有这些人和社会的因素结合在一起，影响了人们期望中的可以通过移民来实现的种种目标。

移民决策模型

移民过程开始于特定文化背景和社会背景中的个人与家庭成员的个人意向，这种背景由他们所生活于其中的社区体现出来。个人和家庭特征很重要，因为移民是选择性的，没有年轻成员的家庭很少能完成移民过程。

---

① Kenneth Wilson and Alejandro Portes，Immigrant Enclaves：An Analysis of the Labor Market Experience of Cubans in Miami，American Journal of Sociology，1980

社会和文化中的行为准则不仅为人们就移民的必要性和想要从事的行为进行独立的思考提供了外部情境，而且塑造了人们在移民问题上的价值取向，如果人们掌握的关于迁移的信息认为收益高于成本，就可能会移民。Gordon De Jong从移民倾向、移民动机、移民决策三个因素构建了移民决策的概念模型，认为人们根据自身在个人、家庭、社区三个方面条件进行衡量，思考自己通过移民是否能得到好处，并权衡移民成本，如果认为移民有利可图，便会做出移民决策，导致移民行为发生（图1）。①

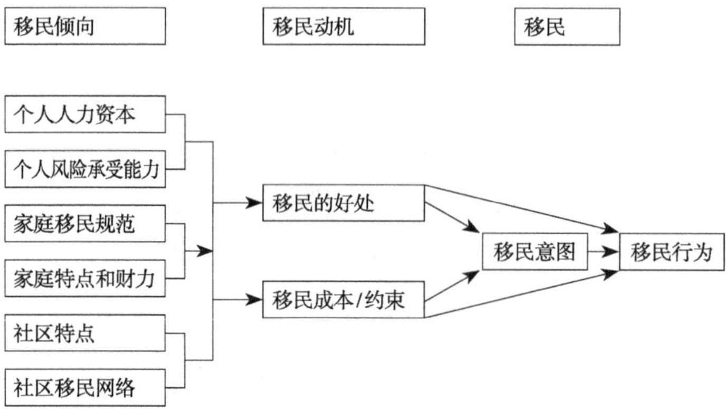


图1　移民决策的概念模型（资料来源：Gordon De Jong 2000）

### 3. 人类学（民族学）视角

国外学者有关城市少数民族流动人口研究起步较早，影响比较大的著作有美国学者林德夫妇（Robert and Helen Lynd）的《中镇》、沃纳（W.L.Warner）的《扬基城》、怀特（W.F.Whyte）的《街角社会》和托马斯（W.I.Thomas）和兹纳涅茨基（F.Znaniecki）的《身处欧美的波兰农民》等。二战后，第三世界国家纷纷独立，西方社会也开始大规模的社会经济

① ［美］约翰·R.魏克斯．人口学概论[M]．侯苗苗，译．中国社会科学出版社，2016（1）：252.

建设，大量的少数民族进入城市，引起人类学家的关注，研究的重点转向少数民族聚居区、族群社会组织、亲属关系、家庭关系、文化适应和贫困文化研究（Lewis，1959）等。

刘易斯（Oscar Lewis）1952年发表的《未崩溃的城市化》一文指出，大城市的众多人口的高密度和异质性，对墨西哥村民的影响很小；其移居到墨西哥市后，生活未发生显著性变化，人际关系也无解体的情况，社会合作与人情味较强。之后，刘易斯进一步指出，许多居住于大城市的人保留着自己小圈子内的活动。圈子内的人们仍保留着亲密与互动、互信的关系，圈外的陌生人似乎与其关系微弱，对其生活的各方面并无多少影响。“唐人街”“日本城”“犹太人区”等都表现出这样的状况。1962年甘斯（H. Gans）出版了《城市村民》，书中描述的波士顿西区意大利移民的生活与刘易斯的观察十分相像。其进一步分析发现，在美国大城市中主要有5种不同的居民，他们具有不同的特质。其中一种就是少数民族居民，如居住在唐人区、犹太人区等的少数民族住宅区的人们，会形成一个小的社会，这一社会自成一体，内部具有紧密的联系，但是与外部人交往较少，并存在戒心。这些居民整合度高、凝聚力强，保留着传统价值观和情感，无孤独感和自我中心主义，但是易产生“种族冲突”。

波特斯和巴赫在1985年提出了民族聚集区及其经济圈理论。华裔美籍人类学家周敏运用该理论对美国的唐人街进行实地研究，发表了一系列的研究成果。她研究发现，纽约唐人街已不再是一个避难所，而是发展为一个深具社会经济潜力的民族经济聚集区。唐人街并不是像多数移民居住区或贫民窟那样，而是华人发展自己事业的地方。华人的移民及其后代创立了大量的企业，把唐人街建成美国移民社区最好和最具经济活力的地方，华人移民是美国移民中最富裕、对美国社会贡献最大的族裔之一。美国人类学家旺果对秘鲁首都利马和美国纽约的华人研究发现，利马华人参与秘鲁社会、融入当地文化；而纽约华人形成一个稳定的共同体，没有被同化是因为美国实行种族歧视政策的结果。因此，美国的华人共同体是对美国社会残酷的一种适应性反应（P. Wrong，1982）。

民族社会经济聚居区模式中有关民族群体融入主流社会的过程、途径和特征主要有三种观点："同化论""民族文化模式"和"民族社会经济聚居区模式"。"同化论"认为，移民到一个新的社会环境一般要经历定居、适应和同化三个阶段。即要逐步学习、适应、接受新居住地的生活方式和文化价值观念；抛弃原有的社会文化传统和习惯；最终实现同化和融合。"民族文化模式"认为，移民会根据其文化传统和价值观念重新塑造生活的地点，并力图建构多元化的社会和经济秩序。"民族社会经济聚居区模式"在主流社会的社会背景和结构基础上促进移民融合，强调民族经济与民族社会网络在民族群体成员的社会流动和地位获得方面所起的重要的作用。其实是把民族聚居区看作民族经济和民族社会文化在异地的延伸，并成为一个社会经济的一部分，在一定程度上有一个相对独立自主的民族聚居区经济结构和一个独特的民族劳务市场，本民族移民可以在经济聚居区和劳务市场中做生意或者与外界进行交易，而不必从社会阶梯的最低一级开始攀登。他们可以通过群体良好的文化共性和民族团结精神以及家庭、亲属网络和本民族的其他社会机构进行经济活动，促进聚居区经济的发展。"民族社会经济聚居区模式"理论对我们解释四川藏区内迁移民在成都的社会生活状况有莫大的启发。

**4. 对西方理论的评述**

我们通过西方经济学、社会学、人类学等学科对流动人口进行研究的文献梳理发现主要有这样几个特点，一是主要以西方社会为中心的理论，虽然从不同学科出发对其进行解释，但我们不能忘记西方社会立场或者西方中心主义的这一根本立足点。不论是经济学的经典移民理论，还是社会学的社会融合理论，都是从西方中心主义的立场出发分析问题，难以逃脱西方社会本位的视角，不可避免地带有西方社会的烙印。二是西方移民理论的多元化，西方的学者从不同学科对流动人口现象进行了长期系统的研究，发展出不同阶段的解释理论，从雷文斯坦的迁移7条规律，到黑人经济学家刘易斯二元劳动力市场理论，再到沃勒斯坦的世界体系理论，从社会融合理论到族裔经济聚集区理论，等等，都是从不同学科提炼的特定社会发展阶段理论，对人口流动这一复杂社会现象有更加多样化的解释理论，只不过对西方社会移民的认识更加清晰，但不可能离开特定文化传统，终究只是立足于西方社会文化传统的多元化理论。三是西方移民理论时代局限性，西方的这些移民理论都是在传统现代化或已经完成现代化的发展阶段提出的理论，具有明显的西方现代化的社会经济特点。当代中国的现代化是在经济全球化加速推进、经济资源在全球范围内配置、社会分工高度分化、信息文明推动社会快速发展的条件下进行的，不同于西方社会发展阶段。有学者指出，中国改革开放三四十年走完了西方两三百年的发展历程。因此，拿西方移民理论观点对中国的问题进行分析，明显有“削足适履”之嫌。西方发达国家人口总和也不及中国人口，在一个巨型人口的社会，西方任何一种移民理论对中国社会的实际解释性都有限，我们需要对它们的理论背景、理论适用性保持清醒的认识。尽管这些理论存在着各种不足，但仍为我们认识中国流动人口和移民提供了丰富的分析视角。

## 三、国内有关城市少数民族流动人口和移民的主要研究综述

20世纪90年代随着冷战的结束，经济全球化成为人类社会发展最重大的转变，由此引起社会科学研究的关注，从传统社会主义国家向市场转

型和相关问题的研究成为社会科学的显学（邓正来，2008）。市场转型理论成为整个90年代学术研究的热点，不同的学科从不同的理论立场对全球化影响下各种社会经济现象持续进行讨论，中国大规模的人口流动就是在经济全球化背景下展开的，其直接影响到中国社会经济发展和人口分布格局。不同学科从不同的理论层面对中国人口流动现象进行了全方位的研究，有关流动人口和移民的研究成果真可谓汗牛充栋。限于篇幅，我们只对少数民族流动人口和移民的相关研究成果做一述评。

**1. 城市少数民族流动人口和移民研究**

随着20世纪80年代末人口流动大潮的出现，少数民族流动人口也逐步出现，从少数民族流动人口的研究成果来看，存在两个明显的阶段，一是整个90年代为起步阶段，仅有零星的学术成果。二是21世纪以来快速发展阶段，大量的学术成果产生，并形成了以北京、兰州、武汉等城市为核心的学术研究基地。1990年，张崇根《都市中的少数民族及都市对少数民族发展繁荣的作用》一文的发表标志着城市少数民族研究起步（特日乐，纳日碧力戈，2017）。1992年是改革开放以来极不平凡的一年，年初邓小平南方谈话，下半年党的十四大确立建设社会主义市场经济体制的目标。民族工作领域极具影响力的大事是中央召开第一次民族工作会议，明确提出发展新型社会主义民族关系，促进民族地区经济和社会发展，扩大民族地区的开发开放。伴随有利于民族地区发展政策的实施，大量的少数民族进入城市，引起更多学者的关注。同年成立全国性学术研究团体——中国都市人类学会，学会宗旨明确指出："在搜集资料和实地调查的基础上，对城市建设和城市民族关系，城市化过程中与民族有关的社会问题以及城市在推动民族地区经济文化发展中的作用进行研究，为党的民族工作服务。"从此，都市人类学学者对城市少数民族研究有了更多成果，主要集中在城市民族文化（汪宁生，1990；杨荆楚，1995；李苏幸，1995；赵杰，1997）、民族聚居区（沈林，1996；马建钊，1996；周尚意，1997；王希恩，1998）、城市民族工作（孙秋云，1996；黄凤祥，1996）、城市民族关系（阮西湖，1992；张继焦，1992；郑信哲，1996）等有限的研究领域，且学术成果不多，主要局限于城市少数民族流动人口现象的描述，揭示其内在人口流动机制的研究成果几乎没有。

进入21世纪以来，伴随中国经济调整发展，越来越多的少数民族人口进入城市，并有一部分长期定居城市，引起部分学者对城市少数民族流动人口面临的各种问题开始全面关注，城市少数民族问题，少数民族流动人口就业问题，城市民族关系，教育、文化、宗教、社会适应，社会保障等方面都有研究。不论是研究的广度还是深度都得到极大的扩展，从理论到实践，从宏观到微观，从单一民族研究到整个民族研究等方面都产生了大量有影响的成果。值得注意的是，还产生了专门针对少数民族流动人口的专著（郑信哲，2000；张继焦，2000；王俊敏，沈林，2001；杨文炯，2002；张继焦，2004；汤夺先，2005；马旭，2007；林钧昌，2009；李银凤，2011；马胜春，2012；李吉和，2013等）。从现有研究成果来看，主要集中在六个方面。

一是城市少数民族流动人口和移民问题的研究（郑信哲，周竞红，胡令明，张文静，2001；金春子，2002；杨健吾，2002；华彦龙，2003；乌兰察夫，2004；白晓荣，2006；亢鸿玲，2007；杨圣敏，2009；汤夺先，2009；阿布都外力·依米提，胡宏伟，2010；窦存芳，2012；邓作勇，2013；马冬梅，2014；肖昕茹，2015；何立华，2016；段成荣，2016；肖锐，2016）。虽然这一专题关注度一直比较高，不论是国家级课题立项的数量还是各个地方政府对此问题的治理政策，都是出现频次最高的，研究的学者也是最多的。但是学术成果质量较高的成果不多，依然停留在问题的描述层面或者对策解决方案，对中国少数民族流动人口和移民的系统性研究不足。唯有杨圣敏先生对北京的维吾尔族做了系统的调研和分析，弄清了北京的维吾尔族移民的演变历史。

二是少数民族流动人口和移民社会适应与社会支持研究（李筱文，盘小梅，2000；金春子，2002；王琛，周大鸣，2004；李伟梁，2006；陈云，林兰芬，2006；窦开龙，2007；陈云，2008；高永久，朱军，2010；张继焦，2011；高向东，2012；陈纪，2014；盘小梅，汪鲸，2014；马戎，2015；郝亚明，2015；郑信哲，2016；马晓玲，2016；刘立祥，2016）；少数民族人口进入城市后首先面临最基本的生存问题，面对完全不同于来源地的陌生城市环境，如何在城市学会生存是首要问题，学者们主要集中在城市少数民族流动人口和移民的社会适应研究方面，从迁出地到迁入地面临生产生活方式、文化环境和心理等的适应。值得一提的是张继焦借用费孝通先生的差序格局理论，提出了城市版的差序格局。

三是少数民族流动人口和移民的教育、文化、宗教研究（陈延超，1998；戴庆厦，邓佑玲，2001；陈晓毅，2005；杨圣敏，王汉生，2008；周传斌，2008；汤夺先，2010；陈海玲，2010；盘小梅，汪鲸，2014；方清云，2012；付晓华，2015；郑信哲，2015）。少数民族一般生活在偏远的边疆地区以及经济落后、交通不便的山区，这种自然环境的恶劣造成了诸多和城市的差别，在城市生活中适应，一方面需延续传统社会对他们有利的文化习俗，另一方面要学习、模仿城市的生活习惯。

四是有关少数民族流动人口和移民的城市民族工作、民族关系的研究（王允武，1997；夏骏，1998；邓行，2002；肖俊，2002；保定召，2003；汤夺先，2003；徐黎丽，2004；安绍伟，2004；陆平辉，2008；洪伟，2013）。这些研究对现象的描述已经刻画清楚了，但深层的解释仍然不足。在统一的多民族国家治理实践中，中国是唯一成功处理民族关系的国家（王希恩，1994）。对于中国政府在实践中形成的这些比较成功的做法需要学术研究者们进一步及时总结提炼，升华为中国的民族学说理论。

五是有关少数民族流动人口和移民社会权利保障研究（周竞红，2001；蒋连华，2006；陈云，2015；范凯波，高静学，2015；陈永亮，龙晔生，2015；杨鹍飞，李浩功，2016；彭建军，柏贵喜，2016；郝剑梅，2016）。少数民族流动人口进入城市后面临一些共性的问题，就业、住房、教育、医疗等基本的社会保障问题，从现有的研究成果来看，主要存在着因各个城市的政策各不相同，造成实际上融入困难的层层难题，如何从源头上解决这些问题，需要学者深入实地做大量调研提出切实可行的建议方案，供当地政府决策参考。

六是有关少数民族流动人口和移民综合理论研究的取向（张继焦，2004；马戎，2010；李吉和，2012）。几位学者通过大量的调研和独特的理论思考提出了许多创见性的观点，对解决新时代的民族问题提出了有价值的参考。特日乐和纳日碧力戈研究发现，现有少数民族流动人口研究可以概括为社会关系路径、文化路径和制度体系路径，并认为上述六个方面研究都是在这三种路径下展开的。但并没有指出社会关系的发展路径遵循什么轨迹，文化的路径如何体现，制度体系的路径如何发挥影响的问题。

改革开放以来，持续不断的大规模人口流动作为最重要的社会经济现象，引起社会科学研究的很多学者长时间的研究，形成了诸多的科研成果。少数民族流动人口作为其中的一部分，也引起众多学者的关注，同样形成了有影响力的研究成果。通过文献梳理发现，对流动人口社会融合的研究占主导地位，最具学术影响力，其主要集中在以下四个方面。第一是户籍制度衍生而来的对流动人口的社会融合的阻碍。即以户籍制度为基础的流动人口管理和社会福利制度对流动人口的限制与排斥，户籍制度将社会上一部分人屏蔽在城市的社会资源之外，被认为是一种“社会屏蔽”（social closure）制度（李强，2002）。学者对迁移的研究有两种范式：一是户籍制度的各种影响；二是农民工进城、在城市定居并成为市民的意愿（范芝芬，2013）。第二，社会资本或社会网络对人口流动和移民过程中的每一个环节产生着影响。肖昕茹从行为模式、经济就业、主观认同、制度保障四个方面探讨少数民族流动人口社会融合（2015）。第三，少数民族为了经济目的跨区域的流动不仅改变了人口分布，而且促进了民族之间的社会融合。高向东等人在《中国少数民族人口分布与变动研究——基于1953—2010年人口普查分县数据的分析》中发现，经济社会因素对少数民族人口的分布有越来越重要的影响（2018）。何立华等通过全国人口普查资料对少数民族人口流动的特征、变化及影响进行研究后指出，少数民族流动人口不仅改变了少数民族人口的空间分布，还对民族地区经济发展和居民收入、城镇化及农村社会产生了重要影响（2016）。第四，流动人口在劳动力市场的地位和处境，是他们社会融合状况的表现，也影响其社会融合的能力。王希恩在《社会主义市场经济和中国的民族意识》一文中提出“城市民族聚族而居，聚族而业”的现象（1998）。马戎在《中国人口跨地域流动及其对族际交往的影响》中指出，从国家发展战略高度对待少数民族人口流动，根据其特长“嵌入”到全国经济中，针对城市中遇到的语言障碍、缺乏就业技能等“文化适应”问题，政府应开展必要的扶持（2009，2015）。可见，少数民族人口迁移是极其复杂的一种社会经济现象，任何一种理论视角或单一的原因都无法完全解释，只有放置在特定的社会历史环境条件下运用多元的分析视角才能更加全面认识移民现象。

少数民族流动人口和移民的理论性研究主要以张继焦为主的几位学者为代表，张继焦在《城市民族的多样化——以少数民族人口迁移对城市的影响为例》中指出，民族的历史和城市的历史一样漫长，少数民族流动人口不是仅仅被动的适应，而是在就业和创业方面为城市做出了贡献，在这漫长的过程中形成城市民族多样化格局（2004）。后来他在对城市少数民族流动人口的进一步调查研究中发现，城市也存在和农村类似的社会结构，只不过把差序格局从“乡村版”演化为“城市版”（2004）。张继焦运用了生存环境 — 经济发展方向 — 文化特征的思路，对城市少数民族移民的经济文化类型从原生态型向市场型转变的观点进行分析，提出造成转变的四类影响因素：移民自身的主客观因素、民族企业和企业家作用、城市的经济社会文化环境、政府的政策和制度因素。他还提出少数民族企业和企业家在形成本民族的经济文化类型中提供最重要的经济基础（2010）。白晓荣在《城市少数民族流动人口聚落的形成与功能》中分析了东乡族以宗教信仰为认同的力量，形成围寺而居的城市居住格局和经济上的聚合区，最终在兰州市小西湖形成特有的聚落（2006）。焦开山在《中国少数民族人口的城镇化水平及其发展趋势》中提出少数民族已经处于城镇化快速发展的阶段，其城镇化水平及其发展趋势具有显著的地区差异和空间关联性（2014）。郝亚明在《民族互嵌式社会结构：现实背景、理论内涵及实践路径分析》一文中认为，民族互嵌式社会结构可以通过结构关联、利益关联、社会参与关联将不同民族群体结合起来，形成一种有机团结的局面。建立各民族相互嵌入式社会结构的重要路径是积极促进少数民族社会融合 —— 同化形成机械团结，互嵌形成有机团结。社会融合与民族互嵌式社会结构的内在目标高度契合，具有消除社会结构分割、社会资源排斥、社会心理疏离的三重意涵（2015）。

在国内，流动人口和移民社会融合指标体系长期以来得到了学者们的研究和关注，最早可追溯到20世纪90年代。田凯以改革开放为背景，从经济、社会、文化和心理层面分析农民工的城市适应性（1995）。王桂新、罗恩立直接提到了“农民工社会融合”概念，将农民工社会融合分为公共权益融合、社会关系融合、经济融合、政治融合。张文宏、雷开春分析了上海城市新移民的文化融合、心理融合、身份融合、经济融合四大部分（2008）。杨菊华（2016）提出社会融入有4个维度：经济融合、社会适应、文化习得和心理认同。把社会融合划分为5个阶段：完全隔离、初步的结构性融合、较深层次的结构性融合和初步的参与、深层次的文化交融和心理认同。任远、乔楠（2010）发现，流动人口社会融合包括多个方面，同时也具有动态性，他们对外来移民的社会融合程度的衡量是从城市的态度、与本地人的互动、感知的社会态度3个维度进行的。周皓（2012）提出流动人口社会融合指标体系分为经济融合、文化适应、社会适应、结构融合、身份认同5个维度，对已有社会融合测量维度进行了总结。

通过现有文献的整理分析发现，少数民族流动人口研究主要有5大特点。一是从2001年开始，少数民族流动人口一直是学术研究的热点并表现为三个阶段性特征，2001—2005年为起步阶段，2006—2012年为发展阶段，2013年至今为热点阶段。研究的主题广泛，从少数民族人口流动这一现象出发，探讨流动的原因、流动的影响、流动的后果等。二是21世纪以来城市民族问题是学者们持续关注的焦点，主要从民族关系、城市化、城市民族工作等方面展开。三是我国民族团结进步创建活动的政策举措取得了丰富的实践成果和较好的社会影响，也是21世纪以来研究的又一突出特点，学术研究主要从社会融合、城市适应、文化适应等角度展开。四是进入21世纪的第二个10年以来有关少数民族流动人口的社会管理、公共服务、权益保障等成为学者们关注的重要内容。五是在学术研究中形成了以兰州、北京、武汉三个城市为中心的研究重镇，主要以兰州大学西北少数民族研究中心、北京大学、中央民族大学、中国社会科学研究院、中南民族大学等为学术研究交流中心。这些研究早期关注少数民族流动人口经济方面的问题，其后关注权益保障的问题，研究呈现出明显的碎片化特征，如何整合这些学术力量集中精力解决一些紧迫性、前瞻性的少数民族流动人口问题，仍是国家在城市民族治理体系建立和治理能力现代化过程中面临的重大任务。

国内学者对城市少数民族流动人口和移民的研究主要停留在描述性研究和实证性研究两个方面，缺乏理论性的抽象和系统性的深入研究，甚至可以说只是简单移植西方相关的理论对中国的少数民族流动人口问题进行分析，缺乏理论创新。虽然存在不足，但这些理论有一定参考借鉴的研究价值，为我们分析四川藏区内迁移民提供了理论视野和实证分析的经验。我们将借鉴社会融合理论及其测量的维度对四川藏区内迁移民进行研究。

**2. 国内有关藏族流动人口和移民的主要研究**

少数民族流动人口特别是藏族流动人口是一个研究的宝库，持续不断吸引学者对此问题的关注，20世纪90年代，开始有学者关注藏族流动人口，但仅有零星的研究，21世纪以来，这个问题引起了多个学科很多学者的研究，形成了一大批有影响的成果。对藏族流动人口和移民的特征、趋势、社会适应、民族关系、宗教等方面都有研究，从已有研究文献来看，主要集中在以下几个方面。

2.1 有关藏族流动人口和移民的特点、分布、趋势的研究

20世纪90年代有关藏族流动人口和移民的研究非常少，张冠梓在《另一股潮流：族际流动在西部》中最早关注藏族流动人口务工经商（1995）。王树新、巴巴拉安在《西藏拉萨市流动人口与社会经济发展》一文中主要揭示了从事经济活动流动人口的分布格局，即地缘性突出、大分散和局部集中（1998）。

郭志仪、毛慧晓在《中国五大藏区人口变动与迁移》（2009）一文中指出中华人民共和国成立后藏族人口迅速增长，因经济、社会条件的不同，人口分布呈现出不同的特征；随着社会、经济条件的发展，藏区内部人口流动频繁成为藏族人口迁移的主要特征。杨健吾（2002）较早关注了成都市少数民族流动人口问题，认为它们主要是盲流及其导致的违法犯罪

问题，并总结了成都市有关部门处理少数民族流动人口问题的各种措施和经验。其后（2008）在成都市社会治安的综合整治与少数民族盲流犯罪文章中分析成都市少数民族盲流犯罪的基本情况和成都市有关部门应对的各种措施。陶斯文的专著《四川少数民族流动人口研究》（2007）对四川少数民族流动人口做了较为全面的宏观研究，分析了四川少数民族流动人口的特征、流动的原因、社会经济的影响及其发展对策等。松冈正子等对改革开放后冕宁县纳木依藏族人口流动和文化变迁的调查发现，2000年初推行西部大开发战略后，当地人为了致富一窝蜂地外出打工，最终形成了更多剩余劳动力成为民工走出去和外出打工的长期化以及村落人口的稀疏化、老龄化以及举家搬迁的境况（2008）。

马戎在《我国部分少数民族就业人口的职业结构变迁与跨地域流动》（2013）一文中分析与讨论了近20年来我国人口在125万人以上的17个少数民族的职业结构、未就业人员的原因结构，并专门探讨了维吾尔族和藏族的跨地域流动发展趋势。

杜永彬（2009）从现代化的视角出发，对北京的藏族移民从地理环境、语言环境、社会环境、文化环境、宗教环境、生活方式六个方面进行了分析，认为在北京市政府和其他族群的帮助下，藏族移民通过自身内在的调整适应了北京的社会生活，不但适应了从青藏高原到华北平原的环境，而且适应了从传统社会到现代社会的变迁，比较好地融入了现代化的都市生活。他进一步指出藏族移民内地是由经济动力、政治动力、文化动力、宗教动力以及交通条件的改善和信息化工具等推动的，是历史传统、内地对藏区的吸引力和包容力、国家政策的引导、藏区对国家的向心力、藏区人的奋斗精神等因素共同导致的结果，藏区人口向内地流动、迁移是历史和现实的必然选择（2012）。

成都市藏族流动人口是最近几年来学术研究的热点，主要有《成都武侯区民族街藏族流动人口生活状况调查报告》（窦存芳，2012）。“5·12”大地震后四川都江堰市藏族居民居住格局变化与城市民族关系的社会性（耿静，2012）。梁敏（2013）通过调查发现，成都市武侯祠聚落中迁移和流动的藏族人口老龄化和幼龄化并存，呈钟摆式移动特征。王荻（2012）对成都市武侯区武侯祠横街少数民族群体的生活现状、问题进行了调查。徐学书等在《藏族流动人口服务管理工作探讨》（2015）一文中描述了成都市藏族流动人口的数量及发展趋势、人口分布及其特点、人口结构与就业状况、流动原因与主要特征、市民生活适应性、城市生活的主要诉求等，并就相关服务管理政策、体制机制、举措等方面进行分析。

2.2 藏族流动人口社会适应与社会支持的研究

李灿松（2015）等基于国家卫计委全国流动人口动态监测数据探讨国内藏族流动人口在空间上的流动方向、居住时间、社会经济关系、婚姻就业、自我生活评价等，阐述藏族流动人口在内地主要聚集地的生存现状及社会融入。虽然藏族人口的流动较为频繁，有较强烈的融入意愿，但是他们在融入地的社会关系较为单一，有较强的族群和地域认同关系，因为行业和社交范围以及文化的问题，融入存在一定的难度。

郑信哲、陈春霞（2015）在甘肃省甘南藏族自治州合作市藏族流动人口研究中认为，由于户籍壁垒及城乡分割的市场体系、藏族流动人口素质低下、宗教文化因素等原因，流动人口在经济、生活、心理等方面对城市存在一定的不适应。马子量（2018）在合作市的调查研究同样发现，合作市的少数民族流动人口体现出城市融入不足。由于存在明显的户籍差异和一定程度的族际差异，就业层次、收入水平和家庭生活状况受到自身教育水平、公共产品供给等因素的制约，少数民族流动人口流入生计诸多方面存在问题。

吴碧君（2010）通过实地调查对成都市藏族移民社会融合的现状与影

响因素进行了分析。徐君、李彦（2014）以藏区到成都就医的藏族患者为分析对象研究了城市适应性。来仪在《当前成都市藏商群体的基本特点及其现实意义》(2014）一文中认为，藏商对于发展民族经济、促进民族关系和城市社会治理都有极其重要的作用。

2.3 藏族流动人口民族关系的研究

《中国藏学》期刊在2012年第2期开设藏族流动人口研究专栏，根据“内地藏族流动人口研究”课题组相关研究专家和学者对成都市调查研究结果，这一研究从宏观的角度讨论了内地的藏族流动人口对汉藏民族关系的影响，从不同学科、不同角度全面阐述了内地的藏族流动人口状况。汉藏民族“双向或多向自主流动”的趋势已不可逆转，相当数量的西藏和其他四省藏区的藏族民众到汉族聚居的内地大城市居住或谋生。这一状况一方面充分体现了藏族民众对国家赋予的公民权利的认同，更重要的是体现了中国特色社会主义制度下国家对各民族群众自由迁徙权利的充分保障（仁真洛色，黄维忠，2012）。

郑洲在《西藏人口东向流动与民族关系再构建研究》(2012）中提出西藏人口东向流动具有内在合理性和历史必然性，其明显的积极效应能够促进和谐民族关系的发展。魏新春（2013）在对成都市少数民族居住格局及民族关系的研究中指出，成都市少数民族的居住状况是杂居格局，少数民族人口与汉族居民互为邻里。李灿松（2014）从城镇化的视角研究少数民族流动人口和移民对城市民族关系的影响；来仪（2014）分析了成都市藏商群体的基本特点，认为藏商对于发展民族经济、促进民族关系和城市社会治理都有极其重要的作用。

来仪编辑出版了《相遇与沟通 —— 对成都市多民族构成及多民族关系的记录与思考》(2010）论文集，其系列文章探讨了成都市少数民族的文化、经济、权益保障，民族关系等方面。贾秀兰、杨西（2009）等人以成都市浆洗街街道社区为例探讨了如何在成都市构建民族团结和谐社区的问题。刘中一、张莉（2015）通过研究发现，藏汉通婚与藏汉人口流动、城镇化等因素有关；藏汉通婚人数不断增加；在结构上藏汉通婚以藏族女性嫁给汉族男性为主，藏族女性通过通婚提高了家庭地位。

2.4 有关教育、文化适应等方面的研究

李玉琴（2009，2012）对在双流县就读的藏族儿童内地学习生活的文化适应及教育进行了研究。吴晓蓉（2013）从心理适应和社会文化适应对成都西藏中学的学生进行了研究。王瑜、侯玲（2014）以四川省双流县的甘孜藏族自治州籍藏族择校生为例分析了他们生活、学习、人际交往三方面的文化适应。万华麒（2012）专门针对四川省“9+3”免费中职教育模式下藏族学生文化适应做了研究，还有学者对内地高校藏族大学生的心理适应及相关因素进行了研究（康育文，2011；马海林，2011；杜毅臻，2016）。徐君（2014）以成都市为例探析西部地区中心城市民族教育现状与对策。

石硕（2017）从民族学角度提出四川康巴藏区（简称“康区”）五个突出的人文特点：康区是农牧混合与农牧过渡地带；康区作为藏族与西南众多民族互动与交融的地区，处于民族走廊地带；康区是藏、汉民族交流互动及西藏与内地之间的连接通道；康区积淀着许多古老的历史遗留，是一条历史文化沉积带；康区地域文化具有突出的多样性、复合性与兼容性。石硕后又分析了成都自古以来在汉藏交流中作为连接西南边疆和内地枢纽的作用。青藏高原孕育和滋养了天府文化，而移民与文化复合性造就了天府文化的兼容特点，由此成都成为连接汉藏民族的重要枢纽。

冯敏在对“民族用品一条街”的调查与思考中分析了藏族流动商人对发展民族特色经济、繁荣成都的城市多元民族文化做出的贡献。唐希鹏（2007）在对成都市藏族文化街定位的研究中指出，对于藏族文化开发保护，要引入市场竞争，激发藏族文化的活力。张娜（2008）对成都武侯祠附近藏族流动人口调查后发现，内地都市少数民族在城市的生活对民族文化艺术的传播起到重要作用。赵蕤（2009）在《双流县甘孜籍老年移民的文化适应》中提出，双流的甘孜籍离退休老年人比较多，他们迁移主要是为了良好的养老环境与孙子辈的教育条件，作者提出了甘孜籍老年移民与当地居民在文化的适应和融合方面形成了分与合的结构关系。周俊利、张书军（2015）探析了成都市少数民族散居社区的文化冲突与文化融合。也有学者认为，藏族在流入地与其他民族交流、互动时，容易产生矛盾与冲突，其原因是他们遵循的行为准则和道德标准长期受游牧文化、小农文化与藏传佛教相结合的文化体系熏陶（郑信哲，陈春霞，2012）。英国社会学家史密斯（Smith）认为族群凭借文化的一个或几个差别（如宗教、习俗、语言或组织）来相互区别，城市中的少数民族流动人口具有各自不同的宗教信仰，他们从农村进入城市，这种地域空间上的转换不仅没有淡化反而更加强化了其宗教信仰。藏族作为一个全民信教的民族，宗教生活在他们的日常生活中无处不在，并持续发挥着巨大社会影响力。藏民虽然移居城市，但宗教活动仍然是他们日常生活的重要组成部分，犹如青藏高原的蓝天、白云、雪山、湖泊、草地等这些关乎故乡情结的一切一样，相同的民族、历史背景、宗教、共享的文化是民族认同的基础，宗教信仰仍然是维系他们关系的重要纽带。从这种意义来讲，共同的民族文化是一种促进民族流动人口和移民适应城市社会生活的黏合剂。

申睿（2015）以成都市藏族锅庄为个案从音乐人类学的角度分析了藏族广场音乐文化的发展。叶姿含（2016）从音乐文化的角度分析了川籍藏族流行音乐人与其文化身份认同。陈波（2016）将成都藏人音乐景观归纳为宗教信仰空间、商业演赏空间、艺术演赏以及公共传播空间。

### （三）宗教社会学研究的主要观点

自从经典的社会学家涂尔干、韦伯等人开创了宗教社会学研究以来，越来越多的学者对宗教与社会的关系做了大量的研究。特别国内学者苏国勋对马克斯·韦伯进行了全面系统的研究，本研究无意铺陈宗教社会学对当代中国宗教传播特别是藏传佛教传播的研究观点，但由于在分析藏族流动人口、移民在成都的日常生活、社会经济活动特别是武侯祠民族用品街发展时，宗教问题是一个难以回避的话题。在此对宗教社会学研究的主要观点做一交待，便于下文分析。

3.1 宗教的定义

泰勒的宗教定义是："把神灵信仰判定为宗教的基本定义。"① 涂尔干将宗教定义为信仰与仪式的结合体。其从"神圣"与"世俗"的划分入手，认为"宗教是与一种既与众不同、又不可冒犯的神圣事物有关的信仰与仪轨所组成的统一体系，这些信仰与仪轨将所有信奉它们的人结合在一个被称为'教会'的道德共同体之内。"② 格尔茨认为宗教是："①一个象征体系；②其目的是确立人类强有力的、普遍的、恒久的情绪与动机；③其建立方式是系统阐述关于一般存在秩序的观念；④给这些观念披上实在性的外衣；⑤使得这些情绪和动机仿佛具有独特的真实性"③ 。

仪式作为一种相互专注的情感和关注机制，因其形成了一种瞬间共有的现实，成为群体团结和成员群体性的符号。人类学家倾向于把仪式看作社会结构的一部分，它的正式设置有两点：维护秩序、彰显文化和价值。

---

① ［英］爱德华·泰勒. 原始文化（重译本）[M]. 连树声，译. 桂林：广西师范大学出版社，2005：347.

② ［法］爱弥尔·涂尔干. 宗教生活的基本形式[M]. 渠敬东，汲喆，译. 上海：上海人民出版社，1999：54.

③ ［美］克利福德·格尔茨. 文化的解释[M]. 纳日碧力戈，等译. 上海：上海人民出版社，1999：105.

仪式是微观情境行动的主要形式，也反映宏观行动的结构。

3.2 宗教社会学研究的范式和主要观点

马克思指出："随着每一次社会制度的巨大变革，人们的观点和观念也会发生变革，这就是说，人们的宗教观念也要发生变革。"涂尔干在《宗教生活的基本形式》中运用澳大利亚宗教情况的资料分析：社会整合的原因可以从宗教中寻找，宗教是社会团结的温床，但宗教本身是一种事实。宗教作为神异性的权威，直击人们的精神世界，并深深影响社会成员的思想和行为①。宗教在现代社会变迁中的作用、形式、宗教与社会的关系等都是这些经典的社会学家关注的焦点，他们把宗教放在社会结构情境中，反对把宗教与其他社会现象隔离。也就是说，宗教被认为是理解人类社会结构与过程的关键②。因此，宗教社会学的宗教研究就形成不同的范式，主要有以彼特·伯格（Peter Burger）为首的"宗教世俗化"理论和以罗德尼·斯达克（Rodney Stark）等为代表的"宗教市场论"。

1969年，彼得·伯格的代表作《神圣帷幕》出版，他提出"宗教世俗化"的核心观点，认为宗教多元化是现代化的必然结果，被宗教多元化瓦解的稳定宗教信仰会向私人化形式转变。世俗化主要包括两个方面：社会逐步摆脱教会控制的社会世俗化和神圣性降低的宗教自身的世俗化。2001年，在《彼得·伯格与宗教研究》这部纪念文集中，伯格再次说："如果要我回顾早期的工作，我想说我对世俗化的理解是错误的，但对多元化的理解是正确的。我误解了这两个概念之间的关系：多元化并不一定必然导致世俗化……多元化会影响宗教信仰的方式，但不必然决定信仰的内容。"美国学者拉里·席纳尔从6个方面对宗教的世俗化进行界定：宗教

① [德]马克斯·韦伯.经济与社会[M].林荣远，译.北京：商务印书馆，1997.

② [美]James A · Beckford. Religion and Advanced Industrial Society[M]. Unwin Hyman Ltd，1989：7.

思想、宗教行为和宗教组织重要性逐步下降；宗教团体价值的入世，宗教从内容到形式适应市场经济；宗教与社会分离，失去了公共性与社会职能；宗教是个人私事；世界渐渐摆脱其神圣特性；神圣社会向世俗社会转变。这些观点成为宗教世俗化研究的范式。

2000年，罗德尼·斯达克发表《信仰的法则》，他从现代化、政教分离、科学发展、历史进程和全球性等方面批判了宗教世俗化理论，驳斥了宗教消亡的观点。一般而言，斯达克的“宗教市场论”是一种独特的宗教结构论，它不仅对宗教现象和宗教活动展开分析，同时也涉及宗教与个体信仰、国家、社会、政治等相互之间多重复杂的互动关系。宗教系统与经济系统具有极大的相似性，可将经济学原理应用于宗教现象分析，宗教市场同任何市场一样，包含三大要素：宗教产品的消费者（一般信徒、佛教居士、基督教信徒等）、宗教产品的供给者（和尚、牧师、阿訇、活佛高僧等）和宗教产品（各种形式的活动）。杨凤岗教授借用宗教市场论，提出中国宗教的“三个市场”类型，即合法的红市、非法的黑市和宗教灰市（处于非法与合法之间的宗教）。[①] 实际上回答了中国宗教与信仰者个体、宗教组织与社会互动关系、宗教管理与政教关系等问题。这些研究从不同的层面解释了宗教与社会变迁的现代性问题。

宗教市场论的观点在藏传佛教的研究中占有重要地位，人类学家郁丹（Dan Smyer Yu）和社会学家艾莉森·琼斯（Alison Jones）把焦点集中在藏传佛教和汉传佛教互动的形成上。郁丹的研究（2011）更像是依托于人类学界常见的“国家—社会”视角，在社会主义市场经济的背景下理解消费主义与市场伦理如何塑造汉族信徒与上师的互动。琼斯的研究（2011）将汉藏互动理解为一个宗教市场，她同样从经济角度阐释藏族僧

① 杨凤岗．中国宗教的三色市场[J]．中国人民大学学报，2006（6）．

倡如何向汉地传教，以及这一跨地域的宗教网络所可能产生的经济、政治与文化意义[①]。正是基于这种国家与社会的二分对立，在对当代中国的宗教复兴进行研究时，学者们普遍达成了这样一种共识：国家权力的收缩以及在此基础上的社会资源的发展，是当代中国宗教复兴的根本原因。1980年起，随着经济体制改革和国家权力的收缩，藏区和内地都出现了独立于国家的社会资源，藏地的新精英们很快意识到了这一点，积极发展同外界的联系。伴随以寺养寺政策的出台，寺庙经商的传统再次出现，藏区的活佛到内地弘扬佛法，吸引教徒，获得了大量内地的资源。藏传佛教在内地能够传播，主要有四种结构力量：汉族寺庙发展中存在大量的需求、居士的赞助、印刷和出版物的政策控制放松、藏传佛教宗教领袖的创业动力。前三个方面并不指向藏传佛教，但创造了藏传佛教发展的空间、打通了吸引资源和追随者的渠道。虽然一些喇嘛被怀疑是为了个人的经济利益，但确实有一些喇嘛在内地举办法会不是为了赚钱。[②]

1961年，华裔美籍社会学家杨庆堃出版了《中国社会中的宗教》一书，此书可以看作宗教社会学中国化的最大努力，被著名汉学家欧大年誉为研究中国宗教的“圣经”。它对中国的宗教格局和宗教在中国社会中的重要功能作了深入阐述，提出“制度宗教”与“分散宗教”概念。中国经济迅猛发展，社会道德领域内的问题层出不穷，成为中国社会现代化的障碍。在思想和信仰市场，产品供给完全依赖政府的状况显然已经不能满足社会的需求。在宗教自发地蓬勃发展的同时，政府也越来越意识到可以发挥宗教教义及宗教道德中的积极因素，教化大众，稳定人心，使宗教成为社会发展中的正面因素。1993年，中央统战工作会议第一次明确提

① 周永明. 中国人类学（第一辑）[M]. 商务印书馆，2015（12）：39–40.

② Alison Denton Jones. Contemporary Han Chinese Involvement in Tibetan Buddhism：A Case Study from Nanjing[J]. Social Compass，2011（58）：540.

出宗教与社会主义社会相适应的论断，在国家的法定范围内，开展正常的宗教活动受到国家的保护。因此，历史上延续的藏传佛教在内地的传播活动成为可能，不论是世俗化宗教还是市场化宗教，只要在法律许可范围内活动，都有活动的社会空间。1980年色达高僧法王晋美彭措建立了色达喇荣五明佛学院，建立后得到快速发展，它的发展与内地大量的信众有不可分割的关系。2002年，色达喇荣五明佛学院索达吉堪布收录了125名汉人出家经历，形成《智海浪花》一书，它呈现出汉人喇嘛的群体形象，并提供了一幅缩影式的景观，可供我们对当代中国的宗教复兴做出论辩。我们看到，汉人喇嘛是因为失范后的焦虑才建立起对宗教的信仰，当面对生活中的苦难与宿命时，他们往往陷入了秩序的失范。对于一些康巴寺庙来说，宗教的繁荣始终是首要的，它们会很自然通过汉地资源来实现宗教的发展，宗教世俗化的这种倾向满足了一部分人的心灵需求。2006年，李晋发表的硕士论文《汉人喇嘛的信仰：关于当代中国宗教复兴的论辩》尝试从汉人给藏传佛教带来的资源角度来探讨当代藏传佛教的兴盛。

对个体而言，宗教信仰是构建个体同宗教群体关联的重要因素——身份建构和认同的一个重要维度。信仰分为神圣生活与凡俗生活，由各种各样的表象构成。社会的运行都是多种力量综合作用的结果，宗教力量、行政力量、民间的传统力量是最为普遍的，它们都是学者研究的重要对象。① 藏传佛教作为一种重要的宗教流派，在藏族社会有极大的社会影响力，它影响到政治、经济、社会和文化的各个方面。藏族流动人口和移民作为藏传佛教的宗教载体，虽然离开了原生地，但是宗教信仰仍然对其社会行为具有较强的约束和规范力。特别是伴随一些活佛、喇嘛等宗教群体的流动，藏传佛教传播对内地民众也带来一定影响。

① 费孝通. 江村经济：中国农民的生活[M]. 北京：商务印书馆，2001.

“社会剧烈的发展变化会在一定程度上强化宗教存在……宗教作为一种社会意识形态，不过是社会政治、经济矛盾的反映。宗教与政治、经济和文化有着密切的关联，是其重要反映和‘晴雨表’。”① 中国神学家丁光训说：“强调宗教在现实社会及人生中的不断完善和提高，倡导宗教以其爱心、道德伦理和服务精神为世界做出贡献，促进人类的理解、沟通、团结及和平，鼓励宗教的宽容、对话和开放，从而使宗教既能达到升华和超越之境，又能为社会的发展、人类的进步做出积极的贡献。宗教的这种取向和道路，也必然使全社会对宗教有更正确、更深入和更全面的了解。”

3.3 有关藏传佛教的研究

藏传佛教在漫长的发展过程中，不断适应藏区特殊的自然环境和藏族的文化环境，是民族化、地方化了的佛教。在不同的历史发展时期，通过不断的自我调节适应社会经济发展的需要并延续至今。现代化作为推动世界发展的最主要力量，波及世界各地，改变了人类社会的面貌。改革开放以来，中国现代化加速推进，引起社会的急剧转型，社会全方位发生变化。藏传佛教作为藏族社会最重要的社会力量，自然会引起学者们的关注。国内有关藏传佛教的研究也主要集中在世俗化和市场化两种角度。从藏传佛教世俗化研究来看，主要有：洲塔（2005）从理论的角度探讨了藏传佛教的世俗化问题；杜永彬（1999）从社会转型的视角分析了藏传佛教的世俗化；宗教不断调节自身以适应社会向世俗的变化（戴康生、彭耀，2000）；班班多杰（2001）分析了藏传佛教的价值取向及藏人观念之现代转换；马文慧（2003）分析了藏传佛教的世俗化倾向；刘俊哲（2005）分析转型期四川藏区宗教价值观世俗化、市场化、弱化、融合化、规范化；张雪梅（2006）认为藏传佛教复兴的趋势与经济和社会发展状况密切相关，

① 叶小文. 宗教七日谈 [M]. 北京：宗教文化出版社，中共中央党校出版社，2007：252.

发现贫困地区、弱势群体对宗教的需要程度明显更高。在世俗化趋势下藏传佛教主要是通过补偿、整合和世俗干预等机制来解决个体精神和心理层面的问题；嘎达瓦才仁（2007）认为藏传佛教世俗化主要表现在寺院功能逐渐趋于多元化或弱化及藏族信徒的宗教观念淡化；徐君（2008）通过实地调研，分析了四川藏区藏传佛教世俗化呈现私人化、外向化发展路径。

吴碧君（2010）作为长期跟踪研究成都藏族移民宗教信仰的学者，发表了一系列有关成都藏族流动人口宗教信仰的文章。在对藏族移民宗教信仰和宗教行为变化的研究中提出了藏族移民内在信仰与外在宗教行为的现代转换。2012年她在《成都市藏族流动人口宗教信仰调查》中指出，藏族流动人口宗教信仰仅在外在表达形式上有所变化，内在信仰变化较小。藏族流动人口形成了信仰的“次级代理行为”。内地都市宗教场景的变化有利于降低藏传佛教的场景依赖性，进而促进宗教信仰与理性的分离，实现藏传佛教的现代转换。张秋梅、陈睿（2017）专门调查分析了武侯祠民族用品街藏传佛教法器市场化现状及其影响。

**4. 对四川藏区内迁移民相关研究的评价**

通过有关少数民族特别是藏族流动人口和移民的文献综述，我们发现学术界研究主要集中在三个方面：一是民族理论、民族关系、社会适应等方面的研究，运用民族学的相关理论对少数民族流动人口的研究；二是从对少数民族流动人口描述性的研究，主要集中在民族经济、民族文化、民族问题等方面；三是解释性的研究，主要是民族文化和社会融入方面的研究。虽然研究成果比较多，但系统性、解释性、科学性的调查研究藏族流动人口和移民的成果非常少。对于目前研究情况，究其原因，一方面可能在于研究者缺乏深入实地的扎实探索、资料缺乏系统性，所做的研究仅仅流于表面，仅仅通过经验进行主观判断，较难发现现象背后的真实机理；另一方面在于对应用性研究的不全面理解，往往就事论事，找出所谓的解决对策和政策建设，缺乏周全的考虑，也未能对藏族内迁移民的各种社会现象及其之间的关系予以揭示。

基于上述文献的综述，本研究从藏区和内地社会经济发展的一体性角度出发，分析四川藏区内迁移民的社会运作逻辑，运用社会融合、社会支持的理论视角对其进行实证研究，揭示四川藏区内迁移民生存状况。

# 第二节　研究思路

我们通过对移民理论和中国少数民族流动人口和移民的文献整理发现，移民现象是社会经济发展过程中多种因素共同作用的结果，既有社会原因，也有个人原因；既有客观原因，又有主观原因；既有宏观原因，又有微观原因。每一种移民的解释理论都是建立在特定的社会经济发展条件下对移民现象做出的解释。因此，任何一种单一的理论和分析的视角都不可能完全解释人口迁移现象，只有放置在特定的社会制度、社会经济文化条件下，才能深入分析特定的移民现象。本研究立足于改革开放后中国社会经济发展的广阔视野，特别是中央政府和地方政府治理藏区的社会制度实践，对四川藏区内迁移民在成都的具体状况进行实地研究，从社会学的宏观视角分析四川藏区内迁移民形成的社会性原因，从微观的角度分析他们在成都的具体社会生活状况。首先，从国家治理藏区与社会经济发展的视角出发，分析四川藏区内迁移民形成的社会机制。其次，运用社会融合理论分析藏区内迁移民的社会适应状况。最后，根据四川藏区内迁移民社会适应调查数据的统计分析，得出客观统计结论。对四川藏区内迁移民的社会融入、城市民族工作及藏区文化社会发展与内迁移民的关系等提出一些思考和建议。

## 一、四川藏区内迁移民形成的社会经济原因

中华人民共和国成立以后，为了迅速恢复社会经济的发展，城乡人口可以自由流动，特别是第一个五年计划建设时期，大量的农村人口进入城市，极大地推进了中国城市化进程。但伴随经济的快速发展，人口的盲目流动给城市经济发展带来了一系列问题，为了加强人口管理，1958年全国人民代表大会常务委员会通过并颁布《中华人民共和国户口登记条例》，户口就作为人口登记的一种方式正式确立下来并得到合法化，通过户口登记把人口划分为两类：城市居民和农民。在户籍制度的基础上国家先后实施了一系列城乡二元对立的社会管理制度，有学者总结为十四项制度，如粮食供给制度、生产资料供给制度、住宅制度、教育制度、就业制度、医疗制度、劳动保护制度、人才制度等（郭书田，刘纯彬，1990），这些制度造成人为的城市与农村社会的封闭运行，将人们禁锢于农村或城市。在计划经济时期，除了招工、参军等有限的途径外，城乡人口流动几乎停滞。

改革开放后，随着城乡分割的二元社会开始松动，特别是计划经济向市场经济转变的过程中，为了推动民族地区社会经济的发展，人口作为重要的社会经济发展资源开始流动。由于计划经济时期建立的城乡二元社会结构，人口流动受到一系列社会制度的阻碍，藏族人口的流动受到的影响更大，移民遇到的情况要更为复杂。因此，四川藏区的人口内迁具有鲜明的时代烙印和社会制度驱动的特征。藏族流动人口和移民受各项政策的影响十分明显，中华人民共和国成立后，为促进藏区的社会经济发展，加强藏区与内地的联系，中央政府先后建立了6个西藏驻内地办事处（格尔木、兰州、西安、北京、成都、上海）；中央政府还特别重视藏区各级各类干部和专业技术人才的培养，这就形成了最初的藏区向内地的人口流动，为

以后移民奠定了最初的社会基础；改革开放以来，城乡封闭状态逐步打破，藏区与内地的社会经济联系逐步紧密。从1980年至2015年，中央先后召开六次西藏工作座谈会，加快了整个藏区与内地发展的一体化进程，特别是1994年形成了内地省市对口援建藏区的稳定机制，不仅为藏区建设了大量的基础设施，而且为产业发展、人才培训、技术指导等方面给予了有力的支持，为藏区发展注入了活力，极大加快了藏区社会经济发展的步伐。21世纪以来在一系列稳定援助机制和专项援助帮助下，藏区与内地的联系更加紧密频繁，藏区流动人口开始大量进入内地。

20世纪90年代以来，中央又建立了民族工作会议制度，实施了一系列有利于加快民族地区经济发展和社会进步的优惠政策，极大促进了民族地区的社会经济发展。与此同时，中央提出建立社会主义新型民族关系，加强民族团结，促进社会稳定。在这些政策的引导下，藏区人口流动的步伐明显加快，产生了以经商和务工为主的较大规模藏族流动人口。21世纪以来，在中央政府倡导的各民族共同团结奋斗和共同繁荣发展的战略思想指引下，产生了具有寻求就业、经商和内地生活等多元化目标诉求的藏族流动人口和移民。目前，成都已经成为藏族流动人口和移民最为理想的居住地选择，在成都形成了各族人民安居乐业、和谐共处的良好局面。

我们实地调查发现，四川藏区的移民内迁和国家对藏区实施的一系列社会制度息息相关。我们可以把四川藏区进入成都的流动人口和移民划分为四个阶段：第一阶段是四川藏区内迁移民萌芽阶段，国家为了培养民族地区的干部，在北京设立中央民族学院，在西南、西北、东北、中南等设立分院。1951年西南民族大学建立，承担了培训西南地区少数民族干部和专业技术人才的任务；1956年西藏驻成都办事处从重庆迁到武侯祠横街3号（目前的位置）。其后，四川甘孜州和阿坝州驻成都办事处也先后成立，这一时期有少量藏族干部开始长期工作生活在该区域。第二阶段是四川藏区内迁移民形成阶段，改革开放后为了安置长期在藏区工作的离退休干部养老，沿国道317线和318线的成都段地区建立了一批离退休干部休养所，形成了以干休所为管理单位的相对封闭的社区，主要是以都江堰、郫都区、金牛区、双流区和武侯区等为据点的干休所社区，此外成都市其他的区县也有分布，主要以干休所干部及家属移民为主。第三阶段是四川藏区内迁移民快速发展阶段，突出表现为武侯祠民族用品一条街的形成（现有研究者称为成都的“小拉萨”“成都的八廓街”），20世纪90年代以来，中国确立了社会主义市场经济体制的建设目标，迅速推进了市场的发展，敏锐的藏族商人开始进入成都，以西藏驻成都办事处、甘孜州驻成都办事处和阿坝州驻成都办事处等为据点，形成四川藏区内迁移民在城市的聚落，并形成了民族用品市场，其代表是武侯祠藏民族用品街道、郫县（今郫都区）安德民族贸易市场和金牛区抚琴西北街和金鱼街民族用品街道。第四阶段是四川藏区内迁移民的多元扩展阶段，初步形成了民族经济聚集区。21世纪以来，随着社会主义市场经济进一步发展和市场经济体制逐步成熟，第一批进入成都的藏族商人已经完成了资本的原始积累，走上了正规化的发展道路，建立了各种多元化的实体公司，公司运作也逐步走向成熟。四川省制订了一系列针对藏区社会经济发展的民生计划，进一步激发了四川藏区商人的积极性，在成都的藏区商人进一步扩大生产，带动更多家乡的同胞进入成都，在追求经济目的的迁移过程中具有突出的特点，往往是一个人出来，站稳脚跟后会带来一家人，一家人再带一个村子的人出来，一个村子带领一个地方的人出来，具有明显的链式特征。这些拥有自己的产业、公司实体、想要安度晚年的内迁移民，实际上成了准市民，还有相当一部分为了让子女接受更好的教育，从小就把孩子送到成都上学，这些藏族移民多数都在成都购房置业，主要分布于武侯区、双流区、锦江区、金牛区、郫都区、温江区、都江堰市等区县的商品房小区。

统计和相关研究表明，截至2012年，成都市区有户籍藏族人口3万多人，无户籍常住藏族人口在15万—20万，藏族流动人口每年约有100万（仁真洛色，2012）。

20世纪90年代成都市出现藏族人口聚居区，目前，成都已经形成藏区内迁移民、常住藏族人口和大量藏族流动人口工作、生活和定居的聚居格局，并且成为内地藏族移民最多的城市。最初以藏区驻成都办事处为据点的点状分布（主要以西藏驻成办、甘孜驻成办和阿坝驻成办为中心），到改革开放后以干休所为据点的线状分布（雅安、邛崃、新津、双流等318国道沿线，都江堰、郫都区、金牛区等317国道沿线），21世纪以来以购置商品房为主的市场机制选择后出现的分散居住模式。目前，在成都工作、生活的藏区流动人口和移民呈现出大杂居、小聚居的分布格局。

个体并非被动的流动者，除了上述结构性的因素影响外，还有哪些因素会影响四川藏区人口内迁？四川藏区什么样的社会文化传统和经济条件促使藏族人口源源不断地从藏区流入成都市？藏族人如何通过社会网络来维系这种大规模的人口迁移？个体既受到制度的影响，又不完全是被动的。个体发挥主观能动性，在城市生活中不断地适应，总是寻找具有地域性和群体性的社会性连接，组成社会生活的各种群体。那么，四川藏区流动人口和内迁移民从个体到社会群体的组织机制是什么？这些移民群体在成都如何经营谋生、发展民族经济，并形成一定规模的族裔经济聚集区？特别值得关注的是这些移民怎样把成都的一条普通街道打造成了具有浓郁民族特色的都市民族用品街道，在异地建立了一个规模化的民族贸易市场和一个个的藏族内迁人口的聚居区域？要解答这些问题，既要考察人口流出地和流入地在历史上的结构性变迁，还要考察流动人口个体的生活经验，就是考察把宏观层面的社会变迁作用于移民的具体实践、四川藏区不断内迁的移民创造性地适应城市生活的过程。

在维系藏区流动人口和移民在成都的聚居过程中，亲属纽带和同乡网络发挥了极其重要的作用。这些传统的社会网络并不与现代市场经济相对立，相反它们为四川藏区流动人口和移民的社会生活和民营企业的发展提供了组织框架。藏区宗教文化、商业文化和市场力量共同塑造了藏区商人的商业行为，而这些实践又反过来重塑了藏区商人的商业文化和社会经济状况。因此，四川藏区人口流动和迁移既不是单纯自由意志的产物，也不是国家政策的被动使然。藏族商人的空间流动是由更为宽泛的国家政治经济宏观环境所驱动的，但他们持续不断且充满创新精神的创造力和成功的路径策略也大大拓展了他们的商业边界。改革开放以来，藏族商人在成都的创业实践充分表明，他们在离开原来的地域后，在市场经济中历经各种挑战，以独具特色的眼光推动民族经济的发展，建立起全国最大的藏民族用品市场、区域民族贸易市场、民族演艺市场等，这些早期的四川藏区内迁移民在促进城市民族经济发展方面起到示范带头作用，不仅开创了城市民族经济的特色，而且对藏区的发展形成了巨大的社会效应。他们利用自己的社会关系网络在城市取得成功，并吸引越来越多的藏族同胞聚居成都，打造城市民族特色空间，使之成为成都民族经济文化的重要组成部分。本研究将从四川藏区内迁移民如何立足成都，在城市多民族互动交流中挖掘民族传统文化，建立城市民族经济聚集区，使之有机镶嵌在城市社区的聚居模式和社会适应状况等方面进行探讨。

## 二、四川藏区内迁移民进入城市的路径和社会生活状况

改革开放深刻改变了中国社会的面貌，使中国取得举世瞩目的成就，成为世界第二大经济体。改革开放对藏区社会经济发展实践的影响也十分明显。1980年中央召开第一次西藏工作座谈会，藏区社会经济发展的大

幕就此徐徐拉开，伴随经济的高速发展，内地藏区居民也主动参与社会主义现代化建设，积极融入内地发展，开展密切的社会经济文化交流，藏区人口由此开始向内地迁移。伴随人口迁移，与之相关的就业、住房、教育、医疗、日常生活和社会宗教活动等就成为学术研究重点关注的问题。藏区内迁移民对城市生活环境适应、社会经济适应、社会心理等适应都发生相应的变化。对这些变化进行研究分析对于发展社会主义新型民族关系、促进城市民族工作、维护社会和谐都产生了重要影响。

藏族移民融入内地的过程既有共性的一面，也有其特殊性的一面。我们通过调查发现，最初迁移到成都的藏民并不是由于经济原因，而是国家制度和政策安排的结果，藏区内迁成都的移民有其明显的特征，根据社会发展阶段性特征，我们总结为三类迁移模式。第一类是工作移民模式，1956年设立西藏自治区驻成都办事处，少量工作人员进入成都工作、生活，其后四川甘孜州和阿坝州也先后设立驻成都办事处，因藏区政府部门的工作安排这些藏族工作人员长期工作居住在成都，成为最初的移民，并逐步形成藏族居民聚居点，在其后的发展过程中逐步演变为藏族移民的根据地和中心。由于在计划经济时期国家对人口控制非常严格，这些定居者都是政府相关部门的工作人员，其他人员因制度控制无法流动。第二类是政策安置型移民模式，改革开放以后，藏区与内地联系越来越多，社会经济交往密切，人员往来也越来越频繁，藏区内迁人员开始向多元化转变。特别是一系列社会制度的放松使个体可以自由流动。国家为了安置长期在藏区工作的离退休人员养老，在内地不同城市建立了大量的干部休养所，成都作为连接藏区的枢纽城市，其良好的地理位置和优越的自然条件使之成为优先选择的城市。20世纪80年代初，西藏自治区人民政府先后在成都和双流建立了两个干部休养所。四川藏区政府部门也在成都陆续建立了大量各单位的干部休养所，主要以州级行政事业单位和各县区政府为主，这些干部休养所主要集中在都江堰和双流，并形成一定规模的聚居区。长期在藏区工作的离退休干部陆续来到成都，家属也伴随离退休干部来到成都，他们成为改革开放以来藏区第一批真正的内迁移民，其显著的特征是以工作单位或工作地域为聚居单元，人口数量少但居住集中。这批移民是以纯粹消费为主的群体，我们称之为单位共同体移民。随着藏区离退休干部的不断增多，在成都郊县建立了更多的离退休干部休养所，郫都区、温江区、崇州市和邛崃市等都有大量分布。群体的规模也不断增大，他们季节性地往返于成都和藏区，对两地产生了重大的社会经济影响。

与此同时，另外一个值得关注的群体也是制度性安排产生的，中央政府为了培养更多的藏区社会主义事业的建设人才，1985年，内地16个省市开办西藏班（校），并建立了一批专门培养藏族学生的学校。1989年成都西藏中学应运而生，随之一些教育行政部门和学生家长也长期来到成都工作、生活、居住。20世纪90年代以来，社会主义市场经济的强劲春风吹遍了神州大地，藏区的经济发展与内地联系更加紧密，藏区驻成都办事处的地位进一步凸显，大量藏区工作人员和流动人口到成都的次数更加频繁，为了适应社会经济发展需要，四川藏区政府部门和企事业单位在省会成都纷纷设立办事处，形成了以甘孜驻成办和阿坝驻成办为依托的各类办事处。仅西藏驻成办就管理39个西藏驻成都各类办事处，四川藏区州级主要部门和32个县都在成都设立办事处。与此同时，办事处派出的工作人员常年工作、生活在成都，组成一个藏区派往内地工作的群体。这些以沟通四川藏区社会经济事务为主的办事处机构围绕甘孜驻成办和阿坝驻成办分布，组成了一个派出机构共同体，每个办事处有3—5人常年工作、生活在成都，及时共享和联系藏区社会经济事务。事实上他们已经成为准移民。

第三类是市场机制驱动型移民模式，市场以强大的力量叩开了中国经济发展的大门，“发展才是硬道理”这一理念打开了市场，推动社会经济高速发展。藏区也不甘落后，以实际行动促进民族地区的发展，其重要社会后果是形成了四类事实上的移民：一是藏区政府驻成办体制范围内的改制形成的移民。为适应市场经济发展需要，成都一部分事业单位转制为公司，其中最具代表性的就是州办事处把部分国有资产剥离出来，将办事处改制为法人企业，按公司化运作。如以阿坝州宾馆有限责任公司和甘孜州经济发展总公司为代表的实体企业，这些原来的事业单位已经在市场中享受到好处，其工作人员利用改制的契机投身市场产品的经营，他们后来定居成都成为体制转制移民。二是藏区在内地办企业形成的移民，20世纪90年代为了支持民族地区经济发展，《四川省人民政府关于民族地区到内地兴办企业有关税收返还问题的通知》（川府发〔1997〕92号）规定：对民族地区在内地兴办企业应缴纳的营业税、所得税按实际入库数，增值税按地方分成总额确立“二八”分成的办法。即80%由财政返还给民族地区，企业所在地政府仅留下20%。藏区有丰富的自然资源，人们纷纷到内地兴办企业，把资源的优势转化为经济的优势。中华人民共和国成立后，四川藏区依托森林资源的优势，成立了几十个森工企业，有力支援了国家经济建设，阿坝州最大的森工企业驻地就在都江堰。20世纪90年代借着市场经济的春风，森工企业扩大经营范围，面向市场开发产品，逐步建立了西南地区最大的木材市场，伴随市场经济发展，一些藏族的经营户逐渐定居成都。与此同时，甘孜州也不落后，特别是雅江县、道孚县等在双流区购置土地建设木材加工企业，极大地促进了这些森林资源县域的经济发展。藏区的工作人员来到内地工作生活，虽然户籍不在成都，但是他们已经是事实上的常住人口。三是以四川藏区商人为主的群体，这是最具社会性意义的一类群体。藏民走出青藏高原进入成都平原，在城市寻找新的发展机遇。最早进入成都做生意的藏族商人成为这类群体中的突出代表，特别是以DYH、LJ、YYD等为代表的一批最先成长起来的藏族商人，在成都注册成立了大量的实体公司，他们不仅自身成为移民而且招聘大量本民族的员工进入公司，这些人也逐步定居成都。四是购置商品房形成的移民，1998年成都市人民政府根据国务院和四川省人民政府关于城镇住房制度改革精神，制定了成都市城镇住房制度（成府发〔1998〕200号）。这是一个极具影响力的政策，从此，政府加快住房建设，促使房地产业成为新的经济增长点，不断满足城镇居民日益增长的住房需求，稳步推进住房商品化、社会化，逐步建立适应社会主义市场经济体制和我国国情的城镇住房新制度。在此政策影响下，藏区形成了在成都购房或建房的风潮，导致四川藏区移民大量进入成都，主要有四种模式。第一种为集资建房的模式，1998年长江洪灾过后，四川省率先实施天然林保护工程和退耕还林（草）工程，藏区作为长江上游重要的生态保护区，列入保护范围。面对国家政策的重大调整，森林资源停止大砍伐，藏区的内地资源型企业不得不停办。这些企业只能改作他途，在国家经济政策特别是房地产政策的刺激下，四川藏区地方政府充分运用停办企业的用地，参与到建设大潮中，这些企业用地通过办理相关手续建设为住房。雅江县和道孚县分别通过集资建设了天伦家园和道孚家苑社区，是双流区较为典型的成建制小区。第二种为藏区单位集体购房、单位管理的模式。在计划经济体制下，形成以单位为中心的居住格局形式，特别是以各单位干休所居住小区为单元。改革开放后，这种居住格局继续发挥着作用。如西藏自治区人民政府驻成都办事处下属的39个厅局及地市，还有若干企业在成都均有办事处。据了解，西藏各单位在成都办事处有50—60处，人数估计在5万—10万人，其中相当部分是藏族人口。2012年据成都阿坝州商会估计，大约有12万阿坝州各族人口长期在成都工作生活，如果按阿坝州藏族人口所占比重估计，大约有6万藏族人口长期工作生活在成都。阿坝州各地各单位也在都江堰购置了大量的土地建设住房，形成了以都江堰市幸福街道岷江路社区为中心的多个小区。以威中花园（威州中学建设）、新华缘（阿坝州新华书店系统建设）、馨福苑（阿坝师范学院建设）、福临家园（金川县建设）等为代表。这些小区的业主虽然多数户籍不在都江堰但已经是事实上的移民。第三种为分散购房定居的移民。随着城市化的拓展，城市居住空间在不断地聚集、扩散，形成以规模化的小区、社区为主体的居住场所。市场经济条件下，不同的社会群体对居住有不同的需求和偏好，相同或相似需求的群体总会聚集在一起，就有了满足多样化需求和多元化类型的社区，而住房商品化都以社区为居住、管理的基本单元。移居成都的藏民，对武侯祠及周边总有一种特殊的情感，有一部分移民长期工作、居住生活在附近。在武侯祠民族用品一条街的武侯名园小区，在2003年开盘时有30多户藏族人购房，多数是四川藏区的商人，截至笔者2017年下半年调查时，已有60多户藏族在此长期租房或购房居住。住房商品化为四川藏区移民提供了更加多样化的选择，成都市主城区都有藏族移民相对集中的聚居区。武侯区红牌楼街道、簇桥街道、双楠街道、五大花园，双流区东升街道和西航港街道，金牛区抚琴街道、茶店子街道，郫都区郫筒镇、犀浦镇、安德镇等，这些地点都是藏族购房者选择的热门区域，从这些购房者的考虑来看，主要出于养老、子女读书、务工和经商等目的。作为分散定居者，特别是务工和经商的两大社会群体，主要依靠的是具有乘法效应的社会网络资源，其可以形成“锁链移民”现象。这种现象表明，每一个藏区的新移民在居住上会呈现出小聚居格局，这是一个很大的潜在移民群。

四川藏区不同类型的内迁移民有不同的社会融入路径，这些路径建构他们在城市生活的方式，我们调查总结为以下几类方式：一是以藏区驻成办等行政事业单位工作人员为主的聚居区，以武侯祠甘孜州驻成办和成都老西门阿坝驻成办为核心的聚居地为代表；二是以四川藏区驻成都干休所为中心的养老居家聚居区，以甘孜州驻双流离退休老年协会和阿坝州老干部管理服务中心为代表；三是以从事商业活动为目的的藏人聚居区，以武侯祠民族用品街为代表；四是以购置房产为目的，或以享受成都各类优质公共服务资源为目的的藏族移民聚居区；五是以就业和寻求发展为目的的融入都市生活的藏族移民群体。此外，还有一部分在四川省、成都市政府有关管理部门和机构、科研院所等工作的藏族各级各类官员、学者、文化人士，他们事实上已经是成都的移民。这些不同类型的移民群体有不同的从业方式、社会交往方式、社会生活方式等，他们对城市环境适应、社会经济适应、宗教文化适应和社会心理适应等构成了生活日常，在城市的社会经济活动建构了他们的社会空间，创建出具有藏族特色的城市民族经济聚集区。我们的研究就是对此进行揭示，“社会学的原则与宗旨，就是要洞察整个群体及其总体行为”[①]。因此，四川藏区内迁移民不仅对移民本身、藏区社会，而且对移民城市都产生了重要的社会经济影响。

## 三、四川藏区内迁移民研究的意义

本研究对四川藏区内迁移民进入的社会路径进行了系统的探讨，对他们迁入成都的方式进行了归纳总结，从社会变迁特别是从藏区治理的角度分析了四川藏区内迁移民的内在逻辑。通过以藏族移民比较集中的聚居区（成都市武侯区、双流区、都江堰市等）为例进行研究，对内迁移民的结构特点、内迁移民在城市的生产生活状况等方面来进行分析。本研究不仅具有重要的理论意义，也具有非常重要的现实意义。

---

① [法]马塞尔·莫斯.礼物[M].北京：商务印书馆，2016：130.

四川藏区内迁移民既不单是藏区的“推力”和城市的“拉力”作用的后果，也不是移民自发的社会后果，而是中华人民共和国建立以来中央政府对藏区治理的一系列制度和社会经济政策等共同作用的后果，在不断的迁移过程中，不但促进了各民族的交往交流交融，而且在成都建立了最大的藏族移民聚集区和民族经济聚集区。

通过实地考察当前四川藏区内迁移民的生产生活状况以及存在的各种问题，走进内迁移民的日常生活中，倾听藏区内迁移民自己发出的声音，形成让人们了解当前藏族社会发展和藏区内迁移民的重要参考资料。据我国第六次人口普查，各少数民族人口有1.1亿人，其中流动人口大约每年有1000万，少数民族呈现出“散居化”趋势，他们在流入地自发地形成“小聚居”状态，目前已经有上千个大大小小的居住群落，形成“民族街”“民族园”“民族村”等新型社区。

本研究有助于城市民族工作的顺利开展。改革开放以来，一方面内地汉族和其他民族同胞在到藏区经商、打工、旅游等方面的交流增多；另一方面藏区常年有大量藏族民众自愿进入或迁入成都市及附近县市，在迁入地经商、求职、求学、购房安居或养老。这种“双向”流动不仅受到现代化、全球化、城乡一体化等因素的重要影响，也是民族社会自身发展的需求和结果。全面了解和掌握四川藏区内迁移民在城市的工作、生活和社会适应、民族交往交流情况，对城市民族管理和服务极其重要，尤其是新时代背景下把握城市民族发展中呈现出的一些重要特征及规律，对目前城市民族工作有非常重要的参考价值。

迁入城市的藏族同胞，在城市中形成规模较大的“藏人城”或藏人聚居区，并以民族文化资源为优势，在城市发展藏文化产业，不仅为城市藏族同胞提供了经济保障，而且在商业化的时代背景下开创了一条保存和发展藏族传统文化的有效途径，特别是建立了极具民族特色的经济聚集区。

通过对被誉为甘孜州和阿坝州“附属县”的双流和都江堰市的内迁移民生活状况进行考察，其研究成果充分证明了中国特色社会主义制度下藏汉民族关系的融洽和各民族人权得到充分保障的事实。

在成都城市化快速发展的背景下，藏族流动人口和内迁移民以他们的生存智慧不断适应这个变化的世界，在成都创造出属于他们的社会生存空间，已经成为成都民族文化最为亮丽的特色。改革开放40年来成都市社会经济发生巨大变化，城市建设快速扩张，城市面貌日新月异，成都作为西部地区经济增长最快的城市，吸引了大量各民族人口，大量藏族移民进入成都参与社会经济的快速发展，分享改革的成果，促进了民族的交往交流交融。

# 第三节　研究方法

实证主义、人文主义和马克思主义的研究方法是社会学研究方法的三大传统，实证主义源于自然科学的研究逻辑，既然自然现象可以被量化研究，那么社会现象也可以根据自然科学的方法进行研究，在其发展过程中形成了方法论的整体主义。韦伯开创的人文主义社会学研究传统，源自德国历史主义，其强调人类行动的主观意义及其指向，认为大量人类的行为是不可重复的，形成了方法论的个体主义。人文主义对实证主义进行猛烈的批判，实证主义受到挫折，从马克斯·韦伯开创解释社会学研究传统后，人文主义与实证主义分道扬镳。那么，对于中国流动人口和移民该以何种方法进行解释呢？整体论者强调只有从整体意义上把握中国社会关系和社会结构才能解释社会变迁，其重点关注宏观结构性、制度性因素，如城乡二元结构及其一系列社会制度等；而个体论者关注微观的个人，把流动人口和移民作为行动的主体，他们凭借个人对社会的认知、资源的占有情况而做出行动的选择。方法论的社会与个人二元对立是社会学所面临的经典难题，也是研究的主要视角与路径。20世纪80年代以来，为了弥合西方社会学研究中的宏观与微观、社会与个人、客观与主观、结构与行动等一系列二元对立的问题，西方主要社会学家提出了解决这一内在难题的综合性取向理论，主要有卢曼的社会系统理论、哈贝马斯的沟通交往行动理论、布迪厄的场域理论、吉登斯的结构化理论等。这些社会学理论视角对我们分析藏区流动人口和移民有极大的启发，我们认为，藏区内迁移民既不是单纯的社会结构性因素制约的社会后果，也非移民个人完全主观的能动选择，而是流动人口和移民在日常生活的社会行动实践中产生的必然的社会性后果，即吉登斯在结构化理论中提出的结构二重性。藏区移民在社会性结构条件下行动，受制于一系列社会制度，在其不断的社会行动中又创造出新的资源与规则，这些新的资源与规则反过来又成为他们社会行动的结构性条件，这正是藏区移民在日常生活实践中创造的社会后果。

## 一、本研究的主要研究方法

### （一）调查研究

调查研究是一项非常古老的技术，是应用最为广泛的现代社会科学研究方法。通过自填式问卷或结构式访问的方法，系统地、直接地从一个取自某种社会群体的样本那里收集资料，并通过对资料的统计分析来认识社会现象及其规律的社会研究方式。[①] 本研究运用有关少数民族流动人口和移民相关的理论对四川藏区内迁移民进行实证研究，主要对移居成都的藏民做社会生活状况的全面调查，虽然移民个体是我们的调查单位，但个体并不是我们的分析单位，我们真正关心的是群体的，因此，整个移民群体才是我们研究的单位。

### （二）收集资料的方法

对于一项调查研究来说，最重要的收集资料方式就是问卷。根据研究的主旨，我们把四川藏区内迁移民的生存状况主要分为环境适应、社会经

---

① 风笑天. 社会研究方法 [M]. 北京：中国人民大学出版社，2017：143.

济适应、社会支持、社会心理适应等。虽然结构化的问卷能够标准化地收集资料，反映群体的总体特征，但不能深入把握调查对象真实的想法，很难对调查对象的真实生活和他们的所思所想做深入的了解。因此，为了更全面地了解四川藏区内迁移民的生活状况我们还采用观察法和访谈法收集一些重要的资料，弥补调查研究的不足。

2010年7月，笔者第一次走进成都藏人最集中的地方——武侯祠民族用品一条街，从此开始接触藏族同胞，几乎每年暑假都往返于藏区与成都的藏人聚居区，走遍了成都藏人聚居的所有区域，甚至有三个暑假居住在藏人开设的家庭旅馆，接触到各种类型的藏族流动人口和移民，聆听他们的声音，零距离地观察和体验他们的生活，和他们一起聊天、吃饭、看电视、逛街。每次与他们的交流都有不同的认识和感受，每个家庭旅馆的客厅布置都和他们老家相类似，客厅的家具也是从成都的二手藏族家具市场购来的，一般都会供唐卡和一些佛像，有的也会供活佛，旅馆主人每天清晨都会供上净水。宗教仪式在日常生活中依然占有重要位置，理解宗教生活的仪式对于认识城市的藏族移民有重要的帮助作用。所有这些都为笔者研究成都的藏人提供了最坚实的基础和可靠的资料。

### （三）资料的统计分析方法

调查研究最大的优点就是对结构化的资料做定量分析，我们借助SPSS22.0统计分析软件对调查资料做深入的分析，以求客观呈现四川藏区内迁移民群体的整体面貌和他们对城市的适应状况。

## 二、研究对象

本研究的对象主要是四川藏区内迁成都的藏民，按第六次全国人口普查结果，成都市有户籍身份的藏族移民主要分布在武侯区、双流区、金牛区、郫都区、都江堰市5个城区，藏族流动人口和常住人口也主要居住在这5个城区。我们的研究对象主要包括两类，分别是户籍在成都的藏族人口和调查时户籍不在成都的藏族常住人口。2017年7—9月，进行问卷、资料的发放与收集，共发放问卷500份，回收问卷402份，回收率80.4%，有效问卷386份，有效回收率为77.2%。由于笔者是汉族人，和藏族移民在实际交流中存在着一些民族、语言、文化等方面的障碍，再加上一些民族敏感因素和其他因素的影响，调查中出现了各种各样的困难和问题，遇到各种拒绝、不配合的情形，所以回收率较低。令人欣慰的是，在一些藏族朋友的帮助下，最大限度地减少了这些不利因素的影响，这些有效的回收问卷保证了我们研究的客观性和真实性。

## 三、抽样方法

本研究的总体对象为四川藏区内迁成都市的移民，相关的研究估计，目前在成都的藏族常住人口有15万—20万人，藏族流动人口每年超过百万。第六次全国人口普查结果显示，成都市藏民户籍人口32332人。我们的调查对象主要是藏族常住人口，根据藏族常住人口的居住区域，采用多阶段分层随机抽样方式。首先抽取街道，按2010年各区的常住人口，在武侯区、金牛区、双流区、郫都区和都江堰市5个藏族移民集中的区域选取10个街道作为抽样街道，分别是浆洗街街道、双楠街道、抚琴街道、茶店子街道、东升街道、西航港街道、犀浦街道、郫筒街道、灌口街道和幸福街道。其次，在10个街道中随机抽取一些社区，由于四川藏区内迁移民居住相对分散，无法在一个社区找到足够的调查样本，所以选择的调查社区多于10个，主要是浆洗街街道的洗面桥社区、洗面桥横街社区、蜀汉社区，晋阳街道吉阳社区、双楠街道的广福桥社区和五大花园，东升街道的天伦家园、道孚家苑、新秀家园，西航港街道的光明社区，抚琴街道的西北社区，幸福街道的岷江社区，灌口街道南桥社区等。最后，在抽中的每个社区随机选取50名藏族移民进行问卷调查。主要采用调查员面对面调查和发放问卷两种调查方式。问卷内容包括：研究对象的人口学特征、社会经济特征、环境适应、社会适应、生活满意度及社会支持状况等（详见附录问卷）。

## 四、社会支持量表的选择与评分标准

本研究主要采用肖水源编制的《社会支持评定量表》，测量四川藏区内迁移民的社会支持状况。该量表共含10个项目，分为客观支持（第2、6、7条评分之和）、主观支持（第1、3、4、5条评分之和）和社会支持利用度（第8、9、10条评分之和）3个维度，3个维度之和为社会支持总分。此量表的得分范围介于12—64分之间，得分越高表明其社会支持水平越高。该量表应用广泛，条目易于理解无歧义，具有较好的信度和效度（肖水源，1994）。

社会支持评定量表：

1. 您有多少关系密切，可以得到支持和帮助的朋友？（只选一项）

①一个也没有　②1—2个　③3—5个　④6个或6个以上

2. 近一年来您：（只选一项）

①远离家人，且独居一室。　②住处经常变动，多数时间和陌生人住在一起。　③和同学、同事或朋友住在一起　④和家人住在一起。

3. 您与现在的邻居：（只选一项）

①相互之间从不关心，只是点头之交。　②遇到困难可能稍微关心。　③有些邻居很关心您。　④大多数邻居都很关心您。

4. 您与同事：（只选一项）

①相互之间从不关心，只是点头之交。 ②遇到困难可能稍微关心。

③有些同事很关心您。 ④大多数同事都很关心您。

5. 从家庭成员得到的支持和照顾（在无、极少、一般、全力支持四个选项中，选择合适选项，在合适的框内划“√”）

| | 无 | 极少 | 一般 | 全力支持 |
|---|---|---|---|---|
| 夫妻（恋人） | | | | |
| 父母 | | | | |
| 儿女 | | | | |
| 兄弟姐妹 | | | | |
| 其他成员（如嫂子） | | | | |

6. 过去，在您遇到急难情况时，曾经得到的经济支持和解决实际问题的帮助来源有：

①无任何来源 ②下列来源：（可选多项）

A. 配偶 B. 其他家人 C. 朋友 D. 亲戚 E. 同事 F. 工作单位 G. 党团工会等官方或半官方组织 H. 宗教、社会团体等非官方组织 I. 其他____________（请列出）

7. 过去，在您遇到急难情况时，曾经得到的安慰和关心的来源有：

①无任何来源 ②下列来源：（可选多项）

A. 配偶 B. 其他家人 C. 朋友 D. 亲戚 E. 同事 F. 工作单位 G. 党团工会等官方或半官方组织 H. 宗教、社会团体等非官方组织 I. 其他____________（请列出）

8. 您遇到烦恼时的倾诉方式:（只选一项）

①从不向任何人诉述。　②只向关系极为密切的1—2个人诉述。

③如果朋友主动询问您会说出来。　④主动诉述自己的烦恼，以获得支持和理解。

9. 您遇到烦恼时的求助方式:（只选一项）

①只靠自己，不接受别人帮助。　②很少请求别人帮助。

③有时请求别人帮助。　④有困难时经常向家人、亲友、组织求援。

10. 对于团体（如成都办事处、商会协会、宗教组织、党团组织、社区组织等）组织的活动，您：

①从不参加　②偶尔参加　③经常参加　④主动参加并积极活动

## 五、本研究涉及的主要概念

### （一）流动人口

在中国的户籍管理制度下，人口流动主要有两种类型：一是伴有户籍变更的人口迁移，在统计上一般称为机械性迁移人口；二是没有户籍变更的人口异地转移，统计上一般称为流动人口。与流动人口相关的概念还有外来人口、暂住人口等，这些术语内涵交叉，又不尽相同。

1982年、1990年全国人口普查把流动人口定义为:“跨县流动”和“离开户口登记地一年以上”。

2000年第五次全国人口普查及后来的人口变动和劳动力抽样调查，将流动人口定义为：现居住地与户口登记地不属同一乡镇或街道，而且离开户口登记地时间超过半年的人口，但不包含市辖区内跨乡、镇、街道人户分离的人口。2010年第六次全国人口普查沿用第五次的定义。

国家人口计生委在流动人口动态监测中所指的流动人口，是指居住地与户口登记地所在乡镇街道不一致且离开户口登记地一个月以上的外来人口。

### （二）四川藏区

四川藏区从地理位置看，是青藏高原的重要组成部分，主要包括横断山脉和龙门山脉的广大区域。从行政区域看，主要包括甘孜藏族自治州、阿坝藏族羌族自治州和木里藏族自治县的广大区域。从民族构成看，不仅包括藏族居民，还包括其他少数民族，如彝族、纳西族、蒙古族等。从社会文化角度看，主要包括藏区的康巴地区和四川的安多地区。本研究主要从社会文化和民族构成角度进行分析，主要指行政区域。

### （三）移民和四川藏区内迁移民

移民，联合国规定，任何人移居到一个新的地理区域并在那里居住超过一年就算是移民。移民是指任何形式的居住地的永久变更。

"内""外"是一组相对概念，如沿海和内地，边疆和内地等，青藏高原主要在边疆地区，由于自然地理环境和社会人文环境的巨大差异有了内外之别，相对青藏高原而言，国内非高原的地方就可称为内地。本研究中"内迁移民"主要指四川藏区在各种社会经济原因的推动下离开原生地进入四川非藏区各地市的城市居住、工作、务工、旅游、度假、看病、求学等的移民。既包括中华人民共和国成立之前历史形成的城市世居少数民族；中华人民共和国成立以后，由于国家建设需要，以工作、求学、经商或政府通过有计划招工等形式进入城市且具备城市户籍的新进少数民族；又包括不具备城市户籍，但又在城市居住并从事各种经济、文化活动的藏族人口。

### （四）社会支持

社会支持目前是一个具有交叉学科性质的概念。关于社会支持的研究从20世纪60年代开始，以试图探求生活压力对身心健康的作用为目的。

70年代初期，此概念引入精神病学领域。医学和社会学等学科采用关于社会支持和身心健康关系的实证研究，激发了学者对于社会支持研究的热情。

社会科学研究领域对于社会支持有不同的定义。国外学者一致认为社会支持是一个复合维度的概念，在个人及环境之间存在着人们的整体参与水平，社会支持环境的来源和社会支持是否能为个人提供如情感、归属感、信息或物质的帮助。它包括环境因素、个体认知因素；它不仅涉及家庭内外的供养及维持，也涉及各种正式和非正式的支持和帮助；它不是一种单向的关怀及帮助，而是人与人之间的一种社会互动关系。

国内主要研究观点有：李强从社会心理刺激与个体心理健康之间的关系角度出发，把社会支持定义为一个人通过社会联系所获得的能够减轻心理应激反应、缓解精神紧张状态、提高社会适应能力的支持（1998）。丘海雄认为社会支持不仅是单一的社会关怀，还是一种社会交换，涉及家庭内外的供养和维系，还包含正式与非正式的帮助（1998）。张文宏等人则认为社会支持是人们从社会、他人得到的各种帮助。贺寨平从社会网络的角度定义：社会支持网是个人维持日常社会生活、解决危机的途径，是人们在社会支持中可以找到的各种可以运用的社会资源（2001）。

综上所述，中国学术界目前将社会支持分为以下三类：一是客观支持，即周围人在个体面临压力时所给予的实际帮助行为；二是主观支持，个体被他人支持和理解的与个体主观感受紧密相连的情感体验、支持；三是社会支持利用度（肖水源，1994）。

# 第二章 藏区人口流动和移民的历史

费孝通先生在20世纪80年代提出“藏彝走廊”这一民族理论学说，认为走廊就是民族交往交流的主要通道。在西藏昌都地区的卡若考古遗址发现表明，在新石器时代就已经存在中原地区民族迁徙的证据，充分表明内地的民族通过迁徙到达藏区。有关历史研究证实，藏区的每一个历史发展时期及其社会整合的重要转折时期，都和中央王朝形成紧密的关系，并伴随藏族同胞向中原地区的规模化流动（石硕，2016）。而藏区人口规模化的流动，不仅给整个藏区社会带来了新的活力、转折和重要的发展机遇，也促进了汉藏民族的友好交往，为中华民族的形成做出了历史性贡献。

数千年的民族迁徙构成了西南地区民族与内地交往的历史版图，在这个重要的民族区域先后形成了南方丝绸之路、唐蕃古道、茶马古道、藏彝走廊、川藏公路等商贸通道，演变到今天又有成雅高速（成都—雅安）、雅康（雅安—康定）高速，以及规划建设中的川藏铁路。这条民族友好交往的道路从未中断，当我们翻开这张历史画卷的时候，不得不为之震撼。

# 第一节　古代藏族人口向内地流动的历史

## 一、古代藏区与内地交流的概况

西南地区自古以来就是中华民族生存空间的重要组成部分，民族史研究表明，藏彝走廊是我国历史上纵贯大西北—大西南的民族迁徙大走廊，其迁徙通道包括岷江、大渡河、雅砻江、金沙江、澜沧江、怒江六大江河流域，及其被河流分割的七大山脉。文献记载和考古发现表明，岷山道自新石器时代晚期开始形成，在先秦至汉代一直为沟通黄河、长江上游两大文明区的重要通道，为促进早期民族文化交往发挥了重要作用。考古发现表明岷江上游为六江流域中文明发育早、文明程度高、文化联系广、对西南地区古代文明影响最大的区域，是藏彝文化走廊上极为重要的民族迁徙通道之一。

考古发现表明，古长江源岷江上游岷山地区与黄河上游河湟地区，在中华文明起源史上占有极为重要的地位。岷江上游与黄河上游地区紧密相邻，且沿途道路较为平缓，大片的草原分布其间，适宜畜力运输，成为天然的民族沟通走廊（喇明英，2017）。藏彝走廊从历史的角度看，向来就是各民族友好交流交往的通商大道，主题从未发生改变，只不过交易的物资和形式不断发生变化，史料记载以无可争辩的事实表明藏族自形成以来就与中央王朝发生各种各样的联系，西南各民族在这个人类自然环境最为复杂多样的地域上演了数千年友好交往的历史。藏区与内地的交往最先从岷山道开始，吐蕃时期主要是青藏道，明朝中后期出于安全的考虑，朝廷规定藏区前往内地的官道、商道只能取川藏道，使藏彝走廊上茶马古道获得空前发展。明末清初，四川战乱对社会经济造成巨大破坏，滇藏线迅速崛起（刘志扬，2016）。自唐宋建立茶马互市以来，藏区与内地的联系先后形成三条主要的通道，分别是唐蕃古道、川藏茶马古道和滇藏茶马古道，成为汉藏民族社会经济文化交流的主要通道。

## 二、古代藏族人口向内地流动的历史

通过阅读有关藏族流动人口的历史资料，我们梳理分析发现古代藏族人口向内地流动可以划分为五类，第一类是季节性剩余劳动力流动，第二类是军事需要型流动，第三类是宗教传播型流动，第四类是朝贡使团型流动，第五类是商业贸易型流动。古代藏族人口流动最主要集中在三个阶段，第一阶段是公元7世纪到公元9世纪的吐蕃王朝，第二阶段是公元13世纪到14世纪的元朝统治时期，第三是明末清初西藏格鲁派崛起的发展阶段。不同的历史发展阶段藏区向内地人口流动表现出不同的历史特征，正是这些持续不断的藏区人口流动成为塑造中华民族多元一体的重要因子，是维护民族团结、社会稳定、边疆安全、国家统一的重要社会力量。

### （一）季节性剩余劳动力流动

古代，由于成都平原与川西藏区的地缘优势，在地域交界地带的少数民族群众到成都从事生产劳动，有关史书明确地记载了这些史实。特别是都江堰水利工程，它是川西少数民族共同建设和维修的结果，这一世界性的伟大工程体现了我国各族人民在与自然作斗争中建立起来的伟大民族团结精神和深厚情谊。这种情谊产生的自然条件和社会条件是：成都平原紧邻阿坝藏族自治州，古代居住着氐族（离堆一带曾称为湔氐村，灌县在古代湔氐道或汶川管辖）。古代成都平原人口少，劳动力不足，需要周边少数民族支援，而少数民族人民又需要成都平原的生活必需品。冬、春季节，少数民族有多余劳动力而又需要增加经济收入，以缓和粮食缺乏的矛盾，故到成都平原劳动以获得生活来源。少数民族人民吃苦耐劳，善于搞土石方和水利工程。

《后汉书·南蛮西南夷列传》："其王侯颇知文书，而法严重。贵妇人，党母族。死而烧其尸。土气多寒，于盛夏冰犹不释，故夷人冬则避寒，入蜀为佣；夏则避暑，返其（聚）邑。皆依山居止，累石为室，高者至十余丈，为邛笼。又土地刚卤，不生投穀麻菽，唯以麦为资，而宜畜牧。有牦牛"。①

《华阳国志·蜀志》记载，晋朝"汶山郡……夷人冬则避寒入蜀，佣赁自食，夏则避暑反落（部落），岁以为常，故蜀人谓之作氐，白石子也"。

明朝孙复宏《羌佣行》"不分长幼与妻儿，负重履危若平陆。蜀人利其操作能，年年相赁亟乘屋。壮者刈茅老者苫，女者负土男者筑。自秋徂春日无虚，朝此暮彼群相逐"。②《威州志》"羌番……耕刈毕，男女背三足，往各州县佣作，至春、夏始归"。③

清朝顺治时期，"雇募番（藏族）、倮（羌族）、修筑开浚（都江堰），暂资灌溉"。④ 雍正时期官方文件说："每雇夫（维修都江堰），多系蛮夫。"

① 《后汉书·南蛮西南夷列传（冉駹夷传）》。

② 嘉庆《汶志记略》卷四。

③ 《古今图书集成·职方典》卷五九〇摘录。

④ 抄本康熙《成都府志》卷二十八和《古今图书集成·职方典》卷五八七。

而且还说工资一定要银子。[①]“每岁十月间，生（藏族）熟（羌族）番、蛮至内地佣工，名曰下坝，次年夏初始归”。[②]乾隆时期《上谕应循旧准番民下坝佣工》说：“番民每岁下坝佣工，借以糊口，几视为常业，若因征剿小金川，禁止佣工，致失谋生恒业，实为非计。朕意：下坝之事，似应仍循其旧。”[③]

刘绍《西征记》说：“每以十月出佣，三月归巢，汉（汉川）、茂（茂州）皆有之，而保县独多。”[④]嘉庆时期“五月着皮（汶川气温低），三时（有的秋末出动，夏初始归，故包括秋、冬、春三季或冬、春、夏三季）下坝，艰于食力”。[⑤]道光时期魏煜《谕九寨羌民》：“远去他乡，佣工枥下”。[⑥]同治时期“杂、梭磨、诸番（藏族）男妇，于三冬（冬季）进口，赴蜀西各郡县佣工，谓之下坝做活路，不独威（威州）、茂（茂州）、熟番（羌族）然也。凡掘堰，淘井，造屋，筑墙诸色（包括水利、住宅建筑），皆善力作……春尽，贩缣、布（丝、棉织品）、锅刀（铁器）、牲畜以归”。[⑦]

从上述这些史料中发现，古代与成都毗邻的少数民族地区包括藏族的各民族，农闲季节下山到成都平原从事各种生产劳动，如维修都江堰水利工程的劳动。再从古堰名上看，金堂有“蛮仔堰”，崇宁有“倮倮堰”。[⑧]虽然“蛮”“倮”“夷”等都是历代封建统治者对少数民族侮辱性的称呼，但也反映了少数民族人民从事都江堰水利维修工作的重大贡献。史料记载

① 嘉庆《四川通志》卷二十三。
② 嘉庆《四川通志》卷一一五。
③ 清佚名编《金川案》《元字集》第二十八件公文。
④ 同治《理番厅志》卷五。
⑤ 嘉庆《汶志记略》卷三。
⑥ 民国《汶川县志》卷七。
⑦ 同治《理番厅志》卷四。
⑧ 嘉庆《四川通志》卷二十三。

表明，包括藏族在内的少数民族劳动力从古代向成都平原地区流动的历史从未中断，为维持生计参与各种劳动，特别是各民族都参与都江堰水利工程建设维护，是古代中华民族团结合作的典范。

### （二）军事需要型流动

吐蕃王朝时期，吐蕃赞普统一了青藏高原各部落，建立了强大的吐蕃王国，藏族社会呈现前所未有的发展生机。由于大规模的领土扩张，疆域不断拓宽，与之伴随的军事人口大规模流动，社会交往扩大，特别是和中央王朝的各种社会往来由此揭开序幕，不论是和唐朝发生的战争还是与文成公主、金城公主的和亲联姻，都被写入史册。艾萨克·阿西莫夫认为推动人类社会前进的动力便是相互斗争和物资与商品贸易，一方面，对于物资的缺乏引发了战争而又必须想方设法解决后来的可延续性，另一方面，各种资源和技术又通过贸易而得以传播成为可持续的方法。[①] 汉藏民族1000多年的交往表明，正是当各自社会发展过程中所需物资得不到满足时，推动人类社会前进的两种动力就交替变化。吐蕃王朝在扩张过程中，为了满足各种物资的需求，与唐朝不断发生战争，获取吐蕃王朝发展所需的各种经济资源。“正是因为理性与情感相互制约，以和平的意愿对抗疯狂的暴行，各民族才成功地以联盟、赠礼和贸易取代了战争、隔绝与萧条。”[②]

吐蕃时期，吐蕃与唐朝之间发生了多次战争。吐蕃人到中原的流动主要包括军队、使者、军队投降安置和民间交往等，但军队流动是主要的。吐蕃发动战争的主要目的是为吐蕃国掠夺唐朝的社会财富和所需资

① ［美］艾萨克·阿西莫夫. 诠释人类万年：对人类历史的回顾与前瞻[M]. 呼和浩特：内蒙古人民出版社，1998：191–192.

② ［法］马塞尔·莫斯. 礼物：古式社会中交换的形式与理由[M]. 北京：商务印书馆，2016：130.

源。《资治通鉴》载："每岁积石军麦熟，吐蕃辄来获之，无能御者，边人谓之'吐蕃麦庄'。"《旧唐书·崔宁传》卷107载："永泰元年（765）九月，吐蕃大将尚息结、赞磨、尚息东赞及马重英等十万众寇春天、醴泉等县，大掠居人，男女数万计，焚庐舍而去。""安史之乱"后，唐朝由盛转衰，吐蕃军队占领了唐代河西陇右地区的土地，在剑南以西还侵占了大片土地面积，其控制地区一度到达今天成都的边界。吐蕃所占地区大致包括现在西北地区的青海全境、甘肃多数地区、陕西西北部和滇西北高原等广大地区，这些地方大部分都是汉人居住的地带，吐蕃东部地区温末义军的崛起标志着吐蕃王朝灭亡。[①] 正如法国著名人类学家莫斯所言"两个人类群体如果相遇，要么相互避开，要么相互猜忌、挑战、争斗，要么就得彼此善待。"[②] 在藏族形成和发展中，不断加强与中央王朝的联系，战争仅是在漫长的历史长河中极其短暂的瞬间，绝大多数时间保持密切的交往。事实上，不论战争还是贸易，客观上都促进了藏族人口的不断东移。

**（三）宗教文化传播（元朝政治需求）型流动**

元代西藏正式纳入中国版图，为统一的多民族国家形成奠定了坚实的基础，元代在西藏实施的一系列政治管理制度对地方产生了极其深远的影响，促进了西藏与中央政府的良性互动。在西藏地方，政治上的统一改变了吐蕃王朝崩溃以来分裂割据的局面，打破了西藏各地区、各教派之间的分隔，增进了相互了解，为西藏和中央政府的密切联系创造了良好的社会条件。《元史》卷4（世祖一）记载：1260年，忽必烈即大汗位，建元中统，尊八思巴为国师，授以玉印，任中原法王，统天下教门。

元代统治者信奉藏传佛教并皈依佛门，西藏各教派的僧侣在元朝宫廷

① 石硕. 历史上藏人向中原地区的流动及与西藏社会发展的关联[J]. 中国藏学，2012（2）.

② [法]马塞尔·莫斯. 礼物：古式社会中交换的形式与理由[M]. 北京：商务印书馆，2016：129.

受到各种特殊礼遇，并在元王室形成了以藏族高级僧侣为首的特权阶层和帝师制度。在元朝王室赋予的巨大的政治特权下，藏族僧人和弟子不断来到元朝首都，成为与元朝统治集团密切相关的特殊阶层。由于藏传佛教在元朝的特殊地位，越来越多的西藏僧人、地方领主来到元大都。元朝政府为了有效管理西藏，建设了元大都通往西藏庞大的驿站系统，进一步促进了西藏僧人向大都的流动。这是元代西藏人口流动的突出特点。《元史·释老传》卷202记载："尝经平凉府、静、会、定西等州，见西番僧佩金字圆符，络绎道途，驰骑累百，传舍至不能容，则假馆民舍，泰元一路，自正月至七月，往返者百八十五次，用马至八百四十余匹，较之诸王、行省之使，十多六七。"①

藏传佛教发展到明朝，在藏区产生了巨大的影响。各教派形成以寺庙为基础的寺庙经济，成为一股重要的经济力量。一个教派的首领要么是地方政权的首脑，要么与地方政权有密切联系。明袭元制，不仅传承了帝师制度，而且明朝初期授予了僧侣大量俗官，中期授予教派领袖以僧职，特别是明成祖时期分封了三大法王和五大教王，② 基本囊括了藏区从东部到西部最有实力的几大派别。明宣德年间，以贡使身份来京的乌思藏官员日渐增多，有的请求长住北京，明廷一一准其所请，授以官职，赏赐冠袍蟒带，配给鞍马房屋。《明宣宗实录》载，宣德五年四月（1430年5月4日）"乌思藏阐教王头目朵令遣来锁扎失思奏：'愿居京自效'部为所镇抚，赐冠带、金织袭衣、彩币、钞、布，仍命有司给房屋、器具等物如例。"③ 同年六月掩不罗行都司都指挥佥事工哥尔监藏所遣贡使三扎思、九月乌思藏

① 《元史·释老传》卷202。

② 大宝法王，噶玛派；大乘法王，萨迦派；大慈法王，格鲁派；阐化王，帕竹派；赞善王，萨迦派；护教王，噶玛派；阐教王，止贡派；辅教王，萨迦派。

③ 《明宣宗实录》卷六十五。

阐化王贡使孙竹先后请求长住北京，明廷均任命他们为所镇抚，给予与居京的阐教王贡使同等的赏赐。从一定意义上说，他们是西藏几大政教势力的驻京代表。其间，还有不少从西藏来的僧人也要求留居京城，明廷允许他们住入北京的几所大佛寺。如大隆善护国寺、大慈恩寺、大能仁寺、保安寺等，其生活费用全部由政府包揽，西藏各教派首领派遣来京朝贡的僧人，往往要会见京城大佛寺内同宗同派的僧人，这几个大佛寺俨然成为西藏佛教几大教派势力在京的活动中心。① 明朝政府通过一系列的僧俗官员分封，充分运用藏区宗教领袖的影响来巩固主权地位，不仅有效行使了对藏区的治理，而且将其发展成为一项重要的政治制度。明朝政府的政治举措既巩固了藏区社会的内部联系和社会经济发展，又促进了藏区与中央政府的联系，使得藏区的僧人群体向内地进一步流动，而且规模不断扩大。因此，明代僧人群体的流动和在京城的居住，不仅壮大了群体规模，其社会影响力也日渐增强。

清政府为了更加有效地治理西藏，把雍和宫作为处理藏传佛教事务的中心，历代达赖进京都会住在雍和宫，并且在北京建立了大量藏传佛教的寺庙，进一步巩固了宗教文化的制度性发展。元代形成的以藏传佛教文化为纽带的藏区与中央政府社会联系机制在明清时期得到进一步传承并发扬光大，特别是发展出了达赖和班禅两大活佛转世制度，1653年和1713年，清朝皇帝分别册封了达赖五世和班禅五世，正式赐予了达赖喇嘛和班禅额尔德尼的称号并确立了他们在西藏的政治和宗教地位。以流动僧人为载体，以藏传佛教文化为纽带，不仅从经济、政治、宗教、文化等层面加强了藏区与中央王朝的联系，而且使民族地区与中央政权结成一种稳定的共同体。藏区与中央政府宗教文化的交流是在中华民族历史演变中形成的一

① 杨军财. 西藏现代化发展与社会稳定研究[M]. 北京：国际文化出版公司，2015（1）：327.

种极为重要的社会纽带，不仅加强了民族共同体联系，而且为治理国家提供了新的视角，为后来的中央政府治理藏区积累了极为宝贵的经验教训。正是这种文化力的渗透作用，为维护统一的多民族国家做出了贡献。

自元代以来形成的以僧人为主的群体流动是极其重要的社会现象，深刻影响元、明、清三个中央王朝，在国都北京形成了一个极为特殊的享有极高待遇的社会群体。这个特殊的社会群体在漫长的历史岁月中为沟通藏区与内地的社会经济、宗教、文化事务做出了极大贡献，为维护统一的多民族国家奠定了深厚的民族文化基础。

**（四）朝贡使团（经济回报）型流动**

吐蕃时期藏区以畜牧业经济为主，中原以农业经济为主。经济上的这种内在互补性决定了双方必须进行必要的贸易才能生存。唐朝有两种主要的贸易方式：一种是朝贡贸易，主要由负责政治和经济任务的使者完成。在唐蕃200年的交往中，这类使者从未中断，西藏使节主要携带金银制品和青藏高原特有的方物。654年8月，“吐蕃使人献上高七尺，及大佛庐，高五尺、广袤各三十七步”。657年12月，“吐蕃赞普遣使金城，城上有狮子、象、驼马、原羝等，并有人骑。并献金瓮、金颇罗等”。[①] 唐朝对吐蕃来使也多以贵重物品相赠。719年，唐玄宗及皇后分别赏赐吐蕃赞普、赞普祖母、赞蒙及首要大臣达延、论乞力徐、尚赞咄等从两千段至一百段数目不等的“杂彩”。733年，工部尚书李嵩出使吐蕃，“以国信物一万匹，私觌物二千匹，皆以杂彩遣之”。[②] 第二种是互市贸易，唐玄宗开元年间“吐蕃又请交马于赤岭，互市于甘松岭”（甘松岭即今天的松潘）。[③] 唐蕃贸易促进了藏区商业人口的持续流动，由此开创了千年不衰的茶马贸易。

---

① 《册府元龟》卷九七〇《外臣部朝贡三》。

② 《册府元龟》卷六五三《奉使部称旨》。

③ 《新唐书·吐蕃传》。

自元代西藏纳入中央王朝管辖以来，不但以僧人为主的人口流动不断增多，西藏各地区的地方领导人和地方首领也纷纷来到内地。明朝有规定，藏族地区的各级受封者都必须定期进京进贡。由于明朝对进贡人的优惠政策，进贡的人会得到好几倍的奖励，对藏区社会发展产生积极影响，导致越来越多的藏区僧俗首领到京城朝贡。宣德四年（1429），“乌思藏国师端竹阿木葛、大国师释迦也失并大乘法王、辅教王、阐化王、使臣等五百四十二人贡马及方物”。成化元年（1465），礼部奏云：“宣德正统年间，番僧入贡不过三四十人，景泰年间起数渐多，不过三百人。天顺年，增至二三千人。日后，进贡者后来络绎不绝，赏赐不赀。”成化六年（1470），明朝调整西藏各大王和不同地区的入贡年例和朝贡线路。又规定乌思藏赞善、阐教、阐化、辅教四大王三年一贡，每大王遣使百人，最多不超过百五十，路线改从四川进入。国师以下不再允许进贡。其长河西、董卜韩胡两处，一年一贡或两年一贡，遣人不过百人。松、茂州地方住坐番僧，每年亦许三五十人来贡，乌思藏地方亦不许超过五六十人。[①]其后每年数千人的朝贡使团往返于藏区与京城的各条道路上。明朝政府入贡线路的调整，对川藏茶马古道康区的兴盛、朝贡官道的和康区社会经济发展产生了极其深远的影响。

清朝初期，西藏上层派使节到京城进贡不受限制。顺治帝即位初期的5年，西藏共派出使节11次，明显加快朝贡的节奏。从那时起，达赖喇嘛和班禅额尔德尼基本上每年都要在京城请安入贡。乾隆二年，即1737年，五世班禅圆寂。为了免去达赖喇嘛和班禅额尔德尼每年的路途劳顿，乾隆皇帝规定其每隔一年遣使来京城一次。乾隆七年又规定，达赖喇嘛、班禅额尔德尼轮流进贡。乾隆二十年改为每隔两年进贡一次，并延续至

① 陈庆英，高淑芬,《西藏通史》[M]，郑州：中州古籍出版社，2003年，第316页。

清末。①

乾隆初年，与顺治相比，赏金大幅度提高。此后，贡赏标准基本上按照乾隆时期的规定。从顺治到雍正，每两年就派使者到西藏一次，每次都有礼物赠送。在藏区的关键仪式比如达赖、班禅圆寂和达赖、班禅的转世灵童确认、坐床、受沙弥戒、受比丘戒、亲政等重大时刻，清朝都会派遣特使赠送金银礼物，赏赐的规模比进贡回赐和存问大很多。乾隆二十七年，清高宗为给七世达赖喇嘛转世灵童坐床，详细列出了礼品清单，除赠送银器一万两以外，其他珍贵的礼品就多达56件。清朝对西藏最大规模的赏赐就是邀请达赖喇嘛和班禅额尔德尼来朝觐。清初，清政府为维护与西藏黄教领袖的密切关系，促使噶尔（今外蒙古）的归顺，多次派出使节邀请五世达赖喇嘛进行朝觐并赠送礼品。如顺治八年第三次遣使前往藏区迎请五世达赖，分别谕达赖、班禅、诺门罕、第巴等赐礼物。赐达赖的礼物，“金鞍马两匹、镶金茶筒一个、镶金酒樽一个、金百两、银两千两、缎百匹”。顺治九年达赖起行进京，顺治帝特遣使往迎，随赐礼物：珍珠数珠、帽、袍、靴、雕金鞍辔、黄膘马八匹、手鞭等。② 顺治九年达赖进京入觐，顺治帝两次宴达赖喇嘛于太和殿，赐金器、彩缎、鞍马、金银、珠玉等。以上只是部分见于文献记载的赏赐，历代达赖从中央王朝得到丰厚的回报。事实上，赏赐物品远多于历史上所记载，如五世达赖入觐，“从者三千人”，如此浩大规模的人口流动，所需花费相当高，且达赖的随从依礼也要获得不菲的赏赐。③

① 中国藏学研究中心．元以来西藏地方与中央政府关系档案史料汇编（第五册）[M]. 北京：中国藏学出版社，1994：1936.

② 中国藏学研究中心．元以来西藏地方与中央政府关系档案史料汇编（第2册）[M]. 北京：中国藏学出版社，1993：227.

③ 中国藏学研究中心．元以来西藏地方与中央政府关系档案史料汇编（第2册）[M]. 北京：中国藏学出版社，1993：122，230.

乾隆年间六世班禅入觐，赏赐物品次数多，数量大，品种丰富。六世班禅自动身及至京城，小型赏赐不可胜记，仅大批量正式的赏赐就有十多次，一次赏赐物品常多达数十项。班禅随从到承德的僧尼数百人，他们皆按其地位获得了不同程度的奖赏。除金银外，奖赏几乎囊括了清朝鼎盛时期的所有珍贵物品。六世班禅除了获得朝廷赏赐的物品外，他在途中经过的青海、甘肃、宁夏、陕西、内蒙古和河北省等地一路讲经摩顶时，还接受了来自各地僧俗的供养，六世班禅的中原之行为其带来了巨大的经济效益。晚清时期，十三世达赖觐见礼节上虽然未按五世达赖时的旧例，但赏赐的财物仍很可观。总的来说，清朝在赏赐西藏地方上层人物的规模方面远远超过了明朝。

明清两代对藏区朝贡者给予的丰厚的赏赐回报，不但促进了大量以朝贡为主的人口流动，而且也促进了藏区社会经济的发展和加强了汉藏民族文化的交流。实际上中央政府对藏区通过实施以赏赐为核心的一系列经济举措形成了藏区与内地良性互动的社会机制。

自明代中期藏区朝贡取道川藏线以来，成都变为重要的中转区域。今天武侯区红牌楼区域，宋元时期为一幺店子，明代建红牌楼场镇（图2–1）。《华阳县志》云：“明嘉靖中（1522—1566年），蜀（藩）王于此建坊。北人谓‘坊’曰‘牌楼’，当时藩府亦沿是称，故今俗犹呼‘红牌楼’也。”明蜀藩王在离城约十里的场镇街头建牌坊，乃效秦汉十里长亭之意，以便接送康藏地区来朝的官员。因牌坊系用红砂石建造，故连同场镇均称之为“红牌楼”。当时在红牌楼场镇南北街头各建有一处牌坊，蜀王建坊的目的是迎接西藏人前来送贡礼，藏族同胞经商时，按照藏族的风俗习惯把牌坊漆成红色。拱门有三扇龙门，石柱上雕刻着龙凤图案，大门中间过车辆，两侧过行人。进入牌楼，两边都是红色的街面，场中又有一过街红楼，场尾（南街头）有红恩祠，祠内亦有一排红楼，真可谓街头红牌坊，通街红楼宇。因此，红牌坊亦被称为红牌楼，它作为红牌楼场镇的标志性建筑和民族和睦、商贸繁荣的象征，雄踞街头，壮观达远，盛名累世。

后来当地士绅为祈求五谷丰登，于民国二年（1913年）改“红牌楼”为“永丰场”。但民间“红牌楼”的称谓仍沿袭至今。红牌楼作为成都南门的出川门户和藏区紧密联系的历史地名，距今已有400多年历史。红牌楼（图2–2）现在位于成都西南二环路与川藏路相交的周围区域，在20世纪末成都市规划建设为重要的商圈之一，2013年成都市建设二环高架路时，在挖掘城市历史文化时专门在高架路上把红牌楼的历史面貌予以呈现。

图2–1　明代红牌楼照片 历史书记载

图2–2　现在红牌楼标志 笔者拍摄

### （五）从蜀身（yuán）毒道（南方丝绸之路）到茶马贸易型流动

#### 1. 蜀身（yuán）毒道（南方丝绸之路）

自秦始皇建立统一的封建王朝国家以来，如何处理中原与少数民族的关系就是中央政府始终面对的一个重要问题，汉王朝为了维护对西南民族地区的统治，将西南夷纳入王朝体系。并且打通了连接西南民族地区的道路——蜀身毒道，有效维护了中央王朝与西南民族的关系。唐宋时期茶马贸易兴起，成为南方丝绸之路最主要的交易商品，并且绵延千年而不衰，影响深远，逐步形成茶马古道。明清茶马互市是南方丝路发展的鼎盛时期，分别从不同口岸与缅甸、印度、泰国、越南、柬埔寨、老挝等国发生着日益密切的往来关系，尤其将滇茶、川茶运进吐蕃，又将战马源源不断供应给中原。

现在我们所讲的南方丝绸之路，即古人所指的“蜀身毒道”，是以成都为起点，经今云南、缅甸，到达身毒（印度）等南亚各国的一条陆上重要交通线，总长2000多公里，在汉武帝时张骞通西域之前便已存在，是古代中国一条重要的国际商贸通道。“蜀身毒道”的出现，可追溯到3000多年前的三星堆文化和十二桥文化时期。早期蜀地的丝绸即通过“蜀身毒道”远销南亚，被印度阿萨姆人称为“蜀布”。20世纪的考古发现也证实成都地区与东南亚和南亚国家早就有着经济、文化往来。目前学界比较一致的看法是：“蜀身毒道”应在西汉以前就已开通，商业贸易往来已具备一定规模。秦并蜀后，蜀太守李冰曾“开僰道、通文井江”，开始对“西南夷”地区进行开发。秦始皇统一中国后，进一步加强了对“西南夷”地区的经略，派“常頞略通五尺道”。五尺道即成都通往今云南的交通要道，此条道路的开辟促进了成都与今云南、印度等地的经济联系。据《史记》载，张骞向汉武帝上奏“臣在大夏时，见邛竹杖、蜀布。问曰：‘安得此？’大夏曰：吾贾人往市之身毒。身毒国在大夏东南可数千里，其俗土著……以骞度之，大夏去汉万二三千里，居汉西南。今身毒国又居大夏东南数千里，有蜀物，去蜀不远”“可千余里，有乘象国，名曰滇越，而蜀贾奸出物者或至焉”。据考证，滇越即当时东印度阿萨姆地方的迦摩缕波国。这表明蜀地与南亚诸国很早就有商贸往来，蜀商在这一时期相当活跃。汉武帝时，汉王朝不断加强对西南地区的交通开发，据《汉书·武帝纪》载：武帝曾先后令唐蒙、司马相如“始开西南夷，凿山通道千余里，以广巴蜀”“发巴蜀治南夷道，又发卒万人治雁门阻险”“通西南夷道”“司马长卿略定西夷，邛、笮、冉、駹、斯榆之君皆请为内臣。除边关，关益斥，西至沫、若水，南至牂牁为徼，通零关道，桥孙水以通邛都”。元封二年（109年），汉武帝再次派军从成都出发，分东西两路，进入今云南地区，“往击昆明之遮汉使者”。此役汉军大胜，汉王朝相继在西南地区设置牂牁、沈黎、汶山、武都等郡，从成都出发的“蜀身毒道”可直通洱海。从蜀地南出，经临邛（邛崃）、严道（荥经）、旄牛（汉源）、邛都（西昌）、会无（会理）、渡过金沙江到青蛉（大姚），抵达叶榆。在打通了身毒道之后，连接滇、川的通道蜀身毒道即可畅通而行了。以上两条在大理汇合后西行，经博南（永平）、永昌（保山），由越赕（腾冲）出境入骠国（缅甸），称为“永昌道”。东汉永平十二年（69年），为了有效地控制西南地区和这条对外交通要道，中央王朝在永平建立了永昌县。至此，博南路、西夷路、南夷路三条主干道连成一线，全线通达，“蜀身毒道”中国境内的道路，从民间开发的商道开始成为中央政府管辖的官道，成都与“西南夷”地区的交通得到极大改善，由此促进了沿线城市商品经济的发展。①

2. 茶马互市型流动

吐蕃王朝崛起后，先后统一了青藏高原各部落。其后与唐朝发生多次战争，公元641年，吐蕃赞普松赞干布迎娶文成公主入藏，公主带了大量的技术和吐蕃所需物资，特别是茶叶对吐蕃产生极其深远的影响，茶叶成为社会生活中不可或缺的大宗产品。自此吐蕃王朝和唐朝建立稳定的关系，双方的交流、交往逐步增多，逐渐形成汉藏茶马交易、马帮运输的古代商道，一直延续到清末、民国年间。这是一条极具活力的商道，经唐、

① 何一民. 对内对外开放的枢纽与古代成都的三次崛起[J]. 四川师范大学学报（社会科学版），2016，43（2）：127–142.

宋、元、明、清各朝至民国时期，是一条连接内地与西藏的古老交通要道。[①] 历史上，它不仅促进了“茶马古道”沿线高原城市化进程，为各民族之间的经济和文化交流作出了重要贡献，历代中央王朝通过对“茶马互市”和“茶马古道”的治理，加强了在西南民族边境的管理，促进了西南各民族与内地之间的交流交往。

唐宋时期，汉藏茶马互市市场主要在西北一带，唐蕃古道为主要贸易通道。有三条茶马古道通往西北藏羌地区：一条松茂大道（西山路、西路），从灌县（今都江堰）逆岷江而上，经过汶川、茂汉、松潘等地，再向甘肃、青海部分藏区辐射。一条灌汶通金川道（小路）。另一条从威州经理县越鹧鸪山到金刚寺进入牧区（支线）。宋明时期，茶马互市开始活跃，先后在黎州（汉源）、雅州、岩州（今泸定岚安）、碉门（四川天全）等地建立，川藏通道被开辟为草路，“自碉门、黎、雅抵朵甘（今川藏甘孜州及昌都地区）”乌思藏（西藏），行茶之地五千余里。[②] 随着茶马道路的开通与不断延伸，从事茶马贸易的商人络绎不绝。

宋神宗熙宁六年，陕西茶马道路梗塞，但由于宋朝需要众多战马支持同西北少数民族地区的战争，宋朝战略需求必须将茶马贸易的重心从西北转移到西南，于是在四川西部开辟了宋朝需要的战马贸易。川西的黎州和雅州地区都是到达西藏地区的重要道路，也是产茶的核心地区，为了推进茶马贸易，宋朝规定“专以雅州名山茶为易马用”，并设置“茶马司”专门负责茶马贸易的统一管理。从那时起，宋朝逐渐把分散的茶马交易集中起来，成立一个专门的市场。从此，汉族和藏族之间的茶马贸易产生了新通道，即从拉萨出发，经西藏林芝、邦达、昌都、康定、汉源、雅安的贸易通道，并形成了汉藏关系历史上“茶马互市”最重要的经济区。北宋时

① 格勒.“茶马古道”的历史作用和现实意义初探[J]. 中国藏学，2002（3）：59-64.

② 《明实录 · 世宗实录》卷三八三。

期茶马贸易主要集中在黎州，主要的道路是由康定经泸定沈村至汉源，南宋碉门（今天全县），后道路改为打箭炉经瓦斯沟，从天全到雅安、黎州的茶马贸易逐渐衰落。南宋严格规定茶马贸易路线，藏族商人只能到碉门或黎州为止，不能直接到产茶的雅州和名山。元代以前，雅州和部分康藏地区一直由陕西管辖，内部和外部的限制使茶马贸易从碉门西移到了打箭炉。正是此条茶马道的开通，使从事茶马交易的藏族商人不断向东迁移。

元朝将西藏纳入中央王朝政治版图，并在西藏扶持以萨迦派为主体的宗教政权，中央王朝开始加强对藏区的统治。忽必烈的铁蹄所到之处，纷纷归顺，他派人沿路“召集西番族首领”，在“茶马古道”沿线战略通道上建立了影响深远的土司制度，以“地方官员统治地方人民”。为了加强对康藏地区的统治，元朝积极加强藏区交通的建设，并在四川、西藏的“茶马古道”沿线设立了19处驿站作为管理组织，保证道路的通达。从此，茶马古道不仅是沟通西藏和内地的经济贸易之路、民族之路、文化之路，也是治国之道、治藏之道、安藏之道。①

明朝时期，由于官商贸易、朝贡贸易和民间茶叶贸易的发展，茶马古道发展达到了鼎盛时期，朝廷还制定了茶法和茶课。明朝制定了“茶引”制度和“引岸”制度（引岸是指在一定范围内，按标准征税，并由明朝政府颁发特许经营证书）。把茶划分为边引和腹引。行销打箭炉一带地区的称为“南路边引”（西康边茶）。以灌县为制造中心，行销理、茂的茶称“西路边引”。明代以后随着边茶在康定集散，形成“锅庄”，繁荣兴盛，锅庄实际是明代以来汉藏通商贸易的产物。明代中期政府规定藏区朝贡路线改由康区赴内地，由此迎来茶马古道的川藏线发展的黄金时代，不仅以朝贡为主的人口流动穿梭在川藏线上，而且以茶马贸易为主的商人也络绎

---

① 格勒. 康巴史话[M]. 四川美术出版社，2014：34.

不绝。

清初怀柔人开发了蒙藏地区，并沿袭了元明与藏区之间的茶马贸易制度。为了保证藏区的茶叶供应，仍然把川茶分为边茶和腹茶两种，打箭炉、松藩、灌县三个地区形成了三大边茶贸易市场。清顺治初年，廖盘龙受命到陕西（今甘肃、四川）考察茶马事务，在青海和甘南地区设立了五个茶马师。为了保证军队和马匹的招募，政府禁止使用私人茶，同时积极差官建制开成（宁夏固原）、安定（甘肃陇西）、黑水（四川松藩境）等苑马寺监，以茶易种马。康熙中期，四川茶叶生产迅速恢复。“时四川产茶多，其用渐广”，天全、雅州、邛州、荥经、名山、灌县、新繁、大邑等边茶生产区茶叶产量普遍增长。进入国家政治稳定时期，“冰县利率逐步”下降，“硕果累累”。四川、陕西、湖广等省的战马“已拔补足额”。随着商品关系的发展，川边藏族地区的土司马和贡马也逐渐对银器实行打折征收。康熙三十二年（1693年），为了扩大藏族和汉族的贸易规模，达赖喇嘛根据藏族和汉族商人交流的惯例，奏请清廷于“打箭炉交市”。康熙三十五年（1696年），四川巡抚于养志会同西藏喇嘛营官勘定打箭炉地界，指定其为藏汉贸易市场。从那时起，清政府取消了对西藏地区茶叶供应的限制，恢复了四川的茶叶管理。由此，废除了“茶马之役”和“仿盐政之引法”。藏汉开市以后，境属沈村、烹坝成为南路边茶进入打箭炉的重要渡口。随着西藏与汉族政治、经济联系的加强，康熙四十五年（1706年）修建了铁桥，并命名为泸定，泸定索桥的修建与边茶贸易直接相关。

清朝时期废商茶入藏之禁，“汉不入藏，藏不入汉”的藩篱被削弱。西藏商人不仅越过宁静山涌入川康地区，而且川陕商人进一步发展了“边茶古道”。越来越多的商人在西藏和内地之间流动。康熙五十九年（1720年），清军平准噶尔动乱，进一步将南路向西南扩展。从此，驻藏大臣的往返均以四川作为正驿，通商和贡道也都在打箭炉地区。北路商道开发之后，藏族和汉族茶商的身影遍及南路等线。川藏大道拓展后，川康藏贸易，行军用兵，行人往来，都靠这些古道。

清代期间，茶马贸易经历了重要转变，乾隆中期，茶马贸易制度成为一种较为灵活的边茶贸易制度，核心是改官营为商营，引岸制取代榷茶制，稳定的贸易体制和畅通的道路促进了茶马古道沿线各民族民间贸易的繁荣发展，极大地促进了藏族商人的大规模流动。从那时起，从康定，经过甘孜，德格到昌都或巴塘，芒康到昌都，然后从昌都到拉萨，由各大寺院、土司、康藏商人组织的商队、马队络绎不绝。史料记载，班禅及各地呼图克图、大世家、土司头人均组织过庞大商队往返藏汉边地进行兴贩，运出西藏的土特产，换回茶叶、绸缎、布匹、烟叶、瓷器等日常用品和珠宝，从中获取利润。道光时期，随同达赖喇嘛、班禅额尔德尼贡使由青海一路进入内地者，每批牛马可至四千头，货物多达两三千包。由南路赴打箭炉贸易的商人，每年为驻藏官兵汇兑的饷银就达10万两以上。① 自打箭炉设关到光绪六年（1880年），边茶销售一直保持稳定，年平均销量在10万斤左右，共50万包（每引计茶5包，每包16—20斤）。② 如此大的交易量，需要大量的商人和运输队常年奔波于漫长的川藏线上，可以想象庞大的队伍浩浩荡荡的壮观景象。由此可见，清代藏汉经济交流的规模很大。

自唐代内地与藏区建立茶马贸易以来，“茶”和“马”这两种物质资源在汉藏双方交往中扮演了极其重要的角色，有学者指出内地运往藏区的茶是政治茶、军事茶、经济茶、民生茶等，茶马古道在千年汉藏民族发展中犹如一泓清泉，不但加强了彼此的联系，而且也滋养了藏区的人们。

---

① 王建林，陈崇凯．藏汉经济文化交流史[M]．北京：社会科学文献出版社，2015：191.

② 四川省康定县志编纂委员会．康定县志[M]．成都：四川辞书出版社，1995：175.

《格萨尔王》中说的“嘉兰姆”就是茶马古道，汉族运来的大量货物，最重要的就是茶。著名考古学家苏秉琦先生指出：“开放交流是世界历史文化的大势所趋，也是中国的大势所趋。从旧石器时代到今天，中国文化从未封闭和孤立。中国历史上确实有过“中华帝国无求于人”的政策和时代，但事实上，内外部交往几乎从未停止过。”[①] 茶马互市型的交流是物质上的交流，更是民族文化交流的载体。

① 苏秉琦. 中国文明起源新探[M]. 沈阳：辽宁人民出版社，2009：148，152.

# 第二节　近代以来藏区人口向内地的流动

## 一、清末、民国时期藏族人口向内地流动的概况

自明代中期以来，藏区与内地的社会经济文化交流转移到川藏线，形成了影响至今的交通要道，藏区与内地联系的主要通道是川藏道，后演变为官道（贡赐）和最重要的商道（茶马贸易的主体），藏区人口流动规模越来越大，道路开拓的网络遍及全藏区。清末经过改土归流、屯田、兴办学堂，整个社会形势发生重大的变化，藏族人口向内地流动的趋势也出现了一些新的特征，特别是以邦达仓为代表的新一代藏商，是推动汉藏互动的突出代表。抗日战争时期由于日寇封锁了部分交通要道，导致中华民族大后方物资紧缺，茶马古道肩负起运输战略物资之重任。到抗日战争中后期，茶马古道成为中国大西南通往东南亚、印度洋、欧美等的“输血性”国际商业通道，历来一直在古道经商的那些藏商扮演了重要的社会角色。茶马古道与整个中华民族的命运、整个国家的国运紧紧相连，从1937年至1950年之前，昌都成为藏东的茶马商贸中心。[①] 在此期间穿梭于茶马

① 郭志清.历史上的茶马古道及其社会文化功能[J].福建茶业，2016，38（12）：308-309.

古道与内地的藏族商人是流动的主体，他们为中华民族的抗日做出了重要贡献。

## 二、近代藏区商业发展

藏区由于特殊的自然环境和民族宗教文化，藏传佛教寺院长期在世俗社会生活和精神生活中占据主导地位。宗教性集会的定期举办，不仅满足了广大信众的信仰需要，而且为农牧民剩余产品交换提供了可能，从而在藏区各地围绕寺院形成了集市，并促成了寺院经商的发展和集市的出现，这进一步导致寺院和经商喇嘛成为最具实力的团体和阶层。因此，寺院在藏区商业发展中一直居于主导地位。有学者认为藏区是一个具有特殊性的区域社会，形成了以强制力为基础的国家政治权力、以宗教资源为基础的寺庙权力和以传统部落主义为基础的社会权力之间的纽带，成为藏区乡村社区的威权体系。①

近代藏区寺院商业经济的繁荣与清代对寺院的大力扶持密切相关。格鲁派在修道院中迅速扩张，僧侣人数迅速增加，必须通过对外交流来换取生存资源，因此，在川藏线上的人口流动进一步增强，大量的商人和运输队伍常年奔波于茶马古道，一条条分支道路延伸到藏区有人居住的地方，滋养了千家万户。任乃强先生在考察康区时发现“自宋元以来，茶马交易十分繁盛，临时市场，建筑碉房之锅庄交易频繁。元时，设长河西鱼通宁远土司于此，即明正土司。（康定）至明时，仅有住民10余家。清初增加至30余家。康熙平定西炉，增大明正土司权力，使新抚近边50余土司悉附属之。雍正七年（1729年）置打箭炉厅，市场勃兴，乾隆时，增至数百

① 杨红伟，张克非. 晚清循化藏区的权力运作机制——以光绪十五年拉卜楞寺与隆务寺冲突为中心 [J]. 江汉论坛，2008（6）：72-77.

户。清末改流，置康定府，民国以来，为川边特区首府，住民益增……全市有2万人。锅庄共48家，最大8家，称为“八大锅庄”。由藏输川者，药材为大宗，皮毛次之。由川输藏者，茶为大宗，布帛次之”。[①] 民国时期周太玄修纂的《西康通志稿·工商志》中介绍说：“除诵经外，康州的喇嘛庙主要从事农业和商业活动。商业的经营由寺庙经营投入一定数额的资金，选择熟悉经营条件的喇嘛进行经营，并规定经营的喇嘛应当赔偿资金损失。”在茶马古道上，许多贸易市场、包装商、商旅集散地、住宿点等逐渐形成城镇，居民在长期的商业活动中集聚，促进了藏族地区的社会城市化进程。例如，在元代，打箭炉是一个荒凉的山沟。明代开碉门、岩州茶马古道开通后，它逐渐成为一个繁华的商业城市。西藏与外界在这里持续不断地往来着，全国各地的商人聚集在这里组成茶叶贸易帮。此外还有专营黄金、藏香的金香帮，专营布匹、哈达的邛布帮，专营药材的山药帮，专营绸缎、皮张的府货帮，专营菜食的干菜帮等。

藏区特殊的社会经济形态，寺院在社会经济生活中占有极其重要的地位，寺院的喇嘛商人在长期的商业贸易中发展为实力最强、影响最大的群体，在民国时期，由于特殊的国内外环境，他们把茶马古道发展为最重要的商贸通道。1941年以后，西南陆路国际运输路线基本丧失，只留下云南、西藏、四川与印度之间传统的马帮运输路线。当时，这条陆路国际运输通道从云南到西藏有两个走向：一是从昆明出发，经丽江、德钦；二是从成都出发，经过打箭炉进入西藏。这一传统的民间贸易通道一度成为西南后方地区民间物资的重要运输通道。滇藏川毗连地区的不少寺院抓住这次商机，纷纷加入滇川藏印贸易转输中。[②] 随着各寺院经济实力的强大，一大批实力雄厚的喇嘛私商开始出现。1954年，滇边中甸归化寺有100户

① 任乃强.西康图经·境域篇[M].63–65.

② 郭卿友.民国藏事通鉴[M].北京：中国藏学出版社，2008：499.

经商喇嘛，在这100户中进康藏经商的就高达73户。其数量和资本的发达在整个滇康地区都不多见。西康也出现了不少商业资本比较雄厚的寺庙，如西康大金寺在民国时期商业经营远达国外，以经营英印商品为主，一般从印度进口呢绒、毛料、日用品，转运到四川、湖北等内地汉区销售，获利后又从内地买回茶叶、布匹、铁器、烟草、油料、日用品等，运回藏地销售；他们同时也将藏区药材、皮毛、土特产，运至内地或印度、缅甸等境外销售。由于该寺还享有达赖批准的免税经商的权利，并可沿途支用乌拉差役，因此该寺商业的利润不是百分之几十，而是百分之几百，甚至一本万利。此外，康南的理塘寺和康北的八邦寺、更庆寺、竹庆寺、仲莎寺，也是西康经商寺院中较为突出的，这些寺院不仅在国内大城市设立贸易分支机构，而且还都在印度等地设立了商号。① 藏区其他寺院的发展情况也类似，康区的商人把昌都、康定发展为重要的商业城市。据不完全统计，中华人民共和国建立初期，甘孜地区548座寺庙中，有170多座寺庙在营业，总资金2000多万元（银元，下同）。甘孜大金寺和长春里塘科尔寺拥有400多万元的资金；100多万元以上的有甘孜的阿巴寺、东谷寺、仲萨寺、德格更庆寺等。上述六座寺庙的商业资本总额为916万元，占寺庙商资本的69.4%。② 拥有强大商业实力和政治特权的喇嘛寺，在当时已经成为“康省实一特殊重要之商业机构”，而且“在关外各地常具有决定性之力量”。③

1928年国民政府颁布的《全国商会条例》规定，康定商会与上海、武汉商会同为总商会。在外国人眼中，打箭炉也被认定为“中国大陆和西

① 邓前程．四川藏区藏商与商业的历史考察[J]. 社会科学研究，2003（2）：131–135.

② 赵心愚、秦和平．清季民国康区藏族文献辑要[M]. 成都：四川民族出版社，2003：506.

③ 周智生．晚清民国时期滇藏川毗连地区的治理开发[M]. 北京：社会科学文献出版社，2014：157.

藏地区之间的主要商业中心”。据有关资料记载：1930年，在康定商会帐册有记载的帮会共24个。1940年，康定商会改组帮会为同业公会，共有同业公会16个。商会、行业公会的成立，标志着甘孜藏区的商业发展到了一个新的阶段。[①] 长期的汉藏商贸流通，促进了藏区的商业发展和民族社会融合，20世纪40年代出现的《康定情歌》，更是对种民族社会和谐发展的生动诠释，让过去的打箭炉更增添了商贸城的人文情怀，绽放出更加迷人的魅力。

## 三、茶马古道上的流动群体

清末以及民国时期，社会的急剧变革引发藏族人口流动表现出新的特征。这些流动人口一类是延续传统的寺院僧侣商人、地方土司、头人商等，另一类是新出现的一些富有的藏族私商和锅庄商群体，还出现了一些促进汉藏往来文化交流的群体，他们又大致可以分为四类，分别是藏人首领及汉人官员、民国时期的学者兼行政管理人员、商贸活动的商人、通常被称为“通司”（通事）的翻译。[②] 由于历史上藏区贸易基本上是以寺庙商为主体，所以寺庙商人成为重要的贸易活动的主体。任乃强在考察康区时指出：“康庄之所以尊重商人，与宗教有关。盖僧侣为坐食阶级，日用物品，不能自致，固不得不仰给于商贾；点缀寺院，当求华美，以动平民羡慕，势需绢绸等物，须转运于千里之外，亦不能不仰给于商贾。土司、头人家装饰，其尊贵亦然。是故各喇嘛寺与土司头人家，皆委派充本，经理贸易之事。…… 康藏商人，大都为喇嘛、头人与汉人，此其所以尊贵

① 辛玉昌. 甘孜史话[M]. 兰州：甘肃文化出版社，2012：103.

② 玉珠措姆 . 浅析清末民国时期汉藏商人在康区社会发展中的地位与作用[J]. 中国藏学，2016（4）.

也。”[①] 因此，清末民国时期，藏区各级各类商人和文化交流的群体是流动的主体，为促进藏区与内地的联系做出了重要贡献。

西藏地区没有不经商的寺庙。每个寺院都有一个商业管理者，几乎垄断了藏区的商业。以甘孜大金寺和长春里塘科尔寺为中心的封建买办业，分别经营着康北、康南地区的城乡市场，并与西藏三大寺院和土司的首领勾结。在西康的各寺院中，甘孜大金寺的寺院经济和僧商力量是比较突出的。大金寺的高级喇嘛中，有6名西巴（寺院经济主管）专门从事商业活动，其中1名驻寺主持，4名分派拉萨、昌都、玉树、康定处理经济事务，还有1名来往于各地，负责联络和运输。理化县“商人资本，喇嘛寺占最大类。陕商次之，番商又次之，川商甚少”。[②] 在民国时期特殊的国际国内环境中，藏族地区的贸易特别活跃，边贸之地成为主要的贸易通道，这一时期不仅藏区与内地贸易规模提高，而且和国外的贸易也极为活跃。滇藏线、川藏线南北两路空前繁荣，出现了著名的藏商“三大昌”——“邦达昌”“擦绒昌”“桑都昌”。“邦达昌”等以家族形式从事转口贸易经营，是规模较大的藏商。这些家族祖辈曾任西藏地方政府的财政总管。从20世纪20年代开始在康藏地区从事商业活动，主要经营布匹、颜料、香烟、日用百货、药材、皮毛以及外国商品，在拉萨、上海、香港、加尔各答、孟买等设有商业办事机构。据传，过去西藏和印度间贸易的一半由这些商号经营。他们在印度和国内的大商埠设有分号，并拥有数以千计的畜力驮帮，以经营外货、茶叶、土特产品为主。[③] 除了寺院、土司头人、藏商巨富外，还有各地村寨也有民间商人和个体小商贩。这些商人和从事运输的

① 任乃强. 西康图经 · 民俗篇[M]. 北京：中国藏学出版社，2010：219.

② 周智生. 晚清民国时期滇藏川毗连地区的治理开发[M]. 北京：社会科学文献出版社，2014：157.

③ 吴慧. 中国商业通史（第四卷）[M]. 北京：中国财政经济出版社，2008：283.

团队构成了规模庞大的流动人口，成为当时最重要的社会经济现象。

从对历史上藏区人口流动的分析我们可以发现，汉藏民族在长期的交流中形成了多元的、全方位的互动格局，特别是以茶马古道为载体的贸易通道历经千年不衰，这条纽带不光连接了历史，而且把藏区与内地连接为一个不可分割的整体。其实，它揭示了人类活动的一个本质规律，即交换是人类天然的内在行为，由于每个群体或区域社会不可能生产所需要的全部生活用品，维持生存必须要与他人交换。由于青藏高原特殊的自然环境及生产生活方式，藏族人民多生活在高山峡谷地区，那里气候干燥、寒冷，以牛、羊肉、青稞及乳酪等奶制品为主食，其他日常生活用品需要从外部输入满足。自从文成公主把茶带入西藏后，藏族同胞在生活中才发现内地生产的茶叶是维持身体健康不可或缺的产品，饮茶可以除油腻、助消化、促进血液循环和补充人体所必需的维生素和微量元素等。北宋时期《滴露漫录》一书中记载："腥肉之食，非茶不消；青稞之热，非茶不解。"藏族谚语"宁可三日无粮，不可一日无茶""一日无茶则滞，三日无茶则病"等。正是因为茶叶在藏族人生活中具有独特的功能，才会形成藏族全民饮茶的生活习俗。因此，藏族民间把茶叶视为上等礼品，在婚丧嫁娶等各种礼仪中，其他的东西可以缺少，而茶叶则被作为必备之物。藏传佛教在宗教典礼中亦颇重茶，寺庙里都是大铜锅煮茶，金光闪闪，显示了茶在宗教礼仪中的重要性。

据相关史料记载，种茶起源于四川雅安境内的蒙顶山，后来不断扩大种植面积，成为重要的农产品。藏区对茶叶有大量的内在需求，这种庞大的内在需求必然产生茶叶贸易，在此基础上先后演变出唐蕃古道、川藏茶马古道、滇藏茶马古道等，雅安作为最重要的茶产地，其地缘优势使得川藏茶马古道成为最具影响力的道路。除了茶叶这一大宗物资之外，还有粮食、布匹、铁器、丝绸等生活用品也需要从内地通过这些商贸通道把藏区所需的物资源源不断地输送到各地。在物资交换的基础上，汉藏双方社会文化交流也不断拓展，朝贡关系加强了政治上的沟通，元代的帝师制度促进了宗教文化交流，还有其他的民间往来共同促进汉藏之间的良性互动。在不同的历史时期双方交换的物资有所侧重，唯有茶叶始终是交换的重点，有研究总结茶叶在汉藏双方的交流中扮演了“军事茶”“政治茶”“经济茶”“民生茶”“民族团结茶”（李朝贵，2007）等角色。宋朝政府由于和北方战事不断，对战马有客观的需要，马作为冷兵器时代的一种战略资源，而青藏高原辽阔的草原又是养育马的天然场所，双方互补性的社会需要促进了历史上的茶马贸易。因此，从事茶马贸易的相关机构和商人应运而生，形成了汉藏民族关系史上影响深远的茶马互市制度。宋代建立统一茶马交易管理机构——茶马司，后世传承并完善，明代将其演变为茶引制度，清代则为边茶贸易制度等。藏族社会对茶叶有着巨大需求，茶叶是不可或缺的生活大宗物资，因此其必然与中央王朝发生贸易交换。正是这种内在的必然逻辑，从吐蕃统一青藏高原以来，藏区就与内地从未断过联系，不论是发生战争、宗教联系还是贸易往来，都表达了一个共同的事实，彼此之间是一个不可分割的命运共同体。交换主体是汉藏两个民族，作为交换中介的则是各种从事产品交换的商人，因此，藏区流动人口就成为沟通的媒介，这成为一种重要的社会现象。

费孝通在谈到中华民族的形成时，认为每个民族都有其特定的生存空间。中华民族的祖国位于亚洲的东部，西起帕米尔高原，东至太平洋西岸，北临辽阔的沙漠，东南濒大海，西南濒高山。这个大陆被自然屏障所包围，内部有完整的结构体系，形成了一个地理单元。民族格局似乎总是反映地理的生态结构，中华民族也不例外。他们（藏族）居住的地方是一个由西向东倾斜的斜坡，高度逐级下降。西部是青藏高原，海拔4000多米，被誉为“世界屋脊”。东面是横断山脉。海拔1000—2000米的云贵高原、黄土高原和内蒙古高原是该地区的主要地貌类型。再往东是海拔1000米以下的丘陵地带和海拔200米以下的平原。石硕老师在《西藏文明东向发展史》中的研究表明，西藏文明在每一个重要发展阶段，都促进了西藏与中央王朝的联系，是西藏文明发展的内在必然结果。如果我们借用法国年鉴学派第二代领军人物布罗代尔的历史时段分析理论，也会得出同样的结论。青藏高原地理环境、生态环境和人们的心理构造（即结构）等客观性的条件限制了人类的行为和生活，为了维持基本的社会生活，西藏社会必然要与周围发生联系，而青藏高原向西、向南、向北三个方面被天然的屏障所阻隔，只有向东方天然倾斜，这种地理结构就决定了西藏文明必然向东发展，而东向就是中原文明。因此，这种自然的结构为西藏文明和中原文明的交流交往提供了客观基础和现实可能。自吐蕃和唐朝建立和亲关系以来，双方陆续建立的茶马贸易体系、朝贡体系和宗教文化交流体系等社会性融合机制就构成了“中时段”互动（即局势）；不同历史时期双方之间发生的一些重大事件（如文成公主入藏、唐蕃会盟等）和一系列社会交往活动则构成了“短时段”的互动（即事件）。布罗代尔认为，在人类社会发展中起决定作用的是“长时段”的历史（即结构）。结构、局势、事件三者之间的交互作用，共同构成了汉藏民族交往的总体历史。因此，藏族在漫长的历史发展过程中融入中华民族是历史发展的必然，而双方之间人口互动特别是藏区向内地的人口流动则成为连接历史的重要纽带。

## 第三节　中华人民共和国成立以来藏区人口向内地流动的概况

自唐蕃会盟以来，藏区和中央政府就形成了良好的互动关系，特别是元代藏区被纳入中央政府直接管辖，社会经济文化的交往进一步加强，民族的凝聚力和向心力不断提升，为民族团结和国家统一做出了历史性贡献。中华人民共和国成立以后，藏区与内地的发展揭开了历史的新篇章，藏区向内地人口流动也发生了根本性的转变，从最初的国家机关部门工作人员的流动到出现了各级各类移民。改革开放以来，藏区大量的人口流入内地发展，形成了藏族人口遍布祖国内地各省区市的分布格局。成都作为进出藏区的门户和进出内地的枢纽，现在已经成为藏族人移居内地的首选城市。

### 一、川藏公路的演变历史

今天的川藏公路形成于唐代，此路与南方丝绸之路在成都至雅安段是重合的。在唐代，成都通雅州（今雅安）的道路已向西延伸入吐蕃地区，成为朝廷与吐蕃之间交往的通道。在宋代，朝廷设茶马司，用蜀地茶叶和蜀锦由此道去换取吐蕃的马匹，称为茶马贸易。明代为迎接西藏前来送贡礼和进行商贸活动的藏族同胞，特在成都郊外通藏路口建红牌坊，设红牌楼场镇。清代在藏区打箭炉置藏汉互市进行物资交流，故成都通藏大道又称炉藏大道。

中华民国时期，四川逐步开始修筑马路。1912年，川边经略使尹昌衡倡修成都至康定军路，此为四川修筑“马路”之先声，其后建设了成都至灌县、成都至雅安的两条公路，1926年元旦，成灌路正式通车，在成都西门车站举行通车典礼。1932年，成都到雅安马路通车，今天武侯区境内高升桥至金花桥路段，即为川藏公路起点段。1940年川康（成都—康定）公路建成。中华人民共和国成立后，国家投入大量财力物力和人力，在川康公路基础上兴修扩建川藏公路，1955年川藏（成都—拉萨）公路、成阿（成都—阿坝）公路正式通车，后来命名为318国道、317国道。同年，毛主席授予康藏、青藏公路筑路人员锦旗，题词为：“庆祝康藏、青藏两公路通车，巩固各民族人民的团结，建设祖国。”这些通往藏区的公路的开通，使汉藏人民从此告别了千百年来南方丝绸之路、茶马古道传统的民族贸易以人力背夫和牲畜运输的历史，民族交流交往翻开了崭新的一页，藏区和内地的联系迈入新的历史阶段，社会经济联系越来越紧密。随着藏区现代化建设的深入推进，一个全新的藏区呈现在世人面前，它和祖国同步发展进入一个崭新的时代。

## 二、中华人民共和国成立至改革开放前以藏区工作人员流动为主

由于历史的原因，藏区在中华人民共和国成立前处于农奴社会，广大农奴的生活极端贫困。藏区通过民主改革后，农奴变成了主人，藏区社会发生一系列根本性的转变。新型的社会主义民族关系建立，国家实施民族

区域自治制度，为了推动藏区社会经济的发展，中央政府实施了推动民族地区发展的优惠政策。藏区在内地办事处的先后设立，促进了藏区工作人员向内地的流动。这一阶段由于国家政策的安排形成的人口流动，我们称为政策驱动型流动，主要是藏区工作人员和民族培训干部的流动。

中华人民共和国成立之后，藏区的交通状况得到极大改善，特别是从成都通向藏区的318、317两条国道，极大便利了藏区与内地的政治经济联系。西藏和平解放后，社会经济形态发生巨大变化，百万农奴翻身成为国家的主人，各类社会物资极其紧缺，西藏需要从内地运输大量的生产生活物资。西藏的社会发展百废待兴，经济发展的任务十分迫切。中央政府为了建设社会主义新西藏，使之加强与内地的政治经济联系，先后在内地设立了成都、格尔木、兰州、西安、上海等六个办事处，其中成都是内地最大的一个办事处。1956年西藏驻成都办事处迁至武侯祠，办事处采购组、西藏驻成都商业采购站主要承担了西藏急需的物资和包括茶、粮、肉及哈达、鼻烟、锅、壶等在内的各类商品和民族用品的采购供应任务。实际上，西藏驻成都办事处成为内地物资转运西藏的中心和内地工作人员前往西藏的中转站。除西藏外，其他藏区也陆续在成都设立了办事处，特别是四川甘孜藏族自治州和阿坝藏族羌族自治州也在成都设立了办事处。这些办事处的工作人员一部分就是藏族同胞，由于他们长期生活在成都，从而形成事实上的第一批共和国史上的藏族移民。

中华人民共和国建立后，毛泽东主席、周恩来总理和其他老一辈无产阶级革命家高度重视和关心藏族和其他少数民族干部的培训，把关于少数民族干部的培训提高到了解决民族问题、实行民族区域自治，促进民族的繁荣和发展的水平。少数民族地区特别是藏区建设的各级各类领导干部、管理人员、专业技术人员都极为短缺，为加强对少数民族干部和专业技术人员的培训，1950年11月24日，国务院召开第60次行政会议，讨论通过了《少数民族干部培训试点方案》，明确提出为满足国家建设、民族区域自治与实现民族政策的需要，对少数民族干部进行大量培训，开办政治学校与政治训练班，以培养普通干部为主，迫切需要的技术干部为辅。规定在北京设立中央民族学院，在西北、西南、中南分别设立中央民族学院分院。1951年6月，西南民族学院成立，少数民族的一些干部陆续到成都接受各类培训，由于四川藏区人口仅次于西藏，各类藏族干部来到西南民族学院接受培训。1956年6月第二次全国民族事务会议上提出了民族院校培养政治干部和专业技术干部的目标，标志着民族院校从非正规高等教育向正规高等教育的转变。此后，西南民族学院拥有规模相对稳定的少数民族干部及专业技术干部常年接受培训教育，藏族人口中形成另一个重要的社会流动群体。1979年全国第五次民族学院院长会议后，国家民族院校的办学模式完全走上了规范化的高等教育的道路，转变为专注于高级专业技术人员培训的多学科、多层次的综合性大学。这些民族院校的建立促成了相对稳定的少数民族干部和技术人才的流动。

中华人民共和国建立后为了迅速恢复国民经济的发展，建立起了社会主义工业经济体系，大量农村人口进入城市。从1949年到1957年，城市吸收了大约4000万农村人口。为了推进重工业优先发展战略，限制人口盲目流动，国家在城市实施了粮油供应规划制度，1958年制定了《中华人民共和国户口登记条例》，严格实行户口登记制度。此后，在户籍制度基础上建立了一系列城乡有别的二元社会管理制度，城乡人口不能自由流动。因此，这一阶段的藏族流动人口的数量极其有限，仅限于社会制度安排的在内地工作的藏族干部和一些工作人员。

## 三、改革开放后至21世纪初藏区各类流动人口和移民

改革开放以来，国家工作重心转移到经济建设上，计划经济时期建立的城乡二元社会结构开始松动，户籍制度对农村人口的社会控制也逐步放松，制度领域的这些变化为人口流动提供了可能。西藏历来在国家的治理中占有极其重要的地位，近代以来形成了“治国必先治边，治边必先安藏”的思想，在西藏的经济发展水平低于其他少数民族地区的情况下，党中央为支持西藏的经济和社会发展，在1980年举行了第一次西藏工作座谈会，解决西藏的经济和社会发展问题，至2015年举行了六次工作座谈会，进一步促进西藏社会经济的可持续发展，内地省市对藏区的援助建设不但促进了藏区的进步，而且密切了与内地的社会经济联系。与此同时，1992年至2014年，中共中央召开了四次少数民族工作中央会议，将加快少数民族和民族地区经济发展和社会进步作为主题，形成了各民族共同繁荣、共同发展、共同团结的工作格局。此阶段在一系列有利于藏区发展政策的推动下，藏区人口流动的规模迅速扩大，而且出现了大量迁居内地的移民。主要表现为三种方式，一是在藏区驻内地办事处的基础上进一步扩大规模，特别是藏区各企事业单位在内地设立大量的各类办事处，加强与内地的社会经济联系。仅西藏驻成都的各类办事处就有39个，四川藏区的州级部门和各个县的政府部门都在成都建立了办事处。二是国家为解决长期在西藏和四省藏区工作的离退休干部养老问题，在内地建立大量的离退休干部休养所，成都由于地理优势，大量的藏族干部及其家属选择成都来安度晚年。据2008年阿坝州驻都江堰干休所统计，仅阿坝州在成都建立的离退休干部休养所就有100多个，常年在成都生活的阿坝州各族人民有十多万人。三是西藏和四省藏区在成都从事经商、务工、学习、购房等的流动人口和移民大幅增加，特别是21世纪以来以购房养老为主的群体

快速增加。伴随个体私营经济的放开，藏区的商人如沐春风，破茧而出，沉寂多年的藏商以前所未有的热情投入商品经济的大潮。相关研究表明，仅成都的藏区流动人口每年就达百万，足以表明成都对藏族人口的吸引力。这些藏族的流动人口和移民已经在成都建立起极具藏族文化特色的民族经济，在武侯祠建立了国内最大的民族用品街道，在郫都区建立了安德民族贸易市场，并且开始向现代多元经济发展，在成都建立了民族集团公司，形成安居乐业的局面。因此，成都已经成为藏族流动或迁移人口的首选目的地，被藏族人称为“成都的八廓街”和后花园。

中华人民共和国成立后，民族区域自治制度在少数民族地区实行。除西藏自治区外，中央还在四川、甘肃、青海、云南等省设立了10个藏族自治州和2个藏族自治县。据1982年、1990年、2000年和2010年四次全国人口普查统计，居住在上述民族自治地方的藏族人口占藏族总人口的93.7%、93.4%、92.3%、91.4%。改革开放以来的这些统计数据表明，我国藏族人口开始缓慢向内地流动。从1982年以来历次人口普查数据我们可以看到藏族移民的变化趋势，1982年到1990年，民族自治地方以外的藏族常住人口和流动人口由24.2万人增加到30.4万人，占全国藏族总人口的6.25%和6.62%。从1982年到1990年增长了25.6%。2000年，藏族人口增加到41.5万人，10年间的增长速度为36.4%，占全国藏族总人口的7.67%。在中国大陆的许多大城市，我们可以看到藏族商人在街上出售传统的藏族珠宝、佛珠和民族工艺品，一些富有的藏族商人在大城市，像北京、成都等还开办了非常有名的饭店，如玛吉阿米藏餐馆（图2–3），成都还建设了具有浓郁藏族文化特色的藏艺商场（图2–4）。

图 2-3 北京秀水街玛吉阿米餐馆

图 2-4 成都武侯祠藏艺商场

进入21世纪以来，藏区进入内地的人口持续增加，只不过和前一段时期相比增速放缓，流动区域缩小，主要集中在四川非藏区、浙江、陕西西安和北京四个地方。2010年，西藏自治区以外的藏族人口达到54万人，占全国藏族人口总数的8.6%。2000年至2010年，西藏自治区以外的藏族人口增长速度为30.1%。在21世纪初的10年里，内陆13个省、自治区的藏族人口并没有增加，而是下降了。下降的省份和地区主要集中在东北和华南地区，只有北京、浙江和陕西三省市的藏族常住人口和外来人口增长相对明显，分别增长0.91倍、1.63倍和1.08倍。虽然这三个地方的藏族人口增长幅度较大，但总人数相对较少，分别是5575人、2850人、6345人。四川的非藏区10年增长了1.16倍，不论从相对数字还是绝对数字，四川非藏区的藏族人口是增长最快的，从2000年的7万多人增加到2010年的15万多人，其实这才是需要我们关注的重点问题，也是本研究试图要回答的主要问题。

通过普查数据我们了解到藏族内迁人口的主要分布，我们可以发现藏族人口的流动分布与全国人口流动的趋势基本一致，有一部分流动人口自发来到内地和沿海城镇寻求就业机会和发展空间。2014年9月，习近平总书记在中央民族工作会议上指出，改革开放以来，孔雀东南飞，我国进入了各民族跨区域大流动的活跃期，少数民族人口大规模向东部和内地城市流动。内地人口向民族地区及不同民族之间也在进行着大规模流动。全国两亿多流动人口中少数民族占十分之一。在东部城市这种现象尤为突出。老百姓形象地说，四川麻辣烫"烫"到了边疆，新疆羊肉串"串"遍了全国。藏族人口也在分享改革开放的成果，通过流动不仅改变了彼此隔离的传统居住模式，而且促进了各民族之间的人际交往和文化交流，使各民族经济联系更密切，发展为不可分割的经济与政治共同体。

## 小结

通过对藏族人口流动的全面历史考察，我们发现不同历史时期往返于藏区与内地的这些流动人口始终是沟通汉藏民族关系、促进民族团结、保持社会稳定、推动经济发展和维护国家统一的重要力量。中华民族几千年的交往交流交融的沧桑历史表明，包括藏族在内的各少数民族在长期不断的互动中形成了中华民族多元一体的格局。我们透过汉藏民族间茶马贸易、朝贡贸易、宗教帝师制度等得到启发，虽然茶马互市、边茶贸易、民族贸易公司等这些交换形式不断变化，但本质上汉藏间社会经济文化发展的内在互补性和不可替代性从未改变，正是这种内在的社会发展逻辑促成了汉藏民族千百年来的互动，在中华民族特定的地理空间，始终是维系民族团结、国家统一的深层纽带。藏族是中华民族多元一体格局不可分割的有机构成部分。特别是汉藏贸易中形成的茶马古道诠释了汉藏悠久的民族关系，它不仅连接了历史和现实，也传承了中华民族社会经济厚重的文化内涵，在我们今天的民族工作中，汉族离不开少数民族，少数民族离不开汉族，少数民族也离不开彼此。

从藏区与内地互动的历史中我们发现，凡是两地之间社会经济文化互动频繁、人口流动多的历史时期都是经济繁荣、社会稳定、民族团结的社会发展阶段，如果人口流动停滞，必然是经济发展遭受重创、社会动荡不安、民族冲突不断。不论是汉藏民族之间季节性的剩余劳动力的流动、贸易性的流动、宗教性的流动，还是朝贡性流动和使者性的流动，这些不同性质的人口流动都是汉藏双方交流交往的重要社会机制，都促成了社会经济的良性运行和协调发展，进一步巩固和加深了汉藏民族关系。

中华人民共和国成立以来，在中国共产党领导下，藏区社会发生翻天覆地的变化，人民翻身成为国家的主人，建立了社会主义制度，实施了民族区域自治制度，确立了平等的民族关系，社会生产得到空前发展。中央政府对藏区实施的一系列优惠政策极大促进了藏区的社会经济发展和文化的繁荣，藏族同胞也不断分享到国家经济高速发展带来的巨大成果。社会流动一直是反映社会开放程度和社会活力的重要标志，改革开放以来，大量藏族人口在内地各个省区市的流动充分表明内地各民族对藏族同胞的接纳和欢迎。藏族商人历来是藏区社会最重要的群体，也是对社会变化反应最敏感的人群，作为流动群体中最重要的一部分人群引起学者极大的关注。当改革开放的春风吹遍神州大地的时候，藏区的商人抓住契机，重新登上经商的舞台，他们的贸易活动不再局限于藏区，而是深入到内地北京、成都、广州等诸多城市甚至国外，涉足的领域也不再局限于藏区的特色产品，而是扩展到众多领域。他们在藏区和内地从事各种经济活动、民族贸易和建立了大量有特色的民族实体经济。这些商人在汉藏民族友好往来、民族团结、文化传播等方面发挥了巨大的社会功能。

改革开放以来，中央政府持续不断加强藏区的社会经济建设，特别是2000年国家实施西部大开发战略，给藏区社会发展带来空前的巨变，推进了基础设施的大规模建设，国家投入巨资建设了内地通往藏区的重要道路，如都汶高速公路（都江堰到汶川）、雅康高速公路（雅安到康定）、汶马高速公路（汶川到马尔康）等，青藏铁路、成兰铁路、兰渝铁路、川藏铁路（成都到雅安段）等铁路相继建成通车。四川藏区的黄龙机场、康定机场、亚丁机场、红原机场等多个机场已经通航，这些重大基础设施把藏区与内地紧密联系起来，促进了藏区社会经济的发展，为越来越多的藏区民众前往内地提供了极大的便利条件。21世纪进入第二个十年，国家提出“一带一路”发展战略，使古老的民族通道、民族走廊焕发出勃勃生机，原来的边地成为经济发展的热点。现代化路网的通联，为四川藏区发展奠定坚实基础，旅游业作为新兴的产业和藏区得天独厚的优势产业，蕴藏着可持续发展的无限潜力。四川藏区拥有独特的自然景观、人文景观和丰富的民族文化资源，不论是世界级的自然景点“香格里拉之魂稻城”“神奇的九寨”，还是具有浓郁人文情怀的情歌故乡——康定、或众多藏人心目中的神山圣湖，地质的复杂性、生物的多样性和文化的多元化等吸引着世界各地的游客，涤荡现代人心灵的疲惫，四川藏区独一无二的旅游资源在全球经济一体化的浪潮中迎合了第三产业的迅猛发展，旅游业已经成为藏区的重要支柱产业，随着大量游客进入藏区，也必然引起藏区人口向内地的进一步流动。

在历史上，汉族社会是一个以农业为主的社会，藏族社会是以牧业为主、农牧业结合发展的社会，双方之间主要通过派遣使者和进行物资的流通来交流。在现代工业社会和信息社会条件下，双方不仅人员和物资的流动加速，而且形成了汉藏民族经济联系、汉藏民族文化交流等重要的沟通机制。今天藏族同胞遍布祖国大江南北，与各族群众相互嵌入，共同居住生活，形成水乳交融的民族关系格局。历史和现实告诉我们，汉藏民族的交融发展是中华民族共同体的重要组成部分，包括藏族在内的各少数民族在反抗侵略、保持民族团结、促进社会经济发展、维护国家统一方面都做出了重要贡献，结成了中华民族命运共同体。今天，我们在中国共产党的带领下，包括藏族在内的各少数民族将共同谱写更加气壮山河的恢宏画卷，为全面建成小康社会和实现中华民族伟大复兴，携手共进，共同团结奋斗，共同繁荣发展。正如四川藏区出身的著名藏族作家、历史上最年轻的茅盾文学奖获得者阿来在《尘埃落定》的结局中写道:“藏区的一个新时代已经开启。”

# 第三章　四川藏区内迁移民及其形成机制

四川藏区是川、藏、滇、甘、青五省区的接合部，是我国西北与西南连接的中心区，是西藏与祖国内地联接的通衢，是藏汉民族间政治文化交流的走廊和主要通道，具有极其重要的战略地位。早在远古时期，四川藏区就有了原始人类的活动，分布有各种类型的新石器文明，而广泛分布于岷江、大渡河、鲜水河、雅砻江、金沙江等江河流域的“石棺葬”文化充分表明，战国至秦汉时期，这一区域已成为古代西北氐羌民族各支系南迁的通道，被我国民族学界誉为“藏彝走廊”，沉积了极其丰厚的民族文化资源。拉萨是藏族人心中的圣殿，一般将拉萨市及周围大部分地方称为卫藏，西藏北部和青海大部分地区称为安多藏区，西藏昌都地区、青海玉树州、云南迪庆州、四川甘孜州、阿坝州大部分地区等广大区域称为康或康区，或康巴，康在藏语中是边地的意思，“巴”是人的含义。因此康巴有两个含义：一是指藏区的一个独立的地理单元；二是指康区的藏民。旧时藏区流传着这样一句话：“卫藏的法，安多的马，康巴的人”。可见康巴人的聪明顽强，豪爽尚武，骠悍难驯。清王朝将对西藏的边疆政策经验总结为“治藏必先安康”，一是因为康区的战略地位十分重要，是我国西藏与四省藏区的接合部和交通枢纽；二是因为康巴地区的藏族对整个藏族地区的影响极大。

康区作为连接藏区与内地的重要枢纽，在中华民族的交往交流交融的历史进程中发挥了极其重要的作用，特别是千年不衰的茶马古道，把藏区与祖国内地紧密地联系在一起，并成为不可分割的一个整体。在茶马古道基础上形成了沟通藏区和内地的多条重要通道，维系着西南民族地区的社会经济发展、民族团结和国家的统一。在历史发展中形成的这些连接纽带为中华人民共和国成立后藏族内迁移民奠定了坚实的基础，中央政府为推动藏区的社会经济发展，实施了一系列新型的社会制度安排和政策选择，其重要的结果便是藏区流动人口和移民不断进入内地，形成国内最大规模藏族移民聚居区。20世纪90年代后中国逐步建立社会主义市场经济体制，极大地推动了藏族流动人口和移民大量进入内地，成都由于地缘优势，成为藏族流动人口和移民的优先选择。

# 第一节　四川藏区概况

四川藏区位于川西北高原，北接青海、甘肃，西连西藏，南邻云南，东南接四川盆地及川西南山地，地处东经97° 26′ ~104° 27′，北纬27° 57′ ~34° 21′，面积24.97万平方公里，占四川省总面积的51.49%。其行政区划分为：甘孜藏族自治州18县，阿坝藏族羌族自治州13县和凉山彝族自治州木里藏族自治县，共32个县。部分藏族散居于凉山彝族自治州盐源、冕宁、甘洛、越西和雅安市的宝兴、石棉、汉源以及绵阳市平武、北川等县。

四川藏区有藏、汉、羌、彝、回、纳西6个世居民族，总人口超过200万人，藏族占本区人口的64%。四川藏族人口数仅次于西藏，是我国第二大藏区，甘孜藏族自治州是康巴文化的核心区。亦是内地连接西藏的重要通衢，自古就是“汉藏走廊”。四川藏区地处长江、黄河源头区，沟壑纵横，落差大，较大的支流有570条。地势从西北向东南倾斜，地貌分为高原和高山峡谷两部分。森林、雪山、冰川、峡谷、草原多种自然景观并存。

四川藏区地域辽阔，人口密度小，人口分布极不平衡。平均每平方公里8个人，地广人稀的特点非常显著。同时人口地域分布极不平衡。藏族主要聚居在甘孜藏族自治州折多山以西及阿坝藏族羌族自治州的西北部地区。藏族聚居区人口密度低于藏族与其他民族杂居的聚居区，并且人口分布随着海拔高度的递增而递减，随气温的降低而减少，大多集中于河谷平原或小块平坝。四川藏区基本上都在康区范围之内，而且是康区最重要和主要的组成部分。主要的方言有藏语康方言、藏语嘉戎话、藏语安多话。

## 一、甘孜藏族自治州概况

甘孜藏族自治州（简称“甘孜州”）位于四川省西部，青藏高原东南缘。总面积15.3万平方公里。甘孜州境内有丰富的水力资源和地热资源；有大熊猫、小熊猫、金丝猴、白唇鹿等野生动物；有天麻、虫草、贝母、当归、黄芪等名贵中药材。有金、银、铜、铁、钼、锂、大理石、花岗岩等矿产资源。

甘孜州府驻康定市，是全州的政治、经济和文化中心，因一曲《康定情歌》而名扬海内外，被誉为情歌的故乡。甘孜，藏语意为洁白美丽，是中华人民共和国成立的第一个专区级少数民族自治州，是康巴文化的发祥地和康定情歌的故乡。甘孜州旅游资源富集，众多世界级的旅游资源具有唯一性和不可替代性，组合好、品质高，是世界旅游组织定义的“中国推向世界的自然生态旅游和康巴文化旅游目的地”。

甘孜州是历史上早期民族频繁迁徙的“民族走廊”腹心带，又是内地通往西藏的交通枢纽、藏汉贸易的主要集散地和“茶马互市”的中心。德格（县）作为康巴文化的发祥地，在甘孜州占有极其重要的地位，德格在藏语中意为“四德十善”之地，是一片文化底蕴厚重，充满神秘与传奇的高原圣地。有因珍藏典籍丰富而闻名遐迩的德格印经院，世界最长史诗《格萨尔王传》的主人公诞生地阿须草原，代表南派藏医药发祥地瑰宝的德格藏医院，五大教派并存的藏传佛教，被誉为康巴标准语的德格方言，以及与藏民族文化相融共生、风格独特的建筑、绘画、文学艺术、民俗风情……博大精深，源远流长，使德格与西藏拉萨、甘肃夏河齐名，跻身于藏区三大古文化中心。

## 二、阿坝藏族羌族自治州概况

阿坝藏族羌族自治州位于四川省西北部，紧邻成都平原，北部与青海、甘肃省相邻，东南西三面分别与成都、绵阳、德阳、雅安、甘孜等市州接壤。是四川少数民族自治地方中距省会城市最近的地方，具有较好的区位优势。1950年1月，建立川西人民行政公署茂县专区专员公署，1953年撤茂县专区建立四川省藏族自治区，1955年更名为阿坝藏族自治州，1987年更名为阿坝藏族羌族自治州（简称“阿坝州”）。

阿坝州地处青藏高原东南缘，横断山脉北端与川西北高山峡谷的接合部，地貌以高原和高山峡谷为主。东南部为高山峡谷区，中部为山原区，西北部为高原区。长江上游主要支流岷江、大渡河纵贯全境，是黄河流经四川唯一的地区，是黄河上游的重要水源地。自东南向西北并随海拔由低到高而相应降低。西北部的丘状高原冬季严寒漫长，夏季凉寒湿润，年平均气温0.8℃～4.3℃。山原地带夏季温凉，冬春寒冷，干湿季明显，年平均气温5.6℃～8.9℃。高山峡谷地带，随着海拔高度变化，气候从亚热带到温带、寒温带、寒带，呈明显的垂直性差异。

## 三、木里藏族自治县概况

木里藏族自治县是一个以藏族为主，包括彝、汉、蒙古、纳西等21个民族的自治县，是全国仅有的两个藏族自治县之一，是四川省唯一的藏族自治县。地处青藏高原和云贵高原接合部，是横断山脉在四川境内最为典型的地带，地质、地貌复杂，地形为沟壑纵横、切蚀深刻的残余高原，是青藏高原地质结构最复杂、环境最恶劣的地段。全县幅员面积13252平方公里，占凉山州面积的22%，居全省县域面积第三位。

由于历史和地理的原因，再加上长期以来投入严重不足，经济社会发展水平还比较落后，特别是交通基础设施还十分落后，成为严重制约木里县发展的瓶颈因素。1994年被确定为国定贫困县，2001年被确定为国家扶贫工作重点县。

木里藏族自治县东临冕宁、九龙县，南连盐源、宁蒗、玉龙，西接稻城、香格里拉县，北通理塘、雅江、康定县。由于特殊的地理、历史和宗教等原因，特别是木里与云南藏区和四川甘孜藏区紧密相连的特殊地缘结构，使木里藏区与西藏和康巴藏区联系紧密，成为四川乃至全国藏区的重要组成部分，在藏区中具有较大的影响和较为鲜明的特点。

## 四、四川藏区的战略地位与意义

四川藏区与西藏、青海、甘肃、云南毗邻，是我国西北与西南连接的中心区，在我国西部经济发展中具有重要的战略地位。四川藏区是川、藏、青、甘、滇五省区的接合部，是我国东、中部较发达地区与欠发达地区的连接地带，东部依托于成都平原，西部、北部、南部与西藏、青藏高原东部藏区和回、彝等民族聚居地区紧连，其社会文化背景、经济发展水平和开发模式等都具有共同特征。四川藏区又是举世著名的西南“三江”贵重、有色金属成矿区带和黑色金属古裂成矿区带的重要组成部分，丰富的资源将成为我国经济由东南向西北推进的门户和开发青藏高原的阶梯，成为沿川藏公路重点开发，辐射扩展，逐步建立通向西藏的“工业走廊”的据点。

四川藏区是“汉藏走廊”“治藏依托”，是西藏与内地连接的通道。四川藏区地处川藏接合部，是藏汉经济文化交融的纽带和桥梁，素有“汉藏走廊”之称，其战略地位十分重要，为历代中央王朝和西藏地方政权所瞩目，历史上的中央王朝将本区作为“治藏依托”，言“治藏必先安康”。

由于四川藏区紧接内地，加之其东部就是藏、汉等民族的杂居地区，因此本区藏族既能继承与发扬本民族的优良传统，又能比较容易地吸收汉族等其他民族的先进思想。中国两万五千里长征经四川藏区，红军飞夺泸定桥、翻雪山、过草地，撒下了革命火种。中华人民共和国成立前，在巴塘县建立了中共康藏边地工委（称“巴塘地下党”）及其领导下的东藏民主青年同盟（称“东藏民青”），积极开展革命活动。中华人民共和国建国初期，大批康巴青年参军参干随军入藏，为西藏的和平解放与建设作出了贡献。现今仍有不少康巴地区藏族同胞坚守在西藏党、政、军部门和经济战线的许多岗位上，中层以上干部就达数百名之多。纵观古今，“稳藏必先安康”“安康”方能“稳藏”。四川藏区是长江流域的绿色屏障。四川藏区除黑河、白河、贾曲河汇入黄河，流域面积占本区总面积的7.4%外，其余92.6%的区域属长江流域。本区的植被，特别是茂密的森林，不仅是庇护“天府之国”的绿色屏障，也为长江流域的开发提供了较为良好的自然环境。长江上游干流金沙江及其重要支流雅砻江、大渡河、嘉陵江都流经或发源于四川藏区，相对密集和均匀分布的河川体系既养育着这块大地的万物生灵，又为长江干流提供了比较稳定而充足的水源，其特殊的地理位置及其生态组合构成了它在长江流域中的重要地位。因此，四川藏区的开发，自然环境的质量不仅是本区人民关心的事，而且是长江流域，甚至全国人民关心的事。人们越来越担心长江会不会变成第二条黄河，在这个问题上，人们对四川藏区的自然环境有着更多的担心与期望。这是因为本区支流多，流域面积大，地表径流丰富，又地处上游，在整个长江流域中有着居高临下的支配作用，它的水源、水质、泥沙量直接影响着下游地区；它地势高耸，河流降比大（大渡河为1.2%、雅砻江为1.53%、岷江达6%），水流急，流量大，水情变化会很快波及下游，甚至可能产生难以逆转的洪、涝、旱等灾害。这就是说四川藏区的开发及其未来的发展变化，不仅是本区人民关心的事，而且已经成为四川省和国家关注的事。因此，必须以高瞻远瞩的眼光对四川藏区生态治理、保护和发展给予充分的重视。[①]

① 四川省民族地区经济研究会编．四川藏区发展研究[M]．成都：四川民族出版社，1998：26–28.

## 第二节　四川藏区内迁移民在成都的主要聚居区概况

成都市是少数民族散、杂居城市，现有少数民族成分55个、少数民族常住人口20.8万，约占全市人口总数的0.9%。其中藏、彝、回、羌人口均在万人以上，具有“大分散、小聚居”特点。少数民族83%生活居住在城镇，17%生活居住在农村，城市民族工作的特点十分突出。成都周边紧邻全国第二大藏族聚居区、最大的彝族聚居区和唯一的羌族聚居区，是西藏通往内地、内地连接西藏的重要通道，是西部民族地区重要的文化、商贸和人员集散中心，来蓉少数民族流动人口达年均300余万人次，民族地区各类驻蓉办事机构100余个。全市有全国唯一的由满族和蒙古族两个民族合在一起成立的公益性少数民族社团组织成都市满蒙人民学习委员会。截至2012年8月30日，成都市共有少数民族流动人口6.55万人，包含55个民族，其中藏族19164人，彝族12315人，羌族5490人，回族5095人，维吾尔族1078人。相比2011年，藏族人口增长近5000人，彝族人口增长近3000人。地缘优势、经济社会迅猛发展，使成都市成为西藏及四省藏族同胞最喜居住和流动集中的城市。2012年8月数据显示，藏族在成都市的户籍人口有3.23万人，常住人口有5万人，月流动人口有3万人。藏族在成都月平均有8万人左右。① 成都市的藏族流动人口和移民主要集中在武侯区、金牛区、郫都区、双流区和都江堰市五个区（市），青羊区、锦江区、高新区、温江区、崇州市等其他区（县/市）也有一定聚居点。

## 一、藏族同胞在成都居住的历史

第一章我们讨论藏族流动人口历史，自明代以来藏区各类人口往返内地就在今天的红牌楼一带居住。成都过去以喇嘛作为地名的街道，有两条。一条是今天的祠堂街。祠堂街在清代的满城东南角，清初就叫喇嘛胡同或蒙古胡同，康熙年间才改名为祠堂街。另一条是今天东珠寺街到府河南面原来的城墙的一段，原来叫喇嘛寺街。因为过去在这条街上有一座喇嘛寺，寺中所祭祀的是藏传佛教的宗喀巴。喇嘛寺在清代的主要功能是用来接待从藏区来成都的喇嘛以及其他的藏族客人。② 由此可以证明在清代就有一定数量的藏族同胞居住在武侯祠附近。民国时期，藏传佛教文化在内地得到广泛传播，在成都兴建的藏传佛教寺庙有近慈寺、佛学社大殿、嘉贻强巴林寺。一些高僧活佛到内地讲经说法、佛教研修机构设立等，促进了汉藏民族文化的沟通交流。③

中华人民共和国成立后，西藏自治区人民政府驻成都办事处和甘孜藏族自治州人民政府驻成都办事处先后进驻武侯祠，阿坝州藏族羌族自治州人民政府驻成都办事处进驻成都西门，其后，藏区的一些机关、企事业单位也设立成都办事处，因工作需要，藏族同胞陆续进入成都工作。1951

---

① 数据来源于2012年成都市流动人口管理办公室。

② 成都故事百家谈，成都市群众艺术馆编．成都：四川人民出版社，2008（01）：169.

③ 喜饶尼玛，央珍．民国时期的汉藏文化交流述评[J]．中国藏学，2009（01）：202–210.

年西南民族学院成立，其主要任务是培训少数民族干部和各类少数民族专业技术人员，其后，每年有一定数量的藏族干部和专业技术人员接受培训。因此，围绕藏区驻成都办事处和西南民族大学（原西南民族学院2003年更名为西南民族大学）形成了藏族同胞在成都工作、学习和生活的最初聚居点。

## 二、四川藏区内迁移民在成都聚居的主要区域

改革开放以来，四川藏区大量的流动人口和移民陆续进入成都，形成以甘孜州驻成都办事处和阿坝州驻成都办事处为依托的聚居区，并发展为成都最主要的民族商业街道特别是武侯祠民族用品一条街；在都江堰和双流分别形成了以阿坝州干休所和甘孜州干休所为据点的养老集中聚居区；在郫都区的安德镇、郫筒镇、红光镇、犀浦镇和金牛区317国道一线分布着许多商业居住带；在青羊区、锦江区、温江区、高新区等主要城区购买商品房构成了多个分散居住社区，不同的群体在成都这些区域形成了藏族移民各具特色的多个聚居区。

### （一）武侯区的主要聚居街道

四川藏区内迁移民主要集中在成都市武侯区浆洗街街道、晋阳街道、双楠街道、簇桥街道、玉林街道、红牌楼街道等，以浆洗街街道洗面桥社区、洗面桥横街社区、蜀汉社区、凉水井社区、大石东路社区、晋阳街道吉福社区，双楠街道广福桥社区，玉林横街黉门街社区，红牌楼街道长城社区等聚居的藏族移民最多。由于历史和区位的原因，藏族移民居住浆洗街街道的最多也最为典型。浆洗街街道成立于1953年，辖区位于成都市武侯区西南，为武侯区委、区政府所在地，位于武侯区中心地带，坐拥城南黄金地段。辖区总面积2.35平方公里，浆洗街街道辖蜀汉街社区、洗面

桥社区、洗面桥横街社区、大石东路社区、凉水井街社区5个社区。闻名中外的武侯祠和极具蜀汉文化特点的锦里长街坐落其间，是著名的旅游胜地、多民族集居地。

武侯区内有丰富的历史文化资源，如武侯祠博物馆、锦里长街、衣冠庙、万里桥等，其中最负盛名的是国家重点文物保护单位武侯祠。浆洗街街道是成都市少数民族聚居最多的地区，辖区内住有藏、回、蒙、彝、苗、满等少数民族。如图3–1所示，武侯祠民族用品街实际上由纵横两条街道组成。武侯祠横街约800米，武侯祠东街和洗面桥横街约1000米，两条街道交汇处是西藏驻成都办事处和甘孜州驻成都办事处。

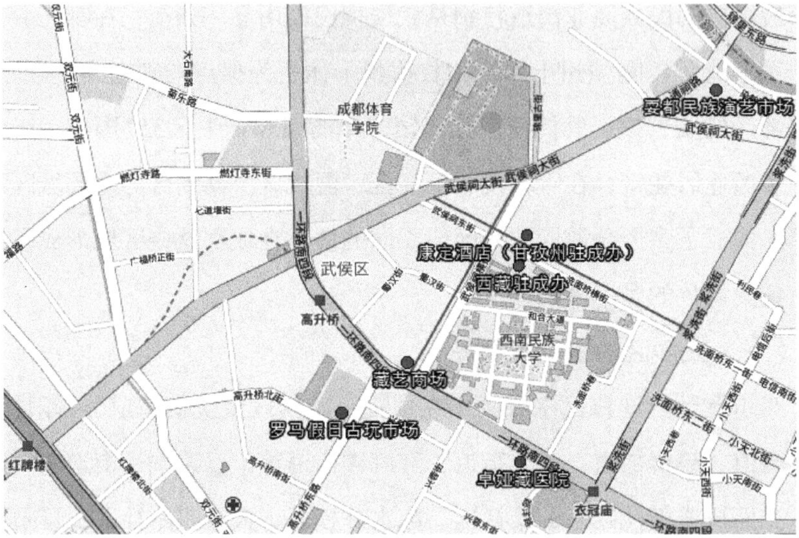


图3–1　武侯祠民族用品街的分布图

辖区内有独特的教育优势，有培养出数万少数民族干部的西南民族大学，有成都体育学院，成都市龙江路小学分校等大、中、小学9所。辖区有武警医院、康桥医院、三六三医院、成都体院附属医院等9所医院和16

个诊所以及社区医疗点，形成覆盖全辖区的医疗网络。辖区交通便捷，商业网点众多，拥有茂业百货武侯店，美好家园等大型商场，是居家置业的好地方。辖区经济发达、文化繁荣，有省交通厅、省农业厅、611所等省市机关和科研院所120余家。

浆洗街街道洗面桥横街社区是藏区流动人口和移民最集中的社区。该社区成立于2001年，是成都市武侯区浆洗街街道办事处所辖社区，总面积0.6平方公里，社区带有少数民族“三多一聚”的特点，一是少数民族地区驻成都办事处多，如有西藏驻成都办事处，中国人民银行西藏分行驻成都办事处，中国银监会西藏分会驻成都办事处，西南民族大学坐落于辖区内；二是少数民族特色商家多；三是少数民族定居人数多，现有5000多人定居于31个院落中，其中一些院落少数民族定居人口数占该院落人口的绝大多数，而以藏族为主。[①]

### （二）双流和都江堰以居家养老为主的聚居区

双流区和都江堰市都是藏区进入成都的必经之地，318国道和317国道分别从两地进入市内，由于地理位置的便利性，甘孜州干休所设在双流区、阿坝州干休所则设在都江堰市。双流区的藏区移民主要分布在东升街道、西航港街道、华阳街道等，白鹤、棠湖、广都等社区藏区移民居住最集中（图3-2）。都江堰市的藏族移民在2008年前主要集中在都江堰市老城区的灌口街道、奎光塔街道等，5·12地震后，由于原址恢复重建受到各种条件的限制，不得不向外扩展至新城区，现在新老城区的灌口街道、奎光塔街道、幸福街道、银杏街道、永丰街道五个街道都有大量的藏族内迁移民，南桥社区、龙潭湾社区、奎光塔社区、朝阳社区、幸福社区、岷江社区、壹街区、金江社区等则是藏族移民最集中的社区。蒲阳路、建设

① 数据来源于网站http：//jcpt.chengdu.gov.cn/wuhouqu/ximianqiaohengjieshequ/index.html

路、幸福大道、塔子坝、奎光塔、景环路、学府路、江安路等街道随处可见藏族人的身影。目前，在都江堰市藏族移民居住最集中的小区主要有：幸福家园、慧民雅居、民主小区、紫荆城、高桥小区、上游小区、福临家园、新华缘、银海公寓、威中花园、馨福苑等（如图3-3所示，圈起来的阴影部分是藏族移民成建制的社区）。

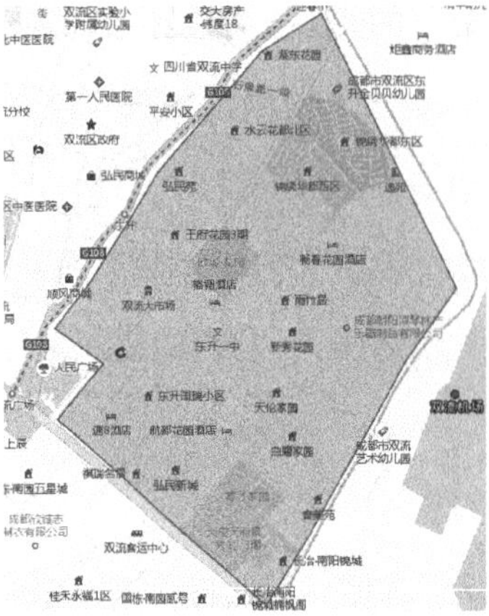


图3-2 双流藏族移民主要聚居区

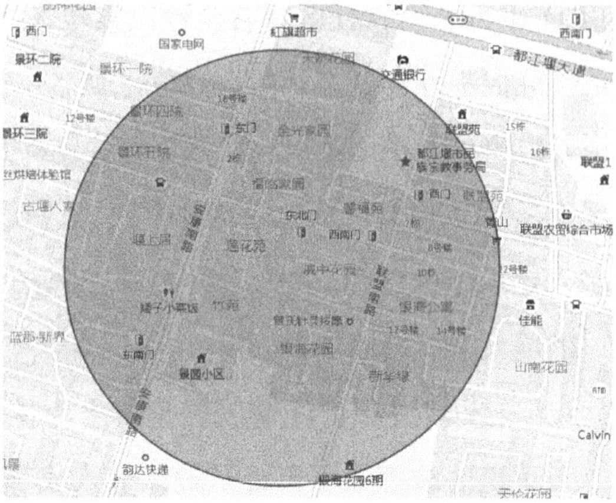


图3-3 都江堰市藏族移民主要聚居区（作者标）

### （三）以阿坝驻成办为中心沿317国道分布的商业聚居带

从阿坝藏族羌族自治州进入成都市区的大门就是老西门车站，由于地理位置便利，阿坝州驻成都办事处设在金牛区金鱼街，离成都的老西门车站仅一步之遥，在其发展过程中形成了类似于甘孜藏族自治州驻成都办事处的格局。20世纪90年代以来，阿坝州各州级部门和各县在金牛区都建立了驻成都办事处，主要分布在阿坝州驻成办周边。随着两地社会经济的密切联系，越来越多的阿坝州藏族移民陆续进入金牛区经商从业，围绕阿坝州驻成办形成聚居区并发展出初具规模的民族特色用品市场，在阿坝州驻成办升级改造过程中，建设了具有成都西门地标意义的藏式建筑群——鑫城府城市综合体，具有办公、居家、娱乐、酒店等的综合功能，2018年建成启用了具有浓郁民族特色的五星级启雅尚酒店（图3–4）。

图3–4　藏式建筑风格的五星级国际酒店　图片来源于酒店

阿坝州最早进入成都的一些藏族商人完成资本的原始积累后，建立了多元化经营的实业集团公司，如马尔康藏族商人YYD先生创办的房地产、科技、旅游、酒店管理服务等多元化实业集团公司，金川藏族商人DYH于1999年创办的成都市郫县川西民俗玉华有限责任公司，LZY创办四川众友实业集团公司，理县藏族商人LJ创办的四川地润投资有限公司和极具民族文化特色的成都梦幻唐古拉风文化演艺公司等一大批企业，这些实业公司已经发展为初具规模的民族经济体，初步形成了族裔经济聚集区。不但吸引了大量本民族的人口就业，也成为城市多元民族经济的重要组成部分。从老西门出发沿317国道市区一线分布了众多藏商开办的公司，围绕阿坝驻成办已经有数十家由藏族人经营的现代企业，在成都有一定的社会经济影响力和知名度。郫都区犀浦镇聚集了民族文化产业的各类公司、安德镇形成了民族贸易市场和民族工业园区，藏区移民通过自身的不断努力，已经有机地融入成都社会经济发展环境。金牛区有少数民族45个，少数民族常住人口16000余人，其中绝大多数为藏族移民。年流动人口20万人次，主要集中在金泉街道、抚琴街道、茶店子、西华街道等。抚琴街道西北街社区占据优越的地理位置，过去老西门车站建设在此，是进出成都的西大门。因此，抚琴街道就成为少数民族聚居最多的社区，同时辖区内拥有众多的少数民族驻蓉单位。

郫都区的藏区移民主要聚居在安德镇、郫筒镇、红光镇、犀浦镇等。安德镇在历史上就是川西商贸重镇，自古为“松茂古道”第一铺，是进出阿坝、甘孜及西藏、甘肃、青海、宁夏等少数民族省区的交通要道、商品集散地，历史上俗称“旱码头”。改革开放以来，大量藏区商人进入这些传统的地域从事商业贸易，随着民族商品市场规模的扩大和交易数量的快速增长，一个民族贸易市场呼之欲出，在阿坝州藏族商人DYH等人的积极斡旋下，经省、市、县三级相关政府部门批准，20世纪末期，藏族商人DYH在安德镇投资建设了安德民族贸易市场。21世纪以来，安德民族贸易市场获得了长足发展，吸引了更多的民族商人在此经营，当地政府顺势而为，通过招商引资建设了一个民族工业园区，吸引了一些民族商品生产企业入驻，特别是一些藏族商人也进入园区，如在藏区和成都市场有一定知名度的四川嘎玛博秀雪艺文化发展有限公司等民族企业。安德镇悠久的历史和优越的区位条件，吸引着越来越多的少数民族经商、就业。阿坝州藏族商人充分挖掘历史传统和民族社会经济文化资源，利用安德镇良好的市场环境，扩展从业领域、不断扩大市场的范围，从民族土特产品、民族必需生产生活用品到食用菌栽培、民族现代制造业等，一些藏族商人通过安德民族贸易市场走向内地乃至全国。2007年安德镇民族贸易市场通过风貌改造，建设成具有藏、羌民族风貌的街区，凸显了安德镇民族贸易特色；四川省民委和成都市民委联合授予安德镇“四川省安德民族工业园区”“四川省安德民族贸易市场”和“成都市安德民族工业园区”“成都市安德民族贸易市场”称号，在政策上给予扶持。① 目前，常住郫都区的少数民族已经达8000多人，年流动少数民族人员达30万人次以上，有少数民族兴办企业22家，驻县民族地区干休所16家。②

此外，还有以购置商品房为主分散聚居的藏区移民，成都市的各区县都有分布，主要分布在武侯区、双流区、都江堰市、金牛区、郫都区等。

## 三、四川藏区内迁移民主要聚居区的发展历程

### （一）四川藏区内迁移民主要发展阶段

由于历史和各种社会经济原因，藏区内迁成都移民的聚居区形成过程比较漫长，从中华人民共和国成立到21世纪初，前后达半个世纪左右。这是一个政策安排性的人口迁移、市场经济的发展、社会空间关系的重组和多民族混居逐步形成的过程。这个过程造就了四川藏区内迁移民居住生活格局和鲜明的时代特征，主要表现为三个阶段。第一阶段是藏区工作人员形成聚居点的阶段，从1956年至改革开放初，以西藏驻成办搬迁到武侯祠横街为起点，20世纪60年代甘孜州驻成办也设立在此处；阿坝州驻

① 四川年鉴编辑委员会编辑. 成都年鉴2007[M]. 成都年鉴社，2007（10）：355.

② 资源来源于成都市郫都区民宗局2017年资料。

成办设在成都西门车站附近（金牛区金鱼街）。这一阶段由于藏区工作的需要形成了藏族工作人员在成都的据点，由于户籍制度和其他社会制度的限制，其实并不存在真正的藏族移民。

第二阶段是四川藏区内迁移民发展阶段。从20世纪80年代初到90年代，西藏自治区、甘孜州和阿坝州在成都武侯区、金牛区、锦江区、双流区、都江堰市、郫都区等多个区县（市）建立了上百个离退休干部休养所，藏区长期工作的各族干部因为养老的需要安置在这些干休所。在社会主义市场经济体制的激励下，为加快推进民族地区的社会经济发展，实施了一系列促进民族地区发展的优惠政策，藏区与内地的经济联系愈加密切，四川藏区政府的一些主要部门和企事业单位在成都设立了各种办事处，每个办事处都配备了一些工作人员，这就形成了一个藏区人员在内地工作的群体，这部分人后来都在成都购置了商品房，成为事实上的准移民。这一阶段由于国家政策安置藏区藏族离退休干部及家属和藏区各类办事处的工作人员群体移居成都，形成了第一批真正的移民和具一定规模的聚居点，由此揭开了四川藏区较大规模内迁移民的序幕。

第三个阶段是四川藏区内迁移民扩展阶段。进入21世纪，在以市场经济力量为主导，多种社会经济综合因素共同作用下，四川藏区经商、务工、养老等各类流动人口和移民大量进入成都，形成了藏族移民以双流区和都江堰市为养老基地的聚居区，以武侯区、郫都区和金牛区等从事商业为主的聚居区，温江区、锦江区等以购买商品房为主的聚居区。目前，在成都市的四川藏区内迁移民和常住人口达10多万人。这一阶段主要因素是前期移民建立了各种社会网络，民族经济的要素被激活，住房政策、流动人口管理服务政策调整等。以藏族商人为核心的移民群体在成都建立了具有一定规模和影响力的三大民族用品市场，分别是武侯祠民族用品一条街、成都老西门（阿坝州驻成办）民族用品市场、郫都区民族贸易市场，三大民族市场年交易额高达数十亿元。民族用品市场不仅满足了藏区居民的基本需求，也激活了成都与藏区的社会经济联系，甚至惠及全国各地有关的民族市场和用户，极大促进了成都民族市场经济和城市民族多元文化发展。仅武侯祠民族用品街及周边就分布了上百家藏族家庭旅馆、藏族文化艺术表演中心、藏餐馆、藏医诊所等。21世纪以来藏区流动人口数量猛增，进入成都的藏族移民更加多元化、多样化，这催生了庞大的消费需求，在一些聚居区开设的服务这些人群的店铺如雨后春笋。由于刚进入城市，消费能力有限，维持基本的生活需要是最重要的选择，于是一个个服务较低消费水平人群的流动市场应运而生，特别是2015年前后在武侯祠周围出现了数以百计的流动摊点和夜市，满足了藏区流动人口的城市生活多元需要。至此，专门服务于藏区各类流动人口和移民的高、中、低层次的自我供给与消费市场基本形成。

### （二）成都市藏族内迁移民聚居区的形成过程

改革开放以来，四川藏区持续不断的流动人口和内迁移民进入成都，他们作为城市的创业者，不但促进了城市民族经济的发展，而且创建了民族特色经济聚集区，它们是观察和展现汉藏民族关系极其重要的窗口，不仅传承了千百年来汉藏民族在经济、政治、宗教、文化交流等方面密切联系的传统，而且还丰富了社会主义市场经济体制条件下民族平等、民族团结的内涵，体现了四川藏区与内地经济合作、民族关系、宗教文化等的良性互动，同时也是国际社会了解中国民族关系的一扇窗口（西方多个国家在成都设有领事馆）。

我们从四川藏区内迁移民发展的过程中发现，四川藏区内迁移民第一阶段形成了影响深远的藏族人聚居点，以藏区驻成办（武侯祠横街）为中心，其周围分布了一些非常重要的藏区办事机构和实体，如西藏自治区人民政府及其各地市级政府驻成办、四川藏区州级政府驻成办等单位。在计划经济时代，这些驻蓉单位还建立了各类附属实体，比如西藏驻成办第一、二、三招待所，西藏自治区人民政府驻成都办事处医院，汽车运输公司、加油站、修理厂等。四川藏区驻成办也建立了类似的组织。西南民族大学、成都中医药大学、成都体育学院等高校科研机构所招收的藏族工作人员、学员、学生不断增多，使得长期有一部分藏族人口生活在这个区域，自然而然形成最初的藏族移民聚居点。第二阶段在国家离退休干部养老安置政策和民族地区经济发展政策的影响下，四川藏区州级政府和县级政府部门在成都建立了一批离退休干部休养所和联系藏区社会经济事务的办事处。由于受限于当时的社会条件和交通状况，甘孜州建立的干休所主要分布在武侯区、双流区、邛崃市等318国道成都段沿线，阿坝州则主要在都江堰、郫都区、金牛区等317国道成都段沿线，因此，在成都建立的大量干休所就呈带状分布。20世纪90年代为加快民族地区社会经济的发展，四川藏区州、县两级政府的主要部门和一些企事业单位在成都设立了大量的办事处，甘孜州各级各类驻成办以甘孜州驻成办为中心，主要集中在武侯区；阿坝州各级各类驻成办以阿坝州驻成办为中心，主要集中在金牛区。这些四川藏区政府部门建立的干部休养所和办事处的聚集，带来了大量藏族流动人口和移民，这是第一批真正的移民。在计划经济体制下社会管理主要以单位制为主，这些异地建立的干休所和办事处也主要以单位制的形式进行管理。移居成都的这些藏民只不过居住的地域发生了变化但其社会关系网络并未发生重大改变，把单位制的管理方式迁移到成都，但在城市中，移民各种社会生活的多元化需要只能在当地满足，就必然与当地社区、政府发生各种联系，以干休所为主的养老聚居区数量不断增多，移民数量不断增长，这种异地单位共同体的移民方式必然面临一系列转变问题，移民孕育的内在力量将推动以单位共同体聚居的移民的生活居住空间发生转变。

第三阶段发生在邓小平南方谈话后，社会主义市场经济的春风荡漾神州大地，"发展是硬道理"的理论实践也涉及四川藏区，进入21世纪以来，市场以强大力量驱动四川藏区大规模的流动人口和移民进入成都，掀起藏族移民进入成都的高峰，在前两个移民阶段积累的基础上，四川藏区流动人口和移民呈现出经商、务工、购置房产等多元化的迁移方式以及分散居住的格局。这一阶段出现许多新的特征，突出体现在三个方面，其一是藏区驻成办及藏区各企业、事业单位组织机构规模进一步扩大，社会影响力进一步增强，从单一的办事机构演变为服务藏区社会经济发展的桥梁和纽带，不仅服务于藏区干部而且服务于广大群众，成为藏区在内地的一扇窗口。1956年成立的西藏驻成办第一招待所实现了华丽的转变，1988年原招待所拆除重建后正式更名为西藏饭店，通过不断的建设，于2007年发展为国家五星级旅游饭店，也是西藏自治区第一家五星级饭店。阿坝驻成办、甘孜驻成办也不甘落后，把原来的招待所相继重建为启雅尚酒店和康定酒店。办事处不再是传统的单一办事机构，随着产业结构的调整，藏区积极面对市场，开发成为一个综合服务藏区社会经济发展的中心。其二是大量藏区商人凭借敏感的市场嗅觉，在市场经济商海中成为企业家，建立了区域民族市场中心，形成以安德民族贸易市场、工业园区和武侯祠民族用品一条街、藏艺商场、成都卓娅藏医院等为代表的民族经济聚集区。其三是形成了以购房、投资、置业等为主要方式的若干藏人生活聚居区，以双流和都江堰集中居住养老为代表。至此，四川藏区移民形成了多点分布、遍布成都主要区域的居住格局，这些聚集区有机镶嵌在成都的大街小巷，成都成为全国民族团结的示范城市实至名归（图3-5）。

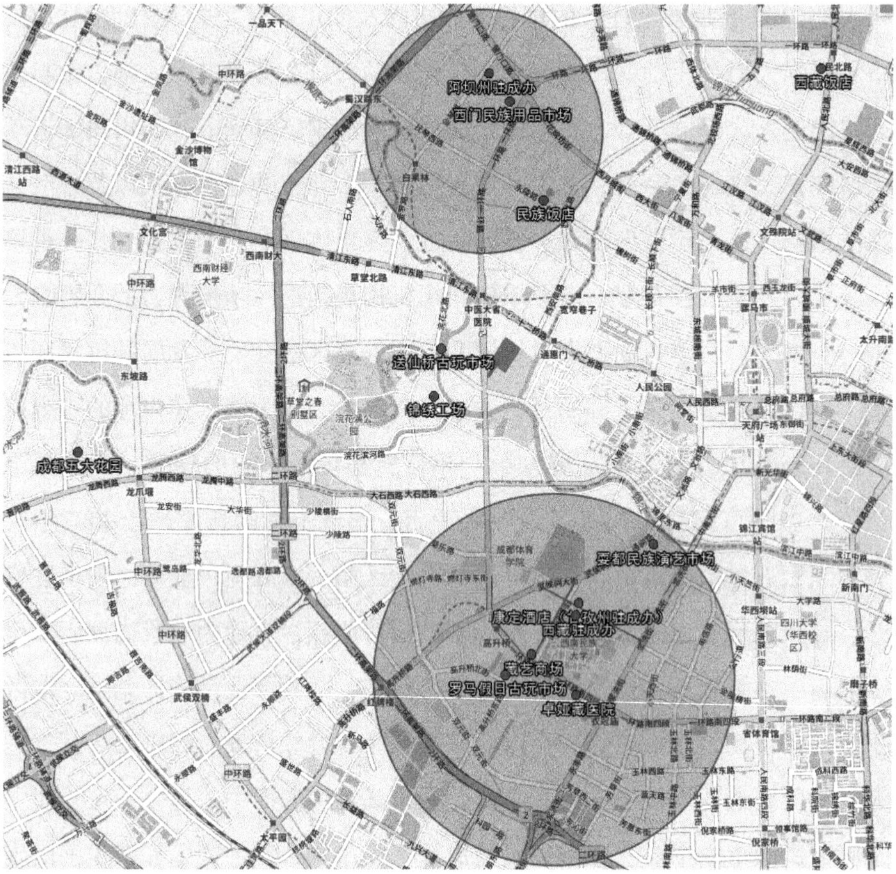


图 3-5　四川藏区经商、务工的移民群体在成都的核心聚居区

我们通过对四川藏区流动人口和内迁成都移民发展脉络的梳理，看到藏区驻成都的各级部门、成都市相关的机构和部门、藏区内迁移民建立的各类组织、协会、商会和各类经济实体已经形成多重关系和联系。持续不断的迁移形成了一些藏族移民社区，一个规模壮大、群体多样、社会经济文化影响较大的移民群体已经成为一股重要的社会力量。他们已经在成都安居乐业，有机地镶嵌在城市的社区环境中，为建设多民族和谐共处的新

型城市民族关系做了有益探索，为城市多元文化发展积累了宝贵经验，为发展城市民族经济开拓了道路，为融入城市奠定了坚实的基础，为促进民族团结开创了成功的路径，为维护中华民族多元一体的格局夯实了社会基础。

## 第三节　四川藏区内迁移民形成的社会机制

20世纪90年代以来，越来越多的流动人口和移民进入城市，成为当代中国最重要的社会经济现象，引起学术研究的高度关注。中国作为一个统一的多民族国家，少数民族的流动更是一道独特的风景线，作为世代居住在青藏高原的藏族，他们也纷纷加入流动人口庞大的队伍中，走出高原，来到内地各个城市工作、学习和生活，不但促进了藏区社会经济繁荣，而且为城市民族文化的发展注入了活力，为民族团结创造了新典范。成都现已成为藏族流动人口和移民最为集中的城市，也是他们在内地社会经济影响最大的城市，造成这种社会现象的原因是什么？藏族移民选择成都的发生机制是什么？藏族移民在成都从事的职业是什么？在成都生活得怎么样？这一系列问题需要我们探讨藏族移民产生、发展变化的内外部社会性条件，才能予以回答。

西藏自古以来在中国政治版图中就占有重要位置，从元代正式纳入中央政府管辖以来，一直是中国领土的重要组成部分，勤劳勇敢的藏族人民在塑造中华民族多元一体的格局中扮演了重要角色。1951年，西藏和平解放。1959年，西藏通过民主改革，成功废除了延续千年的农奴制度，西藏社会发生巨大变化。1965年，西藏自治区人民政府正式成立，一个人民当家做主的社会主义新西藏迎来了千年变革，民族区域自治制度的实施使西藏各族人民享有充分的民主权利和广泛的社会经济文化权利。从此，西藏各族人民在社会主义大家庭中得到全国各族人民的支持，社会面貌焕然一新。特别是改革开放以来，现代化和经济全球化极大地推动中国经济的增长，藏区与内地的社会经济联系更加紧密，藏族同胞因各种社会经济原因不断进入内地城市，成为藏族人口迁移的一种重要现象，由此揭开了社会主义新型城市民族关系的新篇章。本研究重点关注四川藏区内迁移民，他们既具有移民规律的普遍性，又具有不同于其他少数民族移民的特殊性。我们通过调查研究发现四川藏区内迁移民初始发展阶段具有特殊性，是中央政府和地方政府对藏区治理的制度性安排和政策选择结果，从建立社会主义市场经济体制以来更多地通过市场机制发挥作用，从这个层面来讲藏区移民和其他移民一样又具有普遍性。通过大量文献资料分析和实地调查，我们认为四川藏区的移民是一个从政策驱动向市场驱动转变的过程。因此，我们提出四川藏区内迁移民是有关藏区治理的社会政治经济制度作用的必然结果，可以划分为政策驱动型移民、政策和市场共同驱动型移民、市场驱动型移民三种类型。

## 一、四川藏区内迁移民有关的政治制度

中国历史上，不同的中央王朝在特定的社会经济条件下对藏区治理有不同的政治策略，并形成了与之相对应的人口流动历史。纵观中国历史，中央王朝对民族地区包括藏区的治理主要有羁縻政策、土司制度、改土归流等（马菁林，2004）。藏区历来在国家的治理中占有极其重要的地位，自清代以来形成“治国必先治边，治边必先稳藏，稳藏必先安康”的经验教训，因此，四川藏区历来就是治理整个藏区的战略要地。中华人民共和国成立后，中央人民政府在四川藏区实行民族区域自治制度，设立了甘孜

藏族自治州（原西康省藏族自治区，1950年11月24日在康定正式成立，1955年，撤销西康省藏族自治区，改设四川省甘孜藏族自治州）和阿坝藏族羌族自治州（1950年建立川西人民行政公署茂县专区，1953年撤茂县专区建立四川省藏族自治区，1955年更名为阿坝藏族自治州，1987年更名为阿坝藏族羌族自治州），通过1956—1959年民主改革，四川藏区进入社会主义社会。毛泽东在中华人民共和国建立初期指出："国家的统一，人民的团结，国内各民族的团结，这是我们事业必定要胜利的基本保证。"由于自然、历史、政治、经济、人文社会传统等诸多方面的原因，四川藏区的稳定与发展，对西藏及四省藏区的稳定、边疆安全、民族团结至关重要。因此，加强四川藏区的治理是关键。

中央政府不断完善对中国藏区的治理制度，促进藏区的社会稳定、人民生活水平的提高和社会全面发展进步。

**（一）中央民族工作的主要制度安排**

1980年以来，党中央针对西藏社会经济发展先后召开6次工作座谈会，每次座谈会后，中央政府就会出台重大举措，有力推动藏区经济发展和社会稳定，特别是制定了内地经济发展较好的省市对口援助藏区发展的政策机制，极大推动了藏区社会全面发展。这是一项针对西藏和四省藏区工作最重要的政治制度安排。1980年3月中央召开的第一次西藏工作座谈会，确定了"休养生息"、发展国民经济的政策。1984年3月中央第二次西藏工作座谈会进一步放宽政策，援建西藏43项工程。1994年7月中央第三次西藏工作座谈会围绕发展与稳定两件大事，开创西藏工作新局面。2001年6月中央第四次西藏工作座谈会确定了加快经济发展、保持社会稳定和加强党的建设这三大任务。2010年1月中央第五次西藏工作座谈会"两个矛盾"决定了西藏工作的主题。2015年8月中央第六次西藏工作座谈会概括了党的治藏方略。[①] 在此项政治制度的影响下，西藏和四省藏区与内地的社会经济联系进一步加强，伴随藏区流动人口和移民大量进入内地。

20世纪80年代末90年代初，世界上一些国家和地区因民族问题导致动荡乃至分裂，民族问题成为国际社会普遍关注的问题之一。如何在这种国际国内变动的形势下，稳住阵脚，保持势头，是我们急需正视和解决的问题。因此，党中央和国务院决定召开民族工作会议，研究形势解决问题，1992年以来党中央先后召开了4次民族工作会议，国务院先后召开6次全国民族团结进步表彰大会，形成民族工作的全面政治安排，为进一步加快民族地区的发展和构建新型的社会主义民族关系格局提供了政治保障，并确立了民族工作最重要的指导性原则与最重大的战略主张。1992年第一次中央民族工作会议以“加强各民族的团结”为主题，会后中央推动民族地区加快了对外开放的步伐。同年开始实行沿边开发战略，确立13个对外开放城市和14个边境经济技术合作区，其中绝大多数在民族自治地方。1999年中央民族工作会议后加快了少数民族和民族地区经济社会发展，从2001年开始实施的《中国农村扶贫开发纲要》，再次把民族地区确定为重点扶持对象。同时，西藏整体被列入国家扶贫开发重点扶持范围。2005年中央民族工作会议主题是促进民族地区的和谐发展，会后国家民委联合组织国务院有关部门编写了“十一五”“十二五”《扶持人口较少民族发展规划》《兴边富民行动规划》和《少数民族事业规划》这三个国家级专项规划。2014年中央民族工作会议主要把握新形势下民族问题、民族工作的特点和规律，为新时代民族工作提供了理论指导。

这些政治性的制度安排和工作机制为民族工作做出了全面部署，为新

① 汪德军. 改革开放以来的中央历次西藏工作座谈会主要特点和重大影响[N]. 西藏日报，2018-12-10.

时代全面贯彻党的民族政策，坚持和完善民族区域自治制度，巩固和发展平等团结互助的社会主义民族关系，促进各民族共同繁荣进步提供了强有力的政治保障。

在党中央对藏区工作的制度安排和全面加快藏区建设政策的指引下，藏区地方政府结合社会经济发展的需要做出对应的决策落实措施。中华人民共和国建立后为了有效加强西藏和内地的联系，在祖国内地建立了6个办事处，分别是西藏驻北京办事处、西藏驻格尔木办事处、西藏驻兰州办事处、西藏驻西安办事处、西藏驻成都办事处、西藏驻上海办事处。后来四川藏区的“两州一县”政府也分别在成都设立办事处，即甘孜州驻成都办事处、阿坝州驻成都办事处和木里县驻成都办事处。这些制度性的安排为藏族人口迁移成都提供了便利的条件，也是形成政策驱动型移民的原因。

### （二）从中华人民共和国成立之初西藏驻成办到四川藏区各级各类驻成办

#### 2.1 西藏自治区人民政府驻成都办事处演变

1951年西藏和平解放后，为适应开展地方工作的需要，保证物资和人员进出藏的中转，以及前、后方有关工作的联系和衔接，中共西藏工委报经中央、国务院批准，决定筹建西藏驻川专门机构。1955年3月，中共西藏工委驻四川办事处在重庆（当时为四川省辖市）成立。1956年2月，办事处迁往成都。1960年6月更名为西藏自治区筹备委员会驻成都办事处。1979年1月更名为西藏自治区驻成都办事处。1985年更名为西藏自治区人民政府驻成都办事处（以下简称“西藏驻成办”）。西藏驻成办位于成都市武侯区武侯祠横街3号，是西藏自治区人民政府派驻内地的综合性办事服务机构。

西藏驻成办的发展以改革开放为界限可划分为前后不同两个阶段，一是计划经济时期（1956—1978）。西藏驻成办建立之初，机构设置简单，下属三科一组，下属单位有招待所和保育院。1961年增设物资一、二科（一科负责生产资料，二科负责生活资料），1965年恢复卫生科，党委成立后的次年，撤人事科，设政治处。物资科、商业科于1976年前后，随着转运站实体作用的加强，本身逐渐消亡；1977年基建财务科并于办公室；驻成办眉山办事分处于1978年初正式撤销；1979年9月设立成办工会。

西藏驻成办建立以来，下属单位得到较好发展。相继开办建立了能接待500人的第一招待所和容纳400名儿童的保育院。1958年秋，能开12个班的西藏干部子弟小学也正式开学。1959年，在簇桥成立昌都交通局成都运输站，此后又相继成立加油站和西藏汽车配件公司成都工作组。1961年，一、二保育院合并，迁南门。1964年，在蒲江县购房设立了保育院和小学分部；在新津观音寺购地新建疗养院；在眉山建设商业、物资石油和汽车配件等转运基地。1965年在眉山原保育院院址建立西藏职工疗养院。在天全县建立昌都第二汽车运输公司。1971年在蒲江建干休所；先后建立了西藏驻成办医院和第二招待所（现在的天湖宾馆）、第三招待所（现在的圣地阳光宾馆）。成办医院新建门诊大楼基建工程于1973年动工，1975年竣工。改革开放以来主要对机构进行优化和对下属单位功能进行扩展，为适应西藏社会经济发展和离退休干部安置工作的需要，1984年对机构进行改革，经自治区党委、政府批准成办的部门设置为纪检组（后改为纪检委）、办公室、政治部、老干部及老工人服务处、接待处；20世纪90年代设经济联络处。1985年建成了能安置省、地级干部的西藏驻成都干休所和双流干休所。1984年在农机采购站的基础上成立了西藏农机农资公司成都分公司，1985年商业厅成都采购站的眉山仓库交由昌都，改建为昌都商业局驻眉山采购供应站。[①]

随着西藏自治区成立20周年大庆、和平解放40周年大庆活动的开展和43项工程的开工建设，驻成办工作量大幅度上升。驻成办协调物资部门，保证了工程物资供应；改革开放后，国家为了更多培养西藏建设的人才，在内地开办西藏班（校）后，1989年建立了成都西藏中学，西藏驻成办积极联络西藏班，完成寒暑假对藏族中学生的接送。

经过半个多世纪的建设，今天的西藏驻成办已经发展为机构健全、功能多样、设施齐全、布局合理，在内地最大的综合性办事机构。西藏驻成办有干部职工491人，离退休人员503人，聘用人员1000余人。机关内设8个正处级职能处（室）：办公室、经济信息联络处、接待处、离退休人员服务处、干部保健处、政工人事处、机关党委（机关纪委）、财务审计处。驻成办纪检组（监察室）是自治区纪委（监察厅）的派驻机构。直属企事业单位10个：成都干休所、双流干休所、成办社保局系参照公务员法管理的事业单位；省级离退休干部服务局、顺江苑服务中心、机关后勤服务中心、驻成办接待车队系全额拨款事业单位；成办医院（国家"三级乙等"综合医院）系差额拨款事业单位；成办天湖宾馆（三星级宾馆）系自收自支事业单位；成都西藏饭店（五星级酒店）系全民所有制企业。同时，西藏驻成办负责领导西藏驻蓉机构党建工作，代管自治区7家西藏驻蓉单位，负责管理服务西藏集中和分散安置的离退休人员6500余人。[②]

---

① 西藏自治区人民政府办公厅编. 西藏自治区志. 政务志（下）[M]. 北京：中国藏学出版社，2007：988-990.

② 参见西藏自治区人民政府驻成都办事处官网http://cdbsc.xizang.gov.cn/cbzc/cbjj/201907/t20190730_88652.html.

图 3–6　西藏驻成办大门（西藏驻成办网站）

通过西藏驻成办演变的历史我们可以发现，西藏驻成办及下属各单位几十年的历史，就是一部边建边执行任务，持续建设，不断提高的后勤基地的发展史。特别是改革开放以来，以西藏驻成办为中心的藏人之家，把成都逐步演变为“西藏的后花园”。其实，西藏驻成办不仅完成了内地向西藏输送大量生产生活物资的任务，而且成为联系西藏的重要纽带，是西藏联系内地最重要的窗口。（1）主要承担了西藏急需的物资包括茶、粮、肉及哈达、鼻烟、锅、壶等在内的各类商品和民族用品的采购、供应任务。仅西藏43项工程开工的一年，运藏建设物资就达20多万吨。西藏人民“不可一日短缺”的茶叶，几十年采购运输不下万吨。（2）西藏驻成办出色完成了各类接待任务。1982年前，平均每年接待60万人次以上，其中1981年高达90万人次，1982年以后也在49万人次左右。每年接送进出藏区团体和地级以上干部达3万余人。（3）1956年开办的保育院和1958年开办的小学，到70年代撤销为止，为西藏培育了约2000名幼儿园和小学学生，他们为西藏建设做出了重要贡献。（4）成办医院成立后，为藏区诊治病员成效显著。（5）在成都和双流两个干休所妥善安置了省、市（地级）、县干部；同时积极与有关省区联系落实了九省区自治区老同志（含干部、职工）离退休后的安置管理工作。①

### 2.2 甘孜藏族自治州驻成都办事处的演变

四川省甘孜藏族自治州驻成都办事处（以下简称“甘孜州驻成办”），原本于1960年建于成都市新街后巷子1号。后因成都市整顿撤销外地驻蓉机构奉令撤销，办事处撤销后仅保留了甘孜藏族自治州驻成都物资采购转运站这个窗口机构。1974年3月，甘孜州革命委员会根据四川省革命委员会《关于清理整顿外地驻成、渝两市办事机构的通知》，向四川省革委提出报告、经同意在原“四川省甘孜藏族自治州驻成都物资采购转运站革命委员会”的基础上改名为“甘孜州驻蓉办事处”。1974年4月，甘孜州驻蓉办设立后，地址仍在成都市新街后巷子1号。改革开放后，由于甘孜州经济建设迅速发展，新街后巷子1号房屋，已难以适应形势需要，1979年5月，办事处经呈准州革委同意，在成都市金牛区永丰公社武侯大队一生产队征得土地9.1亩，另建了办事处新的办公楼，门牌定为武侯祠大街234号。1990年成都市街道规划，将门牌改为武侯祠横街2号，一直沿用到现在。1992年12月，经州人民政府批准，在“甘孜州驻成都办事处”的名称和工作任务不变的前提下，办事处由行政单位改为全额自收自支的事业单位，同时，组建“甘孜州成都经济发展总公司”。由武侯祠招待所（后改名甘孜宾馆，2001年又改名为康定酒店），甘孜州成都康巴经营部，甘孜州成都汽车修理厂等单位组成。

1974年4月，甘孜州驻成办设立时，办事处下设有一个办公室，商

① 成都市武侯区政协文史资料委员会编．武侯文史资料选第4辑[M]．成都市武侯区政协文史资料委员会，1995. 01：207.

业、物资、农械水电三个站，各站下设若干业务组。办事处按县级单位对待。总编制人员120名，总投资120万元。受成都市革委和甘孜州革委双重领导，对各站主要负管理、教育、行政领导责任（各站业务，由州有关局对口领导）。随着改革的深入发展，甘孜州驻成都办事处不断扩大，到1983年5月13日正式确定由以下7个单位组成：甘孜州驻成都接待站（下设新街后巷子食宿部和武侯祠食宿部）、甘孜州地方产品展销门市部（附设木器加工装配组）、甘孜州商业局、资物局、农机局、水电局、林业局驻成都采购供应站。以上七个单位，总编制70人。实际有总人数111人。其中干部65人，工人46人。1983年以后，州内民族地方产品交易市场得到了迅速的发展，办事处及时利用办公楼的底楼临街铺面，成立了甘孜州地方产品经营部，经营州内民族地方产品，并于1991年改为“甘孜州成都康巴经营部”（实行内部单独核算）。木器加工装配组改为“甘孜州驻成办汽车修理厂”。武侯祠食宿部改名为“甘孜州驻成都办事处武侯祠招待所”，2001年武侯祠招待所升级改造为三星级康定酒店。与此同时，又在红牌楼新蓉生产队征地4.9亩，修建木材综合加工厂，经销州内木材、土特产品及民族地方产品。[①] 随着社会经济的快速发展，甘孜州驻成办不断适应形势紧跟时代的发展，做出动态的调整。

阿坝藏族羌族自治州驻成都办事处发展情况和甘孜州类似，不过其位置在成都西大门，即现在金牛区金鱼街18号。围绕阿坝州驻成办也形成了一个西门的民族用品市场，只是比武侯祠民族用品街规模小，人口数量也较少，市场辐射主要面向阿坝州。

四川藏区驻成都办事处的主要职能是联系省、市级相关行政机关和有关部门，为四川藏区的社会经济发展服务，为四川藏区离退休的老干部和

① 成都市武侯区政协文史资料委员会. 武侯文史第6辑[M]. 成都市武侯区政协文史资料委员会，1997：139-141.

其他退休人员服务，为出州来蓉人员提供食宿服务和行政服务。四川藏区驻成办在城乡二元社会结构中成为连接藏区与城市的纽带和桥梁，为其后来的发展埋下伏笔。伴随改革开放的脚步，藏区农副土特产品大量进入城市，带动商贸流通，促进商品市场的发展，敏锐的商人捕捉到经济发展的信息，在户籍制度严格限制的条件下破茧而出，率先通过销售民族土特产品和民族文化用品获得发展，吸引更多的藏族商人进入该区域。四川藏区从门市部、经营部、州级公司向独立的法人公司一步步转变，从国营到事业单位再向民营转变，从体制内的流动向体制外流动转变。藏区驻成办及其医院、宾馆、学校等生活附属设施的建设为藏区驻成办工作人员和进出藏区各类人员提供了生活的便利，也为以后四川藏区内迁移民奠定了社会性条件。

## 二、和四川藏区内迁移民有关的社会制度安排

中华民族大家庭由56个兄弟姐妹共同组成，中华民族在漫长的交往交流交融中形成“我中有你，你中有我”（费孝通，1989）的结构格局，任何一个民族的利益受到损害，都必然伤害本民族与其他民族的团结，也必然损害中华民族的利益。我们在处理国内的民族关系时，不能“损人”还不“利己”，特别要警惕外部敌对势力的挑拨离间。中华民族在几千年交流融合中形成了手足情谊，我们在现代化的发展进程中应格外珍惜。汉藏民族文化交流源远流长，自文成公主、金城公主与吐蕃赞普联姻，开创了汉藏民族通婚的先河以来，在漫长的历史长河中，汉藏民族通婚从未中断过。据任乃强在西康的考察统计“西康全域32县，共有汉民11.5万人，番族68.2万人。此番族中，农人占十分之四，牧民约占十分之三，僧侣约

占十分之二，官吏商人士兵约占十分之一。”[①] 康巴地区历来是汉藏交流的主要区域，各民族之间的长期共处，形成了特有的康巴文化特色。汉藏民族在长期的交流交往中，彼此互相学习，扬长避短，和谐共处，在康区形成民族混居的格局。“清康雍王朝，汉族势力始达打箭炉（今康定）与西宁。乾隆皇帝为巩固西藏主权，于康、青、藏内高筑军台，打箭炉与西宁以东之土人全部汉化。康藏军台地方多以汉人居住，以农业为主，工商次之。勤俭节约，相处颇睦。”[②] 在康区的许多县城都有以茶马命名的街道名称，比如康定市的茶马路、德格县的茶马上、中、下街，巴塘县的茶马古道等。这条千百年民族友好之路滋养了青藏高原的藏族同胞，成为连接藏区与内地的重要纽带，在漫长的历史长河中，汉藏民族交流是一系列重要社会制度安排的结果。

**（一）川藏道路的演变**

第一章我们分析了古代汉藏民族交流中形成的茶马古道，这条千年不衰的商道不仅是藏族融入中华民族的历史见证，而且影响到今天藏区城镇分布的发展格局，成为连接藏区与内地最重要的社会纽带。中华人民共和国成立后，为实现祖国边疆地区的统一，促进各民族团结，党中央授命人民解放军解放西藏，并修筑了今天的川藏、青藏公路，以战天斗地的精神历时五年建成了世界上地质结构最复杂最惊险的川藏公路，为祝贺青藏、川藏公路正式通车，1954年12月，毛泽东专门题写贺词“庆贺康藏、青藏两公路的通车，巩固各族人民的团结，建设祖国。”千年的茶马古道被川藏公路取代，人背马驮的历史从此结束，开辟了藏区与内地联系的新道路。

川藏公路是在千百年前的川藏茶马古道基础之上修建而成的，是横

① 任乃强. 西康图经民俗篇[M]. 拉萨：西藏古籍出版社，2000：238.

② 任乃强. 康藏史地大纲[M]. 拉萨：西藏古籍出版社，2000：34.

跨在横断山区和青藏高原崇山峻岭之间的交通驿道。而川藏茶马古道又分“大路”“小路”，故川藏公路也分为南北两线即今天的318国道和317国道，川藏公路从“水旱从人、不知饥馑”的“天府之国”成都出发，经盛产皇家“贡茶”的“雨城”雅安，翻二郎山到达甘孜州首府康定，过折多山抵新都桥，可分南北两路，经道孚、甘孜、德格过金沙江岗托大桥进入西藏江达，再经昌都抵南北线交合点邦达，经波密、八宿、林芝等地后进入拉萨，此线即为“小北线”。另一条北线从成都出发北上在汶川往西，在国道317和213汇合处分路，穿过卧龙自然保护区，翻越终年云雾缭绕、海拔4523米的巴郎山，经小金，抵丹巴。进入甘孜后，沿“小北线”，从刷经寺经马尔康至昌都，向西经类乌齐、巴青、索县、那曲、当雄、八井到达拉萨（国道317组成部分），全长2412公里，此线即“大北线”。南线从雅安出发，翻越二郎山横跨大渡河、雅砻江、金沙江、澜沧江、怒江等大江大河大山，经雅江、理塘、巴塘过竹巴笼金沙江大桥进入西藏境内，再经芒康、邦达、八宿、波密、墨竹工卡、达孜抵拉萨，全长2554公里。南线是人口相对密集的地区。川藏南线途径横断山脉的高山峡谷，风景秀丽，具有生物多样性、生物文化多样性，其独具民族风土人情的道路被《中国地理》杂志誉为中国最美的国道，它不但是中国历史上的民族交流走廊，而且在重要的历史发展阶段发挥过极其重要的战略通道作用，延伸的是道路，加深的却是民族友好往来的厚重历史。

在川藏公路成阿路修建之前，阿坝州交通不便，广袤的大地上没有一寸公路，仅有两条古道与外地相通。一条在岷江东岸，从灌县（现都江堰市）经威州（今汶川县威州镇）、茂州（今茂县）到松潘，全长近700里，宽5至7市尺（1.6—2.3米），名为松茂古道，又称“灌松茶马古道”，被叫为“大路”，是阿坝地区自古以来北连甘、青边区，南接川西平原的主要商旅走廊，实际上就是今天国道213线的“九环线”路段。商人们用骡马、牦牛从藏区运出毛皮、山货、药材，然后在灌县换回藏区人民生活的必需品粮食、盐巴、茶叶、布匹等。据都江堰市政协网2011年12月19日所载《成灌马路：四川第一条公路》（署名王国平搜集撰文），“三埝九坪十八关，一锣一鼓到松潘”是阿坝地区解放前交通困难的形象写照。[①]另外一条古道，从灌县经卧龙到达懋功（今小金县），被称为“小路”，由此路可再通靖化（今金川县），是一条著名的茶马古道。较大的支路有一条：从威州经理番（今理县），翻越鹧鸪山到刷经寺，再分别进入“四土”地区（今马尔康、黑水、金川等县大部地区，“四土”是指当时管辖上述地区的梭磨、卓克基、松岗、党坝四个土司）和草地牧区（今阿坝、红原、若尔盖、壤塘等县大部地区）。改革开放以来，国家经济的高速增长为改善公路条件提供了充足的经济保障，国家交通部门对川藏线不断升级改造，昔日的天堑变成今天的坦途，如今，从成都至甘孜州首府康定和阿坝州首府马尔康的高速公路已经建成通车，藏区与内地的距离进一步缩短，为各民族商贸往来、社会经济发展和人口流动创造了便捷的条件。

从川藏道路的演变我们可以发现，这条道路连接了民族文明，维系了社会的发展，促成了边疆的稳定，在曲折复杂的茶马古道上演绎了汉藏民族一千多年的交往交流交融的历史，正如道路的曲折一样，沿途不仅有高山、峡谷、森林、草原等令人流连忘返的美景，也有悬崖天险、恶劣的气候等，这就需要民族之间合作，共同克服这些不利的条件，创造各民族共同生活的环境。而茶马交易就是双方合作的典范，不但解决了双方的生活所需，而且促进了民族团结、社会经济发展和国家统一。历史已经翻开

① 这条近七百里的漫漫长路，人们要经过三埝（寿星埝、西瓜埝、东界埝）、九坪（豆芽坪、银杏坪、兴文坪、大邑坪、杨木坪、富阳坪、周仓坪、麂子坪、镇坪）、十八关（玉垒关、茶关、沙坪关、彻底关、桃关、飞沙关、新保关、雁门关、七星关、渭门关、石大关、平定关、镇江关、北定关、归化关、崖塘关、安顺关、西宁关）、一锣（罗圈湾）、一鼓（石鼓）才能到达松潘。

了新的篇章，只有借鉴民族交往交流交融的丰富经验，才能续写历史的辉煌。

**（二）计划经济体制下建立的户籍制度**

中华人民共和国成立后，在借鉴苏联社会主义制度的基础上，通过一系列的社会主义改造运动，在新中国厚重的大地上建立了社会主义制度，积压在中国人民头上近百年的耻辱被一扫而光，获得自由的老百姓迅速投入社会主义经济建设高潮中，农村劳动力可以自由流动，但国民经济的快速发展引起大量劳动力的盲目流动，给城市发展造成一系列的问题。为了维持正常的社会秩序，保护公民的各项社会权利和利益，有计划地推进社会主义建设，1958年全国人大第九十一次会议通过了对当代中国影响深远的《中华人民共和国户口登记条例》，其中第六条规定公民在常居住地方登记为常住人口，公民只可在一个地方登记为常住人口。并且把户口所在地区分为农村和城市，户口类型划分为农业和非农业。从此逐步形成中国的户籍制度，并在此基础上建立了与之配套的制度措施，例如凭户口发放粮票、布票、油票等，老百姓的生活进入一个票证时代，在户籍制度基础上不断叠加一些附加制度，如就业制度、粮油供应制度、社会保障制度、住宅制度、教育制度、医疗制度等等。这些相互关联的制度把农民限制在农村，不能流动到迁入城市，有学者总结中国在户籍制度基础上建立的14项社会保障制度形成了中国城乡二元社会结构。[①] 在计划经济时代，中国也形成了发展中国家普遍存在的二元社会经济结构，城市搞工业，农村搞农业，城乡封闭运行，禁止劳动力自由流动。四川藏区在整个社会制度大背景下，农村劳动力不能自由流动到城市，仅在政府体制范围许可内可有限流动，如通过工厂招工、参军、考大学等非常狭窄的渠道实现身份

① 郭书田，刘纯彬. 失衡的中国：城市化的过去、现在与未来[M]. 石家庄：河北人民出版社，1990（11）：29.

的转变。

1992年以前，户籍制度是制约城乡人口流动的最核心因素，二元社会结构是中国结构性的制度。户籍制度及其相关联的教育制度、医疗制度、住房制度、就业制度、社会保障制度等成为阻止迁移的制度因素。在城乡二元社会结构的阻隔下，移民受到制度性的约束，不可能自由流动。1983年的中央1号文件，允许农民自带口粮到城镇务工经商，当时城市人口都是有户籍、粮本的。因此，农民也仍然不能自由流动。城市户口是含金量极高的社会资源，曾经让多少人梦寐以求，曾经让多少流动者望而却步，它像一道无形的屏障，把中国人划分为城乡两类人。邓小平南方谈话以后，社会主义市场经济逐步推进，大规模的人口流动涌入城市，一方面推动了经济的快速增长，另一方面也给城市造成诸多的问题。但似乎任何力量都无法阻止越来越多的人流入城市，虽然在城市生活面临着诸多的困难，但他们仍然希望留在城市，寻找发展机会。1993年粮票制度的历史走向终结，标志着束缚中国人口迁移的制度逐步走向解体，中国大规模的流动人口已经出现。从2000年到2010年，汉族流动人口年增长率为6.03%。少数民族流动人口年增长率为7.21%，10年间少数民族流动人口年增长率比汉族高出1.18个百分点。[①] 21世纪少数民族的流动更为突出，藏族作为流动频率较高的一个民族，他们也纷纷走出大山，进入城市，在市场经济的惊涛骇浪中披荆斩棘，寻找经济发展的途径。

### （三）国家颁布离退休干部休养所制度

从20世纪50年代中期至60年代中期，民政部门开始接受安置军队供养干部和退休干部。进入80年代，军队开始精简、整编，大批军官退出现役，民政部门接受安置军队退休干部的数量急剧增大；1980年9月29

① 段成荣，肖锐．我国少数民族流动人口形势分析与展望[J]．福建论坛，2016（6）．

日第五届全国人民代表大会常务委员会第十六次会议通过《国务院关于老干部离职休养的暂行规定》。我们国家的老干部在长期的革命斗争和社会主义建设事业中，艰苦奋斗，努力工作，为国家和人民作出了重大贡献，是党和国家的宝贵财富。但是，随着年龄的增长，老干部当中不能坚持正常工作的将愈益增多。根据党和国家关心、爱护老干部的传统，让年老体弱、不能坚持正常工作的老干部离职休养，在政治上予以尊重，生活上予以照顾，这是改革和完善我国干部制度的一项重要措施。1982年《中共中央关于建立老干部退休制度的决定》中提出，为了统筹解决老干部离休退休方面的问题，各级党委的组织部门应当建立健全老干部工作机构，专司其事。1983年中央又决定把部分离休干部移交地方管理。原由民政部门管理、街道办事处落实政治、生活待遇的安置形式已不符合形势的需要。1984年国家明确了设置军队离退休干部管理机构的原则。1985年又具体规定，县（市、区）在军队离退休干部居住点设基层管理机构，15人以上建干休所，15人以下建服务站，工作人员按1：5配备，所需车辆按1：15配备等。到1990年，干休所达到1300多个。1990年民政部颁发《军队离退休干部休养所暂行规定》，干休所工作被纳入制度化、法制化轨道，成为军队离退休干部安置制度的重要组成部分。

自20世纪80年代初国家有关部委发布干部休养所政策以来，四川藏区政府以成都办事处为纽带，积极联系建设离退休干部的养老安置点，甘孜州在内地设立的干部休养所沿318国道分布，从雅安、邛崃、大邑、崇州、温江、新津、双流、武侯区等都建了安置点。阿坝州则从沿317国道藏区进入内地的都江堰市、郫都、金牛区等建立离退休干部休养所，通过持续不断的建设，四川藏区在内地的干部休养所越来越多，沿317、318国道成都段呈带状分布特征，逐步形成了都江堰市和双流区两个离退休干部养老聚居的中心。干休所制度的客观结果是导致四川藏区在内地建立的干部休养所聚居点不断增多，大量藏族离退休干部及其家属来到内地生活。在此制度的影响下，他们虽然户口不在成都，但生活和消费都在成都，成为事实上的移民，持续不断迁移的这类群体已经形成一定规模的聚居区。笔者在访谈一位阿坝州驻都江堰老干部管理服务中心的工作人员W时，他告诉笔者“2008年地震以后我们做了统计，阿坝州离退休人员在都江堰建立了130多个干休所，居住着副县级以上干部2000多个，退休人员3万多人。”① 为了适应离退休干部的管理服务需要，阿坝州在都江堰成立阿坝州老干部服务中心，根据不断变化的形势及时作出调整（附新建阿坝州驻都江堰老干部管理服务中心介绍）。

阿坝州驻都江堰老干部管理服务中心位于都江堰市灌口镇堰华路，建筑总面积10085.93平方米，总投资3000多万元，项目于2009年12月经川发改〔2009〕1225号文件批复立项，属汶川5·12大地震灾后重建项目，2011年成立阿坝州老干部服务中心，2014年5月更名为阿坝州驻都江堰老干部管理服务中心（阿编办〔2014〕34号）。根据州委书记刘作明的指示，州委老干部局积极探索建立老干部异地管理服务新模式，通过构建统一的服务平台，实现对都江堰辖区内的活动场所和服务统筹规划、统一布局，形成覆盖全区域的服务管理网络，并充分发挥老干部协会的作用，建立以党组织为核心，以管理服务中心为依托、以老年协会为纽带的“三位一体”工作机制。管理服务中心内有4个老年社团（阿坝州老年协会、阿坝州老年诗书画协会、阿坝州老年摄影协会、阿坝州老年羌族文化协会）、13个县干休所分设的办公室。管理服务中心内的活动中心设有活动大厅、会议室、健身房、多功能室、乒乓球室、台球室、舞蹈排练室、诗书画创作展览室、电子阅览室、图书室、党建活动室、棋牌室、医疗咨询室

---

① 资源来源：根据阿坝州驻都江堰老干部管理服务中心工作人员W访谈叙述整理。

等，能够容纳100余人同时开展活动。阿坝州驻都江堰老干部管理服务中心的建成使用，标志着该州老干部工作提高到了新的水平，进入了新的阶段，标志着服务老干部老有所学、老有所为、老有所乐有了新的平台，新的阵地，真正使居住在都江堰的老干部活动有场所、学习有阵地、娱乐有去处、锻炼有器材、为老干部的身心健康、益寿延年创造了良好的条件。（图3–7）。

图 3–7　阿坝州老干部管理服务中心　笔者拍摄于 2017 年 6 月

与此同时，甘孜州各级政府部门离退休干部职工陆续进入双流，主要集中在东升街道，随着移民的不断增多，出现几个聚居小区，甘孜州政府部门离退休干部主要居住在在华兴家园（甘孜州驻双流老年协会也驻此地），甘孜州气象部门的离退休干部大多在新秀家园、加国枫韵等（图3–8、图3–9）。在长期不断迁移的过程中，在双流生活的移民群体主要有两类：一类是离退休的干部职工及其家属，另一类是求学的孩子。为了让孩子接受更好的教育，甘孜州一些经济条件较好、对子女教育期望较高的家庭把孩子送到成都重点中小学上学，希望孩子有更好的未来。有研究者统计，2009年，在双流上学的甘孜州藏族小学生达500人，2012年，在双流各重点中小学的甘孜州藏族择校生人数超过1500人（王瑜，2014）。因此，成都优质的医疗资源、教育资源、良好生活配套设施吸引了四川藏区越来越多的移民。移居成都的老人和孩子对于家庭来说是黏性最高的群体，藏族老人因为一些慢性疾病需要到自然环境较好的地方养老、孩子在异地接受教育需要监护人照顾，就这样孩子可以得到很好的照顾，家长也安心在藏区工作，节假日家人团聚往往都会在成都。这两类群体不仅把两地家庭紧密地连接起来，而且把藏区与内地紧密地结合在一起。在我们的调查中发现，家庭迁移比例越来越多，主要是做生意的藏商群体和购房的群体，他们几乎是将整个家庭搬迁到成都，有的把整个家族的成员多数带到成都。四川藏区人口持续不断向成都迁移，规模越来越大，各种生活保障需要满足，特别是医疗、教育、公共服务等，为此，四川藏区政府与成都及周边地区社会保障部门合作指定了100多个定点合作医院以满足移民医疗的基本需求。

因此，大量甘孜州藏民长期在双流养老、生活、学习、度假等，双流已经成为他们生活的第二故乡。从民族地区在内地设立的窗口企业转变为藏区在内地干休所再转变为建制性小区，其间蕴含一系列重大的社会变迁，藏区内迁人口从形式到内容都发生了一系列的重大变化，从小群体至大规模的群体，从暂时性居住到永久性居住，从流动人口到移民，他们的身份发生彻底性的转变，社会生活高度融入当地，长年生活在双流的甘孜州籍藏族人口已经超过3万人（王瑜，2014），因此，这么多的人口聚集在一个地方生活，相当于甘孜州一个县的人口数量。

图 3-8 甘孜州（驻双流）老年协会

图 3-9 天伦家园（雅江干休所） 笔者摄

（四）民族高校和四川省民族宗教工作机构的设置

西南民族学院创建于1951年6月。学院经历了一个逐步发展、逐步提高的过程。目前，它已经成为一所面向西南少数民族地区的社会主义新型大学。学院的主要任务，是根据党的民族政策和教育方针，结合西南民族地区社会主义建设的需要，为西南民族地区培训在职少数民族干部；培养民族师资和各项专业技术人才。同时，举办预科，为高等学校输送少数民族学生。因此，它既不同于一般的干部学校，又不同于一般综合大学，而是两者兼有的少数民族综合性高等学校。该校创办初期，主要吸收少数民族和志愿从事民族工作的部分汉族知识青年，遵照政务院关于民族学院“以培养普通政治干部为主、迫切需要的专业技术干部为辅”的方针，组织学生学理论、学政策、学文化，努力提高他们的政治、文化水平，为民族地区培养了一批基层干部。1956年以后，在原有短训班的基础上，逐步发展为中专、大专和本科，培养少数民族专业技术干部和中学教师，以及具有较高水平的民族语文师资和藏、彝语翻译人才。1966年后停止招生，1973年恢复，1975年起，本科各专业才相继恢复招生。1983年，学校取消了干部短训的形式，开始举办大专层次的专业班次，自此干部培训走上了正规化、专业化的道路，干部培训的时间变长。至改革开放初，先后为西南各民族地区培养了包括32个民族干部和各项专业技术人才共16000多人，其中本、专科生8400多人，干部4700多人，预科生1700多人。这些毕业生在西南民族地区的社会主义建设中发挥了积极的作用。不少人已成为当前民族地区各项工作的骨干，受到各族人民的高度评价。①

改革开放后，党的各项民族工作政策全面恢复，四川省根据党中央相关规定，建立健全各级各类民族宗教工作机构，其少数民族工作人员陆续到成都工作生活。1983年初成立四川省人民代表大会民族宗教委员会（原省人大民族委员会），先后由伍精华（彝族）、扎西泽仁（藏族）、罗通达（藏族）担任主任，委员包括藏、彝、土家、苗、羌、回、汉等民族成分。到20世纪90年代初，除省委民工委、省民委、省人大民宗委和省政协民宗委以外，四川全省已恢复和建立了各地区各部门（多数是在部门内部分工设立）有关民族工作机构139个。其中省级有关机构22个，市地州24个，县（市、区）93个。② 此外，1981年四川省对国外藏胞工作办公室在成都挂牌，1991年成都归国藏胞接待站成立。

藏区驻成办机构到西南民族大学这类政府设置的民族工作机构部门和民族科研院所等制度性的组织，使越来越多的藏族流动人口和移民在成都生活。作为藏民最集中的武侯祠区域，其实就是这些制度性设置导致的必然结果。西藏驻成办和西南民族大学仅一墙之隔，长期培训和培养藏族干部、学员、藏族大学生，自然形成聚居点，在其后的发展过程中不断在这个区域增设机构，特别是市场经济体制建立以来增设的藏区各部门的办事

① 《全国高等院校介绍》编辑小组. 全国高等院校介绍综合院校[M]. 北京：科学普及出版社，1983：105.

② 四川省地方志编纂委员会. 四川省志・民族志[M]. 成都：四川民族出版社，2000：52.

处，进一步强化了区域的聚居。由于大量的藏族人口、社会经济资源都聚集在这个区域，必然会吸引更多的藏族流动人口和移民涌入。不断叠加的一些政策设计更强化了对人口的牵引机制，不断会有人进入这个区域，就如经济学上的“马太效应”。人类社会的发展总是由经济的变革传导到社会其他领域的变革，从而引起社会制度的全面改革。大量藏族流动人口和移民不断集中，因为经济发展的差异也必然会不断产生分化和聚合，就会形成各类不同的利益共同体。

### （五）21世纪以来政府在民族地区实施的重大政策

四川省委、省政府历来高度重视民族地区教育事业发展，坚持把“发展藏区教育、全面提高人口素质”作为推动藏区治愚治穷、实现跨越式发展的根本之策，把加强藏区教育特别是职业教育摆在特别重要的位置。2000年，省委、省政府决定实施《四川民族地区教育发展十年行动计划》《牧民定居行动计划》《帐篷新生活行动及藏区医疗卫生十年行动计划》等重大民生工程，2009年起在全国率先启动实施了四川藏区“9+3”（“9+3”，即在9年义务教育的基础上，对藏区学生提供3年免费中等职业教育）免费教育计划，每年组织约1万名藏区学生到内地免费接受中等职业教育。2016年起，省委、省政府启动实施民族自治地方十五年免费教育计划，在实施义务教育“三免一补”政策和中职免费教育的基础上，免除3年幼儿保教费，免除3年普通高中学生学费并免费提供教科书，此项政策惠及藏区32个县。21世纪以来，四川省在藏区组织实施的一系列民生工程和重大项目计划，切实解决了藏区群众生活中的实际困难，推动了藏区的经济发展和社会进步。

2008年“5·12”地震以后，为加快民族的经济恢复及发展，四川省政府决定在成都及周边建设藏区飞地创新产业园，先后建设了成阿、甘眉、德阿、成甘4个藏区飞地产业园区，取得较好的成绩。以成甘工业园区为例，2015年底，成都市与甘孜州签署协议共建成甘工业园区，园区位于邛崃市，计划到2021年，将成甘工业园区打造成300亿产业园区，成为全省飞地园区的样板和典范。该园区重点引进环境友好型企业，优先发展新材料、生物医药等产业，积极发展轻工、电子信息、精密机械及智能制造等产业，培育发展新能源汽车、节能环保等产业。

旅游业在21世纪快速发展，四川藏区在经济转型过程中，基于藏区旅游富集的优势，开发出诸多独特的旅游景区，带动经济转型发展。四川省政府也针对藏区专门制定旅游发展规划，已经建成大九寨国际旅游区、环贡嘎生态旅游区、亚丁香格里拉旅游区，形成覆盖整个藏区的旅游环线，带动藏区经济发展。2014年出台《四川藏区旅游业发展三年行动计划》，提出全省藏区各州、县要重点打造“大九寨、大熊猫、大草原、大香格里拉”四大旅游品牌。随着旅游业成为藏区主导产业，阿坝藏族自治州提出“全时、全域、全景”的全域旅游思路；甘孜藏族自治州提出了“以旅游引领经济社会全面发展，旅游全域化、新型城镇化、农牧业现代化三化互动，统筹城乡”的发展战略。2016年初，两州被国家旅游局批准为首批“国家全域旅游试验区”，在试验区内以完整的旅游目的地进行区域整体规划布局、统筹管理、全产业链发展。这标志国家有关部门、藏区地方政府已经将旅游与经济社会协调发展、旅游与新型城镇化互动纳入制度和政策层面。

在一系列专门针对藏区的社会经济发展政策影响下，藏区的流动人口开始大规模地出现，不同于以往单纯为了经济目的进入内地，此时多元化的流动方式开始出现，新一代藏族流动人口更希望能够留在城市。特别是“9+3”职业教育项目取得非常好的社会效果，大量藏族毕业生已经进入就业市场，其中一小部分在成都选择就业，目前在成都地铁公司工作的就有30多人，成都医疗系统工作的超过百人，四个藏区飞地工业园区也吸收了数百人，还有其他各行各业创业、就业的藏族青年已经成为一个重要的新型群体。四川省实施的这些大手笔民族政策举措，极大促进了藏区经济的发展，有力地推动了流动人口和移民不断进入城市，如果按每年10%留在城市的速度计算，从职业教育项目实施以来接近一万人生活在成都。

从川藏道路的演变、藏区驻成办的建立、藏区驻成都离退休干部休养所的不断建设、民族科研院所和以经济联系为目的的办事机构的设立到专门针对四川藏区的一系列政策的出台，这些社会性机制对藏族人口产生了强大的吸引力，成为四川藏区内迁移民的制度性基础。四川藏区流动人口和移民之所以选择成都中心地带武侯祠及其周边，是在历史和现实一系列制度安排中逐步形成的。通过文献资料研究和实地调查发现，在传统社会，藏区的特产药材、皮毛、黄金等通过贸易输入到内地，而藏区需要的一些生活物资从内地输送过去，满足了藏区人民维持生活的基本需要，汉藏民族之间商贸交易从未中断。中华人民共和国成立后，藏区通往内地的现代公路建成通车，两地距离进一步缩短，往来进一步增多，特别是西藏在内地先后设立六个办事处，极大地促进了西藏与内地联系，形成了民族沟通交流的重要机制，其中西藏驻成都办事处成为内地物资调配藏区的转运中心和藏区在内地事务的重要联络点，四川藏区也在成都设立办事处，专门联络藏区的有关工作事务。改革开放后中央政府实施了一系列政治、经济、社会制度安排和政策进一步加强了藏区与内地的联系，特别是中央政府实施的内地省市对口支援藏区发展的社会经济援助机制，不仅促进了藏区社会快速发展，而且对藏区产生了强大的吸引力和向心力，从而导致大量藏族流动人口和移民不断主动进入内地。21世纪以来，中国经济发展取得举世瞩目的非凡成就，国家经济实力持续增强，给予藏区发展更多的资源配置，大规模地推进了整个藏区的基础设施建设，同时对藏区社会发展影响重大的教育制度、医疗制度、住房制度和就业制度等进行了改革。这些举措不断把藏区的发展和内地融合起来，使社会经济一体化程度不断增强。伴随人们物质生活水平的不断提高和文化产品需求的多元化，不论是社会经济的发展还是民族交流交往都出现了新的形式，藏区的土特产品、中药材资源、民族工艺文化产品等也不断进入内地。民族交流更加便捷，交往的形式更为丰富，藏区的人民群众向往内地的意向不断增强。因此，中华人民共和国成立后，中央政府对藏区治理体系和治理能力的现代程度化不断加深，藏区社会经济得到全面发展，可以说，藏区社会经济发展的巨大转变和整个藏区生计方式的变化是藏族流动人口和移民到内地的深层社会原因，在这些内外因素的共同作用下，藏区人口主动地不断向内地迁移，形成了政策和市场共同驱动型移民。

## 三、与四川藏区内迁移民有关的经济制度安排

任何一种经济制度都不是单独存在的，它总是和特定的社会制度紧密联系在一起。在汉藏民族交往史中，通过我们考察汉藏民族历史上的茶马贸易，发现这是一条横跨数千公里、延续千年之久，把藏区成千上万的个体和内地社会紧密联系起来的庞大的民族交往、社会沟通之路，在这条路上建立了一个错综复杂的时间、空间和民族沟通的体系。从吐蕃王朝时期的民族和亲政策，宋代的茶马互市制度，元代的宗教帝师制度，到明清两代朝贡体系等一系列制度，经济活动总是会受到其他社会活动的影响。如茶马贸易时兴时衰，断断续续，受政治制度的影响十分明显，举凡茶马贸易活跃，一定是社会稳定、政治清明的发展阶段，若社会动荡不安、经济衰退、民族关系紧张则茶马贸易必受到重创。或者说在汉藏茶马贸易的农

业社会历史中，“经济制度仍然被浸没在普遍的社会关系之中”[①]，茶马贸易受到其他社会力量的控制和规制。那么，中华人民共和国成立后建立了社会主义制度，汉藏之间的社会经济是平等关系，国家制定了一系列促进民族地区发展的社会经济政策，民族地区的发展也出现了重大变化，在新的时代背景条件下，城市民族经济的发展又呈现出什么特征？

人作为一个社会存在具有不变的社会本性。人的天赋特征在所有时代和所有地方的各种社会中表现出惊人的恒常性，而人类社会得以维系生存的必要前提条件也显示出同样的永恒性。[②]“人类经济是浸没在他的社会关系之中的。”[③]不论是结构简单的社会还是结构复杂的社会，“经济体系都是依靠非经济动机得以运转的。”在波兰尼看来，“人类经济体系的组织原则要么互惠，要么再分配，要么是家计，或者是三者之间的某种组合。这些原则在特定社会组织结构的帮助下得到制度化，这些组织结构的模式包括对称、辐辏和自给自足……习俗和法规、巫术与宗教相互协作，共同引导个体遵从一般的行为准则，正是这种行为准则最终保证他在经济体系中发挥自己的作用。”[④]四川藏区经济发展虽然有高原的特点，受到藏族历史、社会、宗教、文化等因素的制约，但总体来说也是嵌入在整个国家经济发展的大环境中，因此，改革开放以来持续不断的藏族移民迁入成都必然受限于各种社会经济因素。

---

① [英]卡尔·波兰尼. 大转型：我们时代的政治与经济起源[M]. 杭州：浙江人民出版社，2007：70.

② [英]卡尔·波兰尼. 大转型：我们时代的政治与经济起源[M]. 杭州：浙江人民出版社，2007：48.

③ [英]卡尔·波兰尼. 大转型：我们时代的政治与经济起源[M]. 杭州：浙江人民出版社，2007：49.

④ [英]卡尔·波兰尼. 大转型：我们时代的政治与经济起源[M]. 杭州：浙江人民出版社，2007：57.

### （一）四川藏区经济结构演变及国家导向的经济政策

历史上，由于康区地处西藏和内地的过渡带和交通枢纽处，不仅政治、战略地位重要，其经济地位也举足轻重。从宋代开始的茶马互市及茶马古道，不仅是西藏的重要经济通道和经济命脉，也是中央政权控驭西藏的重要手段和密切汉藏联系的重要桥梁。至今康巴人享誉中外的商业意识就与这一历史传统有关。中华人民共和国成立后，无论是西藏的生产、生活物资，还是重要国防物资，纵贯康区的川藏线都是其重要运输通道，它同样发挥着联系西藏和祖国内地的桥梁、纽带作用。① 四川藏区是长江上游的天然生态屏障，又蕴藏着丰富的各类自然资源，任乃强先生在考察西康建省的时候就提到四川藏区有三大资源优势，牧业、木材、水电。四川藏区木材资源为新中国的经济建设做出重要贡献，随着经济的转型升级，水电资源、矿产资源和旅游资源等成为推动藏区经济持续发展的强大力量。从区域经济大格局和“一带一路”的战略看，四川藏区仍然处于国家建设重要地带，这一区域在政治、经济、文化、民族、宗教、生态环境等方面对周边发展存在重大影响，如果加快这个区域的开发，不仅可以推动四川藏区的发展也可对西藏发展进一步发挥辐射带动作用，从而实现“稳藏必先安康”的战略价值。

中华人民共和国成立后，为了解决国家经济建设用材的需要，国家运用四川藏区自然资源优势建起了大型和小型森林采伐工业企业，截至1988年，四川藏区累计为国家生产木材6225万立方米，占全省木材累计产量的70%以上。采伐森林面积321万公顷，消耗森林资源18765万立方米。全区18个森工重点企业投资额约4亿元，木材产值累计达50多亿元，上缴税利23亿元以上（如将原配价与市场价的价差计算在内，藏区木材

① 罗布江村.康藏研究新思路文化、历史与经济发展[M].北京：民族出版社，2008：219.

采伐为国家积累资金远远大于此数）。四川藏区为国家经济发展做出巨大贡献，是四川藏区的工业经济支柱。[①] 但长期砍伐，而森林资源无法更新，日益枯竭，脆弱的生态环境不断恶化。1984年阿坝森工企业开始亏损，到1987年，亏损达3490万元，全行业陷于危机之中。同时，经营亏损的森工企业又拖欠地方税款数千万元，造成企业与地方关系不融洽，还与地方就森林所有权的归属多次发生纠纷。甘孜州森工企业所走过的路子和遇到的问题也是如此。[②] 为配合财政和地方解决四川阿坝森工企业困难问题，原定国家在“七五”期间每年安排森工专项投资1000万元支持该林区发展木材综合利用和多种经营的期限延长至“八五”前三年或整个“八五”期间，安排的具体项目由地方商请林业部确定。其使用原则仍是专款专用；该省承担的国家木材上调量再度作调减，即在1989年调减20万立方米的基础上，1990年继续调减10万立方米，上调量确定为70万立方米。森工企业富余人员的安置所需经费问题请财政部商四川省研究考虑，建议能在“八五”期间分步解决。[③]

森林采伐向来是四川藏区经济的重大支柱，对地方财政收入的贡献率达58.63%（1997年）。面对森林资源枯竭的危机，四川藏区经济发展困难重重。1996年10月，朱镕基总理视察四川攀西地区时，语重心长地对四川省委、市政府领导人说：“要少砍树，多栽树”“把森老虎请下山”“要采取有力措施，下决心停止砍伐森林，把砍树人改为种树人，要为子孙后代造福。”1998年3月，在九届人大一次会议期间，朱总理参加四川代表团的讨论，指出“四川要采取有力措施，下决心停止砍伐天然

---

① 郑长德，周兴维．民主改革与四川藏族地区经济发展研究[M]．北京：民族出版社，2008：120.

② 王天津．青藏高原人口与环境承载力[M]．北京：中国藏学出版社，1998：112.

③ 姚昌恬．绿色的追求：林业计划财务管理的探索与实践[M]．北京：中国林业出版社，2008：440.

林……”1998年5月，朱总理再次听取了四川省关于森工转营林以及天然林保护工程方案，并于6月作出重要批示：要求四川抓紧实施天然林资源保护工程，早试点，积累经验。1998年发生在长江流域和东北地区的两次特大洪灾，至今仍让人记忆犹新。正是洪灾，让人们尝到了生态破坏的恶果。洪水退去后，中共中央、国务院提出全面停止长江、黄河流域上中游的天然林采伐。根据《中共中央、国务院关于灾后重建、整治江湖、兴修水利的若干意见》（中发〔1998〕15号）中关于“全面停止长江黄河流域上中游的天然林采伐，森工企业转向营林管护”的精神，国家林业局编制了《长江上游、黄河上中游地区天然林资源保护工程实施方案》。1998年8月，四川省人民政府发布天然林禁伐令，正式宣布从1998年9月1日，甘孜、阿坝、凉山三州，停止天然林商品性采伐。为了加大实施天然林保护工程的力度，1998年9月29日，四川省政府又发出《关于全面停止天然林资源采伐的紧急通知》。1999年，四川、陕西、甘肃3省率先开展了退耕还林试点，由此揭开了我国退耕还林的序幕。四川藏区经济发展面临前所未有的挑战，不得不转型升级。

天然林禁伐影响巨大而广泛，如四川藏区经济产出与财政收入锐减，导致一系列相关产业萎缩，劳动就业压力增大，产业结构巨变，城乡居民收入和财政收入大幅下降，农牧民返贫情况突出，等等。四川省结合国家政策让9万多名林业职工平稳地转向造林护林，8万名退休人员顺利地纳入社会统筹养老保险，上千名待业职工成功地得到妥善分流，解决了几十年森工开发与保护的尖锐矛盾。面对巨大的就业压力，大量的人口寻找新的出路，这成为藏区出现大规模流动人口的重要根源。在挑战面前，四川藏区提出发展旅游业的思路，于是九寨沟、黄龙、海螺沟等一批独具特色的景区加快建设的进度使旅游业成为新的经济增长点。与此同时，新型水电站和矿产资源的开发也提上议事日程。

### （二）促进四川藏区经济发展的优惠政策

为了解决民族地区经济发展的困难，实现经济的转型升级，四川省政府结合中央相关政策规定制定了促进地方民族地区发展的优惠政策。财政部、税务总局《关于企业所得税若干优惠政策的通知》（财税〔1994〕001号）规定："在国家确定的老、少、边、穷地区新办的企业，经主管税务机关批准后，可减征或免征所得税三年。"根据此文件精神，四川省地税局对贫困地区和少数民族地区所得的利润按当时政策不征收所得税。《四川省人民政府关于民族地区到内地兴办企业有关税收返还问题的通知》（川府发〔1997〕92号）规定："对民族地区在内地兴办应缴纳的营业税、所得税按实际入库数，增值税按地方分成总额'二八'分成的办法。即企业经营所在地留20%，其余80%由财政返还给民族地区。"在此政策的鼓励下，四川藏区政府和有关机构纷纷在成都建立企业，推动民族地区经济的发展。

20世纪90年代中国经济最突出的特点是社会主义计划经济体制向市场经济体制的转轨，由此带来社会的全面变革。四川藏区受制于森林资源枯竭危机和经济转型的困难，在民族地区优惠政策的激励下，积极探索发展的路径。甘孜州雅江县是森林资源富集的县，改革开放以来，就为森工企业发展探索转型的道路，为地方经济作出了重要贡献，不断为适应经济形势的变化做出调整。我们以甘孜州雅江县的发展为例，该地在四川藏区具有典型的代表性，可以此来分析与四川藏区内迁移民的关系。雅江县从1980年以"保护、发展、利用"为指导，率先在甘孜州办林工商联合企业。1980年落实林业"两制"（稳定山林所有制和落实林木管理责任制），县乡镇企业局兴办呷拉、河口、八角楼、瓦多4个乡集体林场，以乡集体林场为依托建立林工商联合企业；1982年经州政府批准，地方集资，10个乡镇集体投工、投劳，开发庆大、柯拉两个国营火烧木林场，林工商联合企业归口县林业局发展为国家、集体多种经济成分的经济联合体，按国家计划实行育苗、更新、造林、采伐、加工、销售一条龙生产；1984年借国家经济改革的东风，实行政企分设，县林工商联合企业发展为林业生产建设的经济实体。1994年4月，县林工商联合企业与香港华宏有限公司共同投资335万元在双流征用土地16亩建成林产业有限公司，进行硬杂木精加工，生产雅宏牌硬杂木镶嵌式高档实木地板，并在国际市场销售。由于雅江林业大发展，增加了雅江财政收入，在雅江没有实行全额财政上缴之前，缓解了靠自己找钱吃饭的困难，1993年政府下达500万元税利计划，仅联合企业就上交582.4万元，占地方财政收入的80%，超额完成计划任务；在林工商企业务工的农牧民人均年收入2000~3000元，实践证明，国家、集体和农牧民共同办林业是一条农牧民致富的好路子。[①] 在经济发展遇到困难，四川省提出的民族地区优惠政策的影响下，四川藏区借助内地的庞大市场，设立森林窗口企业，促进当地经济发展，增加了政府财政收入，为解决就业发挥了积极作用。但由于森林资源本身不足加上外部条件的影响，很容易出现挫折。中华人民共和国成立以来藏区森工企业快速发展，森林被大量砍伐，易砍伐的基本砍完，资源性企业当资源供给不足时必然面临转型，外部条件只不过加快了这一转型进程。四川省1998年实施天然林保护工程，1999年实施退耕还林、还草工程。面对国家对森林资源的保护，藏区在成都成立的森林资源企业夭折，木材市场迅速萎缩。

为了改变藏区在内地停办企业的处境，政府将政策调整为为藏区的离退休干部建立休养所和养老生活基地。此阶段正是1997年亚洲金融危机造成中国经济发展形势严峻的时期，但市场经济的观念已经深入人心，市

① 雅江县政协志，2016。

场法则渗透到经济的各个领域，为了保持经济的增长，国家出台一系列保增长的措施，明确提出房地产为经济发展的主要动力，推动假日经济、旅游经济的发展。成都市政府为了应对经济发展，摆脱经济下行压力，出台住房市场化发展政策。于是，陆续有政府为顺应经济发展的大潮对这些养老生活基地进行开发，最具代表性的是甘孜州雅江县在成都市双流区建设的天伦家园小区、道孚县以县林业局干休所为基地建设的道孚家苑小区等。

流动人口和移民建立自己的聚居区，往往是通过参与城市社会经济发展而形成的具有一定规模的聚居区，原籍地的流动人口和移民群体在城市形成异地社会生活共同体，在当代中国非常普遍，如北京的"浙江村""新疆村"等。甘孜州藏族移民主要集中在双流的加国枫韵、新秀家园、白鹭家园、天伦家园、华兴家园等住宅小区，是以甘孜州离退休干部职工及家属养老为主的聚居区。

**（三）住房制度**

改革开放以来，我国一直进行住房制度的改革探索，1978年，邓小平同志提出关于房改的问题，开始实行补贴出售试点，即政府、单位、个人各负担房价的三分之一。1986年2月，国务院成立住房制度改革领导小组，负责领导和协调全国房改工作。针对传统住房制度的核心——低租金，提出了以大幅度提租为基本环节的改革思路。1991年11月，国务院办公厅下发了《关于全面进行城镇住房制度改革的意见》，这是城镇住房制度改革的一个纲领性文件，明确了城镇住房制度改革的指导思想和根本目的。1994年7月，国务院下发了《关于深化城镇住房制度改革的决定》，标志着城镇住房制度改革进入深化和全面实施阶段。确定房改的根本目的是：建立与社会主义市场经济体制相适应的新的城镇住房制度，实现住房商品化、社会化；加快住房建设，改善居住条件，满足城镇居民不断增长的住房需求；建立了对中国住房影响深远的住房公积金制度。1998年国务院下发《关于进一步深化城镇住房制度改革加快住房建设的通知》（国发〔1998〕23号），停止住房实物分配，逐步实行住房分配货币化。此文件可以说是中国住房制度发展的分水岭，涉及全社会的住房向市场化迈进。

根据国务院和四川省人民政府住房制度改革的文件精神，成都市人民政府制定了《关于进一步深化城镇住房制度改革加快住房建设的通知》（成府发〔1998〕200号），明确提出加快住房建设，促使住宅业成为新的经济增长点，不断满足城镇居民日益增长的住房需求，稳步推进住房商品化、社会化、逐步建立适应社会主义市场经济体制和我国国情的城镇住房新制度，成都市于1998年12月31日在全市城镇停止住房实物分配，逐步实行住房分配货币化。20世纪90年代末国际上发生严重的亚洲金融危机，中国出口导向型的经济发展战略遇到困难，外部需求不足。国内发生严重的长江水患和经济结构转型压力，在严峻的国内外经济形势下，中国政府实行住房制度改革。成都市政府把住房商品化作为推动地方经济发展的重要举措，由此房地产建设的大幕拉开。

四川藏区结合当地实际情况也制定了类似的住房制度，相对成都而言时间较晚。如阿坝州人民政府《关于印发阿坝州城镇住房制度改革配套文件的通知》（阿府发〔2004〕30号），结合民族地区经济发展现状，制定住房制度改革的实施方案。该通知指出，汶川县、理县、茂县、九寨沟县、马尔康市五县市条件较好，应于2003年12月31日前停止住房实物分配；松潘县、黑水县、金川县、小金县，从2004年7月1日起停止住房实物分配；红原、阿坝、若尔盖、壤塘四个高海拔县，由于经济条件差，自然条件和气候环境恶劣等原因，视情况可在2004年底前停止住房实物分配。全州从2004年1月1日起建立住房公积金制度，2005年逐步建立起新的城镇住房制度。在住房商品化面前，选择机会增加了，四川藏区各事业单位为了给职工谋福利，纷纷在成都地区购置地产建设小区，形成诸多成建制的住宅小区。20世纪80年代以来阿坝州在都江堰先后建设了州级部门的干休所及各县级单位干休所。21世纪以来，都江堰老城发展空间有限，城市开始扩展，阿坝州各有关单位在都江堰城市外围购买土地开发建设，主要集中在幸福街道岷江社区，建设了威州中学威中花园（2005年）、阿坝师范学院的馨福苑小区（2007年建成）。由住房制度的改革导致藏族移民聚居的规模不断扩大，阿坝各主要单位通过各种渠道在都江堰购置建设住宅小区，不仅解决了离退休干部职工的住房问题，而且在职职工的住房也纳入建设中，从藏区离退休干部的安置到普通职工的住房均通过市场化手段予以解决。从干休所的定居到住宅小区的建设聚居，从离退休人员扩大到在职员工，规模不断扩大、群体不断壮大，带动家庭的迁移，并在藏区形成一种重要的社会风潮。

在住房制度影响下，四川藏区内迁移民的居住格局、管理方式都在发生变化。早期的这些安置移民工作时生活在单位社会中，组成一种传统的单位社会生活共同体。退休以后，虽然安置在异地，但仍然生活在单位制社会中，从一个单位生活共同体搬迁到另一个单位生活共同体，只是生活的空间和自然环境发生了变化。如果说城市离退休干部休养所是单位制社会的历史产物，那么随着社会主义市场体制的完善，与之相应的社会管理方式也发生巨大转变，这种历史的产物必然逐步退出历史的舞台。21世纪以来，成都城市规模的急剧扩张，使房地产成为拉动经济增长的重要引擎，在大规模的投资建设中，四川藏区政府和成都市积极沟通，通过各种政策渠道扩建和新建商品住房小区，以市场化运作方式打破了原先一个单位一个院子的居住方式，社区制管理服务方式逐步取代单位制方式并已经成为趋势。阿坝州驻都江堰干休所既然是历史的产物，那么随着社会的急剧转型，就不得不改革适应社会发展的新形势。2008年5·12地震以后，由于地方的限制无法继续重建，经与都江堰市政府协商，在郊区新建阿坝州干休所并更名为阿坝州老干部管理服务中心。而原有住户和都江堰市民一样都通过摇号分配的方式获得相应住房，实现了从集中居住到分散社区居住的转变。

在一系列藏区经济政策演变背景下，市场的力量也已经渗透至藏区社会，经济实力成为迁移的主要动力，我们称之为市场驱动型移民。特别是成都市通过购房入户的激励政策加速了藏族移民的节奏，凡购房者可以转变为成都户口，享受当地各种社会福利服务，优质的医疗资源、教育资源、社区服务等，这使藏区大量购房者不断涌入成都形成购房的热潮。以购房实现从流动人口到移居人口转变是21世纪迁移最突出的特点，从当初的几百人到现在的数万人，从零星的分布到现在主要集中居住区全面分布，从单一移民至多元移民等。藏区政府驻成都工作人员、离退休干部及家属、经商人员、务工人员等都加入购房的行列，把迁移的网络效应和累积效应进一步扩大，由此藏区各县移民形成了相对集中的聚居区。

# 第四章　四川藏区内迁移民的生存现状

从第三章我们对四川藏区内迁移民形成机制的分析中发现，由于汉藏民族在成都交流的地缘优势、历史传统、社会经济文化等方面源远流长，中华人民共和国成立后，特别是建立社会主义市场经济体制以来，中央政府和四川省政府实施了一系列有关藏区治理的社会经济制度、政策安排，内地庞大的市场吸引藏族人口不断进入成都经商、务工等，这些历史与现实因素共同作用造成了藏族移民在成都的分布特征，形成了“以甘孜州、阿坝州驻成都办事处为中心，沿318、317国道成都段为两翼”的分布格局，分别形成以康定酒店（甘孜州办事处）为中心的民族用品商贸中心和以启雅尚酒店（阿坝办事处）为据点的民族经济聚集地，建成了在全国都有一定影响力的两个民族贸易市场——武侯祠民族用品一条街和安德民族贸易市场，初步建立了民族特色的经济聚集区。因此，藏族流动人口和移民在成都的聚居特征和从业状况高度一致。

# 第一节 四川藏族人口和内迁移民概况

## 一、改革开放以来我国藏族人口分布概况

### （一）我国藏族人口分布概况

中华人民共和国成立后，西藏和其他四省藏区通过民主改革，社会经济得到全面恢复和发展，藏族人口数量持续增长。改革开放以来，伴随经济的快速发展、医疗条件的不断改善、社会福利水平的不断提高，在民族人口生育政策的激励下，藏族人口数量一直在稳步增长。1982年第三次全国人口普查结果表明，全国藏族总人口为384.79万人。1990年，第四次全国人口普查统计表明，藏族总人口增加到459.3万人。2000年，第五次全国人口普查统计，全国的藏族总人口为541.6万人。2010年，第六次全国人口普查统计表明，我国的藏族总人口为628.2万人。与此同时，藏族人口向内地各省市迁移的速度也在持续增长。1982年第三次全国人口普查时，藏族自治地区外的藏族人口（主要是内地各省市）24.2万人。到1990年进行第四次全国人口普查时自治区外藏族人口已经增长到30.4万人，2000年第五次人口普查时增长到41.5万人，2010年第六次人口普查时增长到54万人。我国藏族迁移人口的比重从1982年的6.25%提高到

8.6%。而在这些迁移人口中值得关注的是，四川非藏区的人口增长尤为突出，无论是相对数量还是增长率在全国都是最高的。根据1982年的统计，四川省非藏区的藏族人口为3.1万人，1990年非藏区的藏族人口已经增长到5万人，第三次人口普查普到第四次人口普查仅8年间增长61%；2000年第五次人口普查时已经增长到7万人，第四次人口普查到第五次人口普查的10年间增长40%；2010年第六次人口普查时增长到15.1万人，从第五次人口普查到第六次人口普查十年间四川省非藏区的藏族增长率达116%，而这些人口主要集中在成都平原地区，这一高速增长的原因值得学术探讨，因为它不仅关系到这些藏族移民在成都的基本生存，也将影响到成都民族关系、民族团结、民族经济的发展和社会稳定。事实胜于雄辩，这些强有力的确凿证据回应了那些别有用心、破坏中国民族团结、图谋分裂祖国的各类肇事者和国际上指责中国藏族问题的政客。从表4–1中我们可以看出，改革开放以来四川省非藏区的藏族人口增长在全国也是最快的，这也是研究定居成都市藏族移民的重要原因。

1982年，第三次全国人口普查统计表明，藏族人口虽然在内地各省区市都有分布，但数量比较少，除了西藏和四省藏区外，其他省区市藏族人口仅6896人。1990年，第四次全国人口普查统计，国内其他省区市藏族人口增长到18095人，比1982年普查的数据增长2.62倍。2000年，第五次全国人口普查统计表明，国内其他省区市的藏族人口增长到61481人，比1990年普查的数据增长3.39倍，这十年间是增长最快的时间，藏族迁移人口主要流向经济发达的省份和东北地区。2010年第六次全国人口普查，其他省区市藏族人口增长到63600人，这十年增速明显放缓，仅增长1519人，主要增长的省市有陕西、北京、浙江等，有一部分省市不但没有增加，反而还在减少（表4–1）。

表 4-1　改革开放以来全国人口普查藏族人口分布[①]

| | 1982年（人） | 1990年（人） | “三普”到“四普”增长（%） | 2000年（人） | “四普”到“五普”增长（%） | 2010年（人） | “五普”到“六普”增长（%） |
|---|---|---|---|---|---|---|---|
| 全国 | 3874035 | 4593072 | 0.19 | 5416021 | 0.18 | 6282187 | 0.16 |
| 西藏 | 1786544 | 2096346 | 0.17 | 2427168 | 0.16 | 2716388 | 0.12 |
| 其他藏族自治地方 | 1845219 | 2192456 | 0.19 | 2573696 | 0.17 | 3025677 | 0.18 |
| 青海非藏区 | 166409 | 193732 | 0.16 | 224116 | 0.17 | 254048 | 0.13 |
| 四川非藏区 | 31283 | 50557 | 0.62 | 70402 | 0.39 | 151887 | 1.16 |
| 甘肃非藏区 | 28393 | 34545 | 0.22 | 47825 | 0.38 | 57826 | 0.21 |
| 云南非藏区 | 5075 | 6969 | 0.37 | 11333 | 0.63 | 12761 | 0.13 |
| 新疆 | 1967 | 2235 | 0.14 | 6153 | 1.75 | 8316 | 0.35 |
| 陕西 | 1120 | 1319 | 0.18 | 3048 | 1.31 | 6345 | 1.08 |
| 广东 | 388 | 1307 | 2.37 | 7020 | 4.37 | 5604 | -0.20 |
| 北京 | 820 | 1329 | 0.62 | 2920 | 1.20 | 5575 | 0.91 |
| 江苏 | 82 | 866 | 9.56 | 2659 | 2.07 | 3358 | 0.26 |
| 内蒙古 | 504 | 807 | 0.60 | 2062 | 1.56 | 3259 | 0.58 |
| 重庆 | – | – | – | 2292 | – | 3086 | 0.35 |
| 浙江 | 35 | 393 | 10.23 | 1084 | 1.76 | 2850 | 1.63 |
| 上海 | 104 | 637 | 5.13 | 1642 | 1.58 | 2406 | 0.47 |
| 湖北 | 83 | 760 | 8.16 | 1648 | 1.17 | 2175 | 0.32 |

① 表中的“三普”“四普”“五普”“六普”分别代指“第三次全国人口普查”“第四次全国人口普查”“第五次全国人口普查”“第六次全国人口普查”。

续表

| | 1982年（人） | 1990年（人） | “三普”到“四普”增长（%） | 2000年（人） | “四普”到“五普”增长（%） | 2010年（人） | “五普”到“六普”增长（%） |
|---|---|---|---|---|---|---|---|
| 山东 | 173 | 932 | 4.39 | 2733 | 1.93 | 2146 | –0.21 |
| 河北 | 127 | 995 | 6.83 | 3096 | 2.11 | 1935 | –0.38 |
| 辽宁 | 67 | 625 | 8.33 | 2017 | 2.23 | 1881 | –0.07 |
| 河南 | 521 | 1606 | 2.08 | 3953 | 1.46 | 1811 | –0.54 |
| 天津 | 30 | 505 | 15.83 | 1271 | 1.52 | 1775 | 0.40 |
| 福建 | 87 | 282 | 2.24 | 1290 | 3.57 | 1739 | 0.35 |
| 湖南 | 95 | 552 | 4.81 | 2930 | 4.31 | 1622 | –0.45 |
| 贵州 | 205 | 677 | 2.30 | 1787 | 1.64 | 1281 | –0.28 |
| 安徽 | 105 | 558 | 4.31 | 2263 | 3.06 | 1279 | –0.43 |
| 江西 | 39 | 397 | 9.18 | 1649 | 3.15 | 1150 | –0.30 |
| 山西 | 75 | 474 | 5.32 | 1544 | 2.26 | 1047 | –0.32 |
| 广西 | 149 | 211 | 0.42 | 2194 | 9.40 | 815 | –0.63 |
| 宁夏 | 47 | 198 | 3.21 | 506 | 1.56 | 656 | 0.30 |
| 吉林 | 18 | 143 | 6.94 | 1615 | 10.29 | 652 | –0.60 |
| 黑龙江 | 55 | 186 | 2.38 | 1655 | 7.90 | 589 | –0.64 |
| 海南 | – | 101 | – | 450 | 3.46 | 248 | –0.45 |
| 藏族自治地方外总计 | 242272 | 304270 | 0.26 | 415157 | 0.36 | 540122 | 0.30 |
| 占藏族人口% | 6.25 | 6.62 | – | 7.67 | – | 8.60 | – |

资料来源：中国民族统计（1949—2000）数据，2010年国家统计局全国人口普查数据
马戎：我国部分少数民族就业人口的职业结构变迁与跨地域流动（2010年人口普查数据）

### （二）四川藏族人口概况

中华人民共和国建立后，四川藏族人口得到长足发展。1953年，我国进行了第一次全国人口普查，统计公布的四川藏族人口为72.2万人。1982年，我国进行了改革开放以来的第一次普查即第三次全国人口普查，统计公布四川省藏族人口为921984人，比第二次人口普查（1964年）增长了52.26%，四川藏族人口平均每年增长23.6‰，略低于全国藏族人口的年增长率（25‰），但如果以这一增长率计算，每28年四川藏族人口可以翻一番，在改革开放初期这是很高的增长速度。我们纵向地看，在第二次和第三次人口普查之间的18年，四川藏族人口发展速度是比较快的。1990年，我国进行了第四次全国人口普查，统计表明，四川省的藏族总人口为1087758人，比1982年的第三次普查增长17.98%，年均增长率为20.88‰。“第三次全国人口普查”和“第四次全国人口普查”两次人口普查统计表明，四川省藏族人口出生率1981年为32.6‰，由于改革开放以来四川藏区开始实行计划生育，到1989年人口出生率下降为23.9‰，8年期间下降8.7‰，四川藏区人口增长发生重要的转折，从人口再生产开始过渡到低出生、低死亡、低增长的阶段。① 此后，四川藏区人口稳定增长，2000年，第五次全国人口普查统计表明，四川省的藏族人口为1269120人，同1990年相比，增长16.67%。2010年，第六次全国人口普查统计表明，四川省的藏族人口为1496524人，比2000年增长17.92%，2010年四川非藏区人口达15.2万人。从统计来看，改革开放以来四川非藏区的藏族人口有突破性的增长，特别是21世纪以来迁移人口增长一倍以上，内迁移民超过10%（表4–2）。

从表4–2中我们可以清楚地看到，四川藏区藏族人口在1964年第二

---

① 四川省人口普查办公室编《四川藏族人口》[M]，中国统计出版社，1994年08月第1版，第24页。

次人口普查时仅为60.6万人，1982年增长到92.2万人，18年间增长了31.6万人。其间出生的人在改革开放后陆续走向成年，囿于藏区自然、社会发展条件，在广阔的外部世界寻找出路就成为藏族有志青年的共同选择。在社会主义制度条件下，藏区出生的这一代人沐浴改革开放的春风，踏上中国经济发展的快车，走出藏区，进入内地，追逐他们心中的梦想，成为第一代最重要的内迁移民。1982年第三次人口普查，统计结果表明，四川省非藏区的藏族人口仅3.1万人，1990年第四次人口普查公布的数据表明，四川省非藏区的藏族人口已经增长到5.1万人，2000年的第五次人口普查增长到7万人，2010年第六次人口普查增长到15.2万人。特别是21世纪以来，中国人口流动政策进一步放宽，社会经济持续增长，四川经济发展速度在西部地区首屈一指，为四川藏区内迁移民创造了良好的社会条件，藏区大量的流动人口持续不断进入成都市及其周边城市。

表4-2 六次全国人口普查四川藏族人口[①] 单位：万人

| 人口普查 | 全国 | 四川藏区 | 四川非藏区 |
|---|---|---|---|
| “一普”（1953年） | 277.6 | 72.2 | – |
| “二普”（1964年） | 250.5 | 60.6 | – |
| “三普”（1982年） | 387.4 | 92.2 | 3.1 |
| “四普”（1990年） | 459.3 | 108.8 | 5.1 |
| “五普”（2000年） | 541.6 | 126.9 | 7.0 |
| “六普”（2010年） | 628.2 | 149.7 | 15.2 |

数据来源：中国民族统计（1949—2000），2010年国家统计局人口普查资料

① 表中的“三普”“四普”“五普”“六普”分别代指“第三次全国人口普查”“第四次全国人口普查”“第五次全国人口普查”“第六次全国人口普查”。

## 二、中华人民共和国成立以来四川藏区社会发展概况

### （一）四川藏区民主改革前社会经济发展概况

民主改革前，四川藏区基本上处于封建经济形态。大部分地区处于封建制的前期，即领主制经济，小部分地区进入封建制后期，即地主制经济。封建领主制地区是藏区土司统治区，主要是甘孜州北部各县及东部、南部部分地区，阿坝州牧区和东部、南部部分地区及木里藏区。

四川藏区实行政教合一的土司统治和封建领主制度，农奴主包括土司、头人和寺庙上层喇嘛，实行联合专政。土司拥有“衙门”和“官寨”，设有掌管政、军、财、粮的四大“涅巴”，并组成涅巴会议，协助土司管理辖区的一切事务。土司、大小头人管辖的基层组织为寨、村；牧区则由千户、百户的土司、土官管理。土司、寺庙上层和头人相互勾结，互相利用，对农奴实行专政。

寺庙上层与世俗农奴主一样，拥有大量的土地、草场、牲畜和森林，设有监狱法庭、武装力量，统治阶层占有大量的农奴，实为雄踞一方的农奴主。一些大的寺庙往往派遣上层喇嘛参与土司、头人的政权机构，而土司、头人也往往派遣自己的亲信入寺为僧，参与寺庙管理，相互渗透，共同维护他们的利益，在藏区“政教合一”的传统制度下对农奴进行残酷压迫和无情剥削。

封建地主制地区在“改土归流”以后，封建领主制经济已解体，代之以封建地主经济，但某些地区仍有一些农奴制的残余，这部分地区包括甘孜、阿坝两州和木里县。接受“改流”的土司、头人等作流官对待。县署之外有土司官寨，土司、流官并存，政令由流官通过土司加以贯彻；县署以下基层政权，“改土归流”时，清朝设区、村、小村三级。国民党政府推行保甲制度，设区、联保、保、甲四级，后改乡、镇两级。过去的专权

者变为县长、区长、村长、保长、甲长等。

农奴制社会的生产非常落后，采用“二牛抬杠”，刀耕火种，一般不选种、不施肥、不锄草、不灌水、不杀虫。劳动工具基本上是木、犁、耙等，铁制农具较少，耕作十分粗放，由于宗教文化的影响，藏区有些山川河流被指定为“神山”“神水”，肥沃的土地、森林不能开发利用。粮食产量极低，牧业多游牧方式，逐水草而居，靠天养畜，无储备冬草的习惯，牲畜以高山牦牛和藏羊为主，有少量的马以供乘骑和运输。人们比较喜好养老牲畜，牧业的净增率与商品率都较低。民族手工艺产品有较高的水平，特别是白玉的藏刀，还有一些县的陶、革、铜铁器皿和氆氇制作等，但除寺庙有雄厚资本和一定规模外，商品市场未发育，交换甚落后，基本上处于以物易物阶段。靠近汉族地区的藏区，已进入了封建地主经济时期，部分地区仍实行劳役地租，封建领主制的剥削形式依然存在。①

**（二）四川藏区民主改革后社会经济发展概况**

中华人民共和国成立后，在中国共产党的领导下四川藏区进行了民主改革和社会主义改造运动，废除了千百年来的民族压迫和专政，直接过渡到社会主义社会，这是藏区社会有史以来最伟大的社会变革，为四川藏区社会经济发展奠定了坚实的基础，具有极其重大的历史意义。藏区社会自古以来就是一个以农牧业为主的社会，在传统社会，农牧业产值一直占据绝对主导的地位。藏区民主改革后，生产力得以极大地解放，社会经济快速发展。改革开放以来，四川藏区社会经济发生了翻天覆地的变化，社会面貌焕然一新，经济结构发生重大转变，三大产业不断发育并趋于合理，四川藏区的第一产业比重开始逐步下降，而第二产业不断调整并适应经济形势变化，第三产业作为新型产业得以快速发展。

---

① 四川省民族地区经济研究会. 四川藏区发展研究[M]. 成都：四川民族出版社，1998：92–94.

表 4-3　改革开放以来四川藏区三大产业结构比重变化　　单位：%

| 年份 | 第一产业 | | 第二产业 | | 第三产业 | |
| --- | --- | --- | --- | --- | --- | --- |
| | 甘孜州 | 阿坝州 | 甘孜州 | 阿坝州 | 甘孜州 | 阿坝州 |
| 1978年 | 57.3 | 38.0 | 17.2 | 48.1 | 25.5 | 13.9 |
| 1990年 | 45.7 | 38.8 | 31.1 | 30.9 | 23.3 | 30.3 |
| 2000年 | 29.5 | 28.7 | 28.3 | 35.6 | 42.2 | 35.7 |
| 2005年 | 22.1 | 19.6 | 33.4 | 40.8 | 44.5 | 39.6 |
| 2010年 | 23.4 | 18.9 | 36.6 | 44.1 | 40.0 | 37.0 |
| 2015年 | 25.5 | 15.4 | 35.6 | 49.1 | 38.9 | 35.5 |

从表4-3中我们看到，1978年，甘孜州、阿坝州第一产业分别占57.3%、38.0%，1990年，甘孜州第一产业的比重下降到45.7%，阿坝州略有上升。但是甘孜州第二产业比重在迅速地提高，从1978年的17.2%提高到1990年的31.1%，阿坝州则从1978年的48.1%下降到1990年的30.9%。阿坝州的第三产业比重大幅度地提高，1978—1990年从13.9%增长到30.3%。改革开放以来的发展表明，四川藏区的经济结构发生了明显变化，究其原因我们分析发现，中华人民共和国成立后为支持社会主义建设，国家在藏区建立了一批重点森工企业，随着森林资源的枯竭，这些企业不得不转型。1979年九寨沟自然保护区成立，1984年开始接待游客。1982年黄龙由国务院审定为国家重点风景名胜区，1992年黄龙被联合国教科文组织列入《世界自然遗产名录》，1997年被联合国列为世界人与生物圈保护区。四川藏区多样化的自然环境，造就了世界性的独特资源，九寨沟、黄龙等“人间的仙境”，已揭开它们神秘的面纱，“神奇的九寨”已经成为一个世界级的旅游景区，旅游业是阿坝州

新的经济增长点。因此，阿坝州第三产业迅速发展起来。

1990—2015年四川藏区三大产业结构进一步优化，第一产业的比重持续下降，甘孜州从1990年的45.7%降低到2015年的25.5%，阿坝州从38.8%降至15.4%。第二产业稳步提高，甘孜州从1990年的31.1%优化为2015年的35.6%，阿坝州从30.9%提高到49.1%。第三产业在四川藏区产业结构中所占比重前升后降，甘孜州从1990年的23.3%迅速提高到2005年的44.5%，十五年间增长了21.2%，此后比重有所降低，2015年为38.9%；阿坝州从1990年的30.3%逐步提高到2005年的39.6%，十五年间增长了9.3%，此后所占比重又有所降低，2015年为35.5%。从产业结构的发展演变来看，四川藏区还有很大的调整空间，虽然取得了较好的发展成绩，但和四川省、全国平均水平相比较仍然有不小的差距。由于藏区特殊的自然环境，发展第一、二产业受到不少条件的约束，因此，发展第三产业特别是方兴未艾的旅游服务业，四川藏区有天然的优势，仍然有巨大的潜力。

表4–4统计表明，进入21世纪以来，四川藏区经济发展取得前所未有的成绩，但其就业结构仍然不平衡，是典型的农业社会就业特征，第一产业就业人口比重过高，第二产业就业人口比重过低，第三产业的就业人口还有很大提升的空间。具体而言，2000年，阿坝州第一产业就业人口比重为74.54%，甘孜州高达82.41%，经过十五年的发展，2015年阿坝州仍然高达57.6%，甘孜州高达73.31%。第二产业就业人口比重一直过低，2000年阿坝州为5.99%，2015年为7.37%，甘孜州更低，2000年为2.93%，2015年仅为3.18%。第三产业虽然取得了长足发展，但就业人口的比重仍然偏低。阿坝州从2000年的19.47%提高到2015年的35.03%，甘孜州从14.66%提高到23.51%。四川藏区产业结构和就业结构的不合理，仍然是很多社会问题的根源。藏区面临持续的就业压力和藏区社会稳定的压力。

这也是四川藏区流动人口和移民不断进入内地的原因。

表 4-4 2000—2015 年四川藏区就业人口结构变化

| 年份 | 就业人口总数（万人） | | 第一产业 | | 第二产业 | | 第三产业 | |
|---|---|---|---|---|---|---|---|---|
| | | | 就业人口（万人） | 所占比重（%） | 就业人口（万人） | 所占比重（%） | 就业人口（万人） | 所占比重（%） |
| 2000年 | 阿坝州 | 45.41 | 33.85 | 74.54 | 2.72 | 5.99 | 8.84 | 19.47 |
| | 甘孜州 | 50.47 | 41.59 | 82.41 | 1.48 | 2.93 | 7.40 | 14.66 |
| 2005年 | 阿坝州 | 49.10 | 32.10 | 65.38 | 3.90 | 7.94 | 13.10 | 26.68 |
| | 甘孜州 | 58.40 | 47.90 | 82.02 | 1.80 | 3.08 | 8.70 | 14.90 |
| 2010年 | 阿坝州 | 54.41 | 32.51 | 59.75 | 4.33 | 7.96 | 17.57 | 32.29 |
| | 甘孜州 | 63.06 | 48.55 | 76.99 | 2.87 | 4.55 | 11.64 | 18.46 |
| 2015年 | 阿坝州 | 51.42 | 29.62 | 57.60 | 3.79 | 7.37 | 18.01 | 35.03 |
| | 甘孜州 | 66.61 | 48.83 | 73.31 | 2.12 | 3.18 | 15.66 | 23.51 |

数据来源：根据四川统计年鉴（2001年、2006年、2011年和2016年）整理

表4-3、4-4反映了改革开放特别是21世纪以来四川藏区社会经济发展取得的巨大成绩。但同时我们要清醒地看到，四川藏区和国内其他少数民族地方相比仍然存在不小的差距，特别是产业结构中第一产业比重偏高，与之对应的就业人口比重过高，是制约四川藏区进一步发展的重大阻力，也是四川藏区流动人口和内迁移民持续增长的结构性因素。由于四川藏区是长江上游重要的生态屏障区、水系保护区、文化特色区和资源富集区，有限的自然承载能力限制了开发，社会经济发展问题和人口压力仍然巨大，如何化解第一产业劳动力富余而第二、三产业劳动力不足的矛

盾，是四川藏区和四川省今后相当长一段时期内社会经济发展面临的重点问题，藏区劳动力结构不合理也是21世纪以来藏族流动人口持续不断增多的根源。四川藏区的经济结构与就业结构的不合理是很多社会问题的根源，不解决这一制约藏区发展的根本性问题，必然影响到藏区社会的稳定。因此，四川藏区在自身社会经济转型过程中产生的巨大"推力"是来自流动人口和内迁移民的压力，人口增长的趋势与社会经济转型的叠加导致问题进一步复杂化。

### （三）四川藏区藏传佛教发展概况

中华人民共和国成立初期，四川省境内共有藏传佛教寺庙747座，僧尼约93700人。[①] 据1956年资料，甘孜州共有藏传佛教寺庙495座，僧人64000人，约占全州总人口的13%。[②] 甘孜州僧人比例与西藏同时期僧人的比例相当，僧人在藏区是极其重要的社会群体。阿坝州境内的若尔盖县有寺庙8座，僧尼2380人：阿坝县有寺庙51座，僧尼7000余人；马尔康县有寺庙87座，僧尼3860余人；红原县有寺庙3座，僧尼960余人。[③] 木里地区藏传佛教以格鲁派为主，于明代后期传入。明代万历年间（1573—1620年），三世达赖喇嘛索南嘉措曾驻锡理塘长青春科尔寺，他委派师弟松赞嘉措活佛进入木里弘法。松赞嘉措在木里收徒建寺，于1584年在木里茶布朗的瓦尔寨建成了木里第一座规模较大的寺庙瓦尔寨寺（亦作"挖耳寺""挖耳寨寺"），使格鲁派教法在木里地区得到传播和发展。松赞嘉措圆寂后，其师弟严丁次称绒布喇嘛于1604年率众建成康坞寺，使格鲁派教法在木里地区得到进一步巩固和广泛传播。据1953年统计，木

---

① 尕藏加.西藏宗教[M].北京：五洲传播出版社，2002：72.

② 《中国少数民族社会历史调查资料丛刊》修订编辑委员会四川省编辑组.四川省甘孜州藏族社会历史调查[M].成都：四川省社会科学院出版社，1985：40.

③ 四川省民族事务委员会.藏传佛教寺院资料选编[M].四川省民族事务委员会，1989：343，363，372，386.

里地区有大寺3座、小寺18座，在寺僧人1080人，喇嘛人数约占总人口的2%，在藏族聚居的东朗乡，喇嘛占总人口的9.5%，占男性人口的20%。①

中华人民共和国成立初期，四川藏区的藏传佛教信仰十分普遍，且有主要教派并存的特点，格鲁、宁玛、萨迦、噶举、觉囊各派和本波教等都有一定的影响和各自的势力范围。藏族群众的生产和生活与藏传佛教、寺院密切相关，为祈求风调雨顺、物阜民丰、人畜平安，要举行祈祷、诵经等各种各样的宗教活动。寺院上层集团具有一定的经济、政治、军事和文化力量。

藏传佛教在中国藏区社会漫长的发展中占有极其重要的地位，正如教堂之于西方社会一样，寺院在藏区也处于核心的位置，以寺院为核心的宗教组织是藏区社会的基本组织，不论世俗生活还是宗教生活都会受到寺院不同程度的影响，寺院成为沟通神圣世界和世俗世界的桥梁，也是沟通僧俗世界的公共空间。有学者总结藏族社会的特点有三：一是大宗教、小政府的社会；二是重来世，轻现世；三是重信仰，轻物质（石硕，2015）。因此，不了解藏传佛教也就无法真正认识藏区社会。中华人民共和国建立后通过在藏区建立社会主义制度，宗教的特权地位不复存在，但藏传佛教作为一种文化体系、道德体系对人们的生活仍然有巨大的影响。因此，藏传佛教不仅对藏区社会产生深远持久影响，而且作为一种文化现象伴随人口的流动对流入地也产生重要影响。

① 四川省民族事务委员会. 藏传佛教寺院资料选编[M]. 四川省民族事务委员会，1989：410.

## 三、成都市少数民族概况

成都市不仅是四川省的政治、经济、文化中心，也是中国西南地区最重要的中心城市和交通、通信枢纽，也是通往西藏的交通枢纽、三大“空中桥梁”之一。成都市紧邻四川省的3个民族自治州：甘孜藏族自治州、阿坝藏族羌族自治州和凉山彝族自治州。成都市自古以来就是一个多民族散居城市，现有常住少数民族人口20.8万人，占全市总人口0.9%。少数民族人口1万以上的有藏族、彝族、回族、羌族，现在55个少数民族分布在城乡社区，形成“大分散、小聚居”的特点。成都市紧邻四川藏族聚居区，是内地通往西藏的重要通道，是藏彝走廊上的明珠，是西南民族地区最重要的经济、文化、商贸和旅游集散中心。成都市现有民族地区驻蓉办事机构100个，年均到成都市的少数民族流动人口达300万人（次）。成都市有全国唯一的少数民族团体——成都市满蒙学委会。[①]

成都历来是一个少数民族散杂居的城市，根据第六次全国人口普查统计，成都市常住汉族人口为1392.1万人，占99.1%；各少数民族常住人口12.6万人，占0.9%。其中，人口超过千人的民族有：藏、回、满、羌、蒙古、土家、彝、苗、壮、朝鲜10个民族。21世纪以来，少数民族人口大幅增加，和第五次全国人口普查相比，少数民族人口比重增加了0.36个百分点。藏族、回族、彝族和羌族人口排在前几位，均达万人以上，其中藏族户籍人口、常住人口和流动人口都位居第一，成都的藏族户籍人口主要集中在都江堰、武侯区、金牛区、郫都区、双流区等。从少数民族居住结构看，83%的少数民族居住在城镇，17%居住在农村。因此，成都城市民族工作既有和全国类似的一面，又有其特殊的一面。

---

① 成都统计局，成都年鉴2016[M]. 成都：成都年鉴社：525.

表 4–5　成都市少数民族人口概况　　单位：人

| 人口数量居前十位的少数民族 | | 藏族户籍人口超过3000人的区（县） | | “六普”比“五普”增加人口超过5000人的少数民族① | |
|---|---|---|---|---|---|
| 民族 | 人口数量 | 区（县） | 人口数量 | 民族 | 增加人口数量 |
| 藏族 | 32332 | 都江堰 | 7062 | 藏族 | 19642 |
| 彝族 | 14907 | 武侯 | 3627 | 羌族 | 8465 |
| 土家族 | 9553 | 金牛 | 3506 | 彝族 | 10801 |
| 苗族 | 5786 | 郫都 | 3108 | 土家族 | 5318 |
| 壮族 | 3939 | 双流 | 3102 | | |
| 回族 | 20898 | | | | |
| 羌族 | 13598 | | | | |
| 满族 | 8339 | | | | |
| 蒙古族 | 4139 | | | | |
| 白族 | 1804 | | | | |

数据来源：成都市民族宗教事务局

20世纪90年代以来，少数民族流动人口和移民不断进入成都养老、经商、务工等，在四川省民委的指导和成都市委市政府的领导下，成都市秉承与时俱进、开拓创新的时代精神，结合成都市少数民族的实际状况，通过多种途径和方法，坚定贯彻落实党的民族政策，积极协调城市民族关系，妥善处理涉及少数民族的矛盾纠纷，切实做好少数民族的管理服务工作，开创城市民族团结、进步、互助、合作的良好局面。

① “六普”指第六次全国人口普查，“五普”指第五次全国人口普查。

# 第二节　四川藏区内迁移民样本的基本特征

## 一、四川藏区内迁移民样本的人口学特征

四川藏区内迁移民样本的人口学特征主要划分为两个方面，一是人口的基本属性，如性别、年龄、婚姻状况；二是户籍属性特征，包括原户籍地点、户籍类型、成都的户口身份、移居地点等。

我们通过四川藏区内迁移民样本的人口学特征的表可以看到（表4-6），样本的性别分布为，男性186人，占48.2%，女性200人，占51.8%。样本的年龄分布，18—22岁59人，占15.3%，23—30岁149人，占38.6%，31—40岁77人，占19.9%，41—50岁60人，占15.5%，51—60岁31人，占8%，60岁以上10人，占2.6%。样本的婚姻状况，未婚173人，占44.8%，已婚213人，占55.2%。

从样本的居住地点来看，四川藏区内迁移民在武侯区居住119人，占30.8%；都江堰居住77人，占19.9%；双流区居住68人，占17.6%；郫都区55人，占14.2%；金牛区67人，占17.4%。从样本的户籍地来看，甘孜州178人，占46.1%；阿坝州159人，占41.2%；木里县13人，占3.4%；成都36人，占9.3%。从家乡的类型来看，农业区167人，占43.3%；牧业

区78人，占20.2%；半农半牧区66人，占17.1%；乡镇46人，占11.9%；县城29人，占7.5%。从成都的户口身份来看，藏区内迁移民为本市居民户口的有36人，占9.3%；持有居住证的有107人，占27.7%；未办理户口登记的有243人，占63.0%。

表 4-6　四川藏区内迁移民样本的人口学特征（$N$=386）

| 变量 | 频率 | 百分比 | 变量 | 频率 | 百分比 |
|---|---|---|---|---|---|
| 居住地点 | | | 成都户口身份 | | |
| 武侯区 | 119 | 30.8 | 本市居民户口 | 36 | 9.3 |
| 都江堰市 | 77 | 19.9 | 居住证 | 107 | 27.7 |
| 双流区 | 68 | 17.6 | 没有办理登记 | 243 | 63.0 |
| 郫都区 | 55 | 14.2 | 性别 | | |
| 金牛区 | 67 | 17.4 | 男 | 186 | 48.2 |
| 户籍地 | | | 女 | 200 | 51.8 |
| 甘孜州 | 178 | 46.1 | 年龄 | | |
| 阿坝州 | 159 | 41.2 | 18 — 22岁 | 59 | 15.3 |
| 木里县 | 13 | 3.4 | 23 — 30岁 | 149 | 38.6 |
| 成都市 | 36 | 9.3 | 31 — 40岁 | 77 | 19.9 |
| 家乡类型 | | | 41 — 50岁 | 60 | 15.5 |
| 农业区 | 167 | 43.3 | 51 — 60岁 | 31 | 8.0 |
| 牧业区 | 78 | 20.2 | 60岁以上 | 10 | 2.6 |
| 半农半牧区 | 66 | 17.1 | 婚姻状况 | | |
| 乡镇 | 46 | 11.9 | 未婚 | 173 | 44.8 |

续表

| 变量 | 频率 | 百分比 | 变量 | 频率 | 百分比 |
|---|---|---|---|---|---|
| 县城 | 29 | 7.5 | 已婚 | 213 | 55.2 |

## 二、四川藏区内迁移民样本的社会经济特征

四川藏区内迁移民样本的社会经济特征主要从文化程度、职业、月收入、来成都的时间、居住类型、2016年全年工作时间长度等。从文化程度看，没有上过学的有17人，占4.4%；小学71人，占18.4%；初中135人，占35.0%，初中文化程度的人口比例最高；高中88人，占22.8%；大专52人，占13.5%；本科及以上水平的23人，占6%。从所从事的职业看，从事个体商业50人，占13.0%；从事餐饮服务业61人，占15.8%；从事民族文化业88人，占22.8%，此类行业的从业人数最多，接近四分之一；从事零售服务业的有87人，占22.5%；退休28人，占7.3%；从事交通运输业18人，占4.7%；藏区驻成办机构工作的有11人，占2.8%，其他职业类型43人，占11.1%。

由于收入是极其敏感的测量指标，调查对象绝大多数在民族经济中就业，而且一般都会包吃住，因此，他们都填的约数，基本符合实际情况。从样本的月收入分布看，3000元以下137人，占35.5%；3001—4000元97人，占25.1%；4001—5000元80人，占20.7%；5001—6000元25人，占6.5%；6001元以上29人，占7.5%。从来成都的年份看，2000年前到成都的四川藏区内迁移民有20人，占5.2%；2001—2005年有12人，占3.1%；2006—2010年有77人，占19.9%；2011—2015年有212人，占54.9%；2015年后20人，占5.2%。从样本居住类型看，租住的有129人，

占33.4%；自购住房111人，占28.8%；住工作单位的82人，占21.2%。从2016年工作时长看，工作9—11个月的样本比重最高，达23.8%；其次全年工作的占19.7%；工作6—8个月的占11.4%（表4-7）。

表4-7 四川藏区内迁移民样本的社会经济特征（*N*=386）

| 变量 | 频率 | 百分比 | 变量 | 频率 | 百分比 |
|---|---|---|---|---|---|
| 迁移成都年份 | | | 职业 | | |
| 2000年前 | 20 | 5.2 | 个体商业 | 50 | 13.0 |
| 2001—2005年 | 12 | 3.1 | 餐饮服务业 | 61 | 15.8 |
| 2006—2010年 | 77 | 19.9 | 民族文化业 | 88 | 22.8 |
| 2011—2015年 | 212 | 54.9 | 零售服务业 | 87 | 22.5 |
| 2016年 | 20 | 5.2 | 退休 | 28 | 7.3 |
| 缺失 | 45 | 11.7 | 交通运输业 | 18 | 4.7 |
| 文化程度 | | | 藏区驻成办机构 | 11 | 2.8 |
| 没有上过学 | 17 | 4.4 | 其他 | 43 | 11.1 |
| 小学 | 71 | 18.4 | 居住类型 | | |
| 初中 | 135 | 35.0 | 租住 | 129 | 33.4 |
| 高中 | 88 | 22.8 | 自购住房 | 111 | 28.8 |
| 大专 | 52 | 13.5 | 住亲戚家 | 15 | 3.9 |
| 本科及以上 | 23 | 6.0 | 住工作单位 | 82 | 21.2 |
| 月收入 | | | 干休所 | 17 | 4.4 |
| 3000元以下 | 137 | 35.5 | 缺失 | 32 | 8.3 |
| 3001—4000元 | 97 | 25.1 | 2016年工作时长 | | |

续表

| 变量 | 频率 | 百分比 | 变量 | 频率 | 百分比 |
|---|---|---|---|---|---|
| 4001—5000元 | 80 | 20.7 | 半年以下 | 16 | 4.1 |
| 5001—6000元 | 25 | 6.5 | 6—8个月 | 44 | 11.4 |
| 6001元以上 | 29 | 7.5 | 9—11个月 | 92 | 23.8 |
| 缺失 | 18 | 4.7 | 12个月 | 76 | 19.8 |
| | | | 缺失 | 158 | 40.9 |

## 三、四川藏区内迁移民样本进入城市的路径

我们在第三章分析四川藏区内迁移民形成的社会机制时，发现他们进入城市的路径主要有三类，一是藏区在内地工作的移民；二是离退休养老型移民；三是经商务工型移民。前两类移民原因相对简单、单一，前文已经叙述，后一类移民的原因比较复杂、多样，也是最具社会性价值的群体，是本研究关注的重点人群。在问到第一次通过什么途径到城市，样本统计表明，112人通过亲戚介绍，占35.8%；92人通过朋友同事介绍，占29.4%；有59人通过自己应聘，占18.8%；24人通过自己投资，占7.7%；政府组织11人，占3.5%；其他途径15人，占4.8%。从进入城市的前三位途径看，分别是亲戚、朋友或同事和自己应聘，前两项占65.2%，呈现出明显的差序格局，半数以上的求职者通过非正式的社会网络进入城市。自己应聘或投资的占26.5%。通过政府组织进入的仅占3.5%（表4–8）。

表 4–8　四川藏区内迁移民进入城市的途径

| | 频率 | 百分比 | 有效百分比 |
|---|---|---|---|
| 自己应聘 | 59 | 15.3 | 18.8 |
| 亲戚介绍 | 112 | 29.0 | 35.8 |
| 朋友同事介绍 | 92 | 23.8 | 29.4 |
| 自己投资 | 24 | 6.2 | 7.7 |
| 政府组织 | 11 | 2.8 | 3.5 |
| 其他途径 | 15 | 3.9 | 4.8 |
| 总计 | 313 | 81.1 | 100.0 |
| 缺失 | 73 | 18.9 | |
| *N* | 386 | 100.0 | |

从四川藏区内迁移民找工作的途径来看，通过亲戚朋友找工作的占29.8%，自己找工作的占22.6%，通过招工广告找工作的占19%，还没想好怎么找工作的16%。样本数据表明，找工作的方式开始向多样化方式转变，特别是接受较高层次教育的年轻一代找工作的自主性和能动性明显增强。从是否去过成都的劳务市场看，仅有16.7%的移民通过劳务市场找工作，83.3%的移民没有去过劳务市场。对于多数移民特别是刚到城市不久的移民来说，直接去劳务市场找工作面临诸多的挑战，如语言、学历、工作经历等，因此只好通过各种社会关系网络从事与本民族紧密相关的工作。只有部分接受过大学教育、对城市生活比较适应的青年才会在劳务市场找工作（表4–9）。

表 4–10　四川藏区内迁移民找工作的途径

| | *N* | 百分比 | 响应百分比 |
|---|---|---|---|
| 通过亲戚朋友找工作 | 108 | 29.8 | 38.3 |
| 等单位来招工找工作 | 25 | 6.9 | 8.9 |
| 自己去找工作 | 82 | 22.6 | 29.1 |
| 通过招工广告找工作 | 69 | 19.0 | 24.5 |
| 政府部门组织的劳务输出 | 21 | 5.8 | 7.4 |
| 还没想好怎么找工作 | 58 | 16.0 | 20.6 |
| 总计 | 363 | 100.0 | 128.7 |

最具社会学意义的是经商务工的这一类群体，他们不但走出了藏区，而且在城市扎根，建立民族企业，社会经济方面影响极大。DYH，是JC县S乡村的一名普通农民。改革开放初，刚包产到户就萌生了一个念头——走出大山，到外面的世界看一看、闯一闯，至今30多年来一直在外打拼，凭着做事先做人与诚实守信的品格以及坚忍不拔与执着追求的精神，靠自己勤劳的双手和坚实的身板，从搬运工和帮人打工做起，不怕苦、不怕累、不惜流血流汗地工作，勤俭节约积攒下5000多元钱。几千元钱，对于他来说，不是一个小数目，是继续这样下苦力挣钱，还是想点办法让钱"找"钱？他靠这5000元钱，做起了运输，将藏区山里的特色农副产品运到成都，既赚取了运输费用，又宣传了家乡，他一直以来为这件事感到骄傲。从此，他起早贪黑，不辞辛劳地来回奔波，就这样风里来雨里去，辛辛苦苦地积攒了些财富，1999年在成都注册了一家属于自己的公司——川西民俗玉华有限责任公司，成了当地走出去的一位知名民营企业家。从搬运工、打工者到经营农副产品运输、宾馆、旅游服务、经

销建材、房产开发，再到回乡创业。和DYH有类似经历的藏族商人还有很多，在他们身上有一些早期藏商的共性，勤劳、质朴、踏实、敏锐、善良。他们立足于藏区的资源、服务藏区群众、沟通城市与农村，不断开拓市场，带领更多的乡亲走出藏区，成为新时期民族贸易经济先行探索者、移民的引领者和民族团结的带头人。

对于大量藏族务工群体而言，我们可以借用费孝通在研究中国传统社会时提出的差序格局的解释理论，该理论虽然已提出了半个多世纪，但仍然能够解释传统社会以血缘、地缘关系为纽带所构建的社会关系网络。有关中国农民工的研究成果指出，大量外出务工农民在寻找工作过程中主要依托亲缘、地缘关系，特定地域范围内农民工群体建立自己的社会网络，在农民工群体中是最常见的现象，依靠亲友介绍不仅就业成本低且成功率高，也是最有效的社会资本的利用方式。王春光在对流动到城市就业的人口研究中发现，流动人口的家庭关系、家族关系和亲缘关系是最基本的社会关系网络资本，但这些网络利用主体是流动到城市的创业者和经营者，而不是就业者。① 张继焦在对流动人口在城市的就业研究中发现，并不是所有的流动人口都以传统的这些纽带关系作为最基础的社会关系网和最常用的社会资本，家庭之外的社会关系也是获得就业机会的有效网络。因此，他提出的“城市版”差序格局不但说明传统社会的网络关系依然发挥作用，而且这种关系网络在城市还具有“可开发性”和“可利用性”。②

对藏族移民来说，差序格局同样也适用。从成都实地的调查来看，藏族移民无论是在居住分布还是在职业分布上，都表现出强烈的地缘特色，

---

① 王春光. 社会流动和社会重构：京城“浙江村”研究[M]. 杭州：浙江人民出版社，1995：10.

② 张继焦. 差序格局：从“乡村版”到“城市版”——以迁移者的城市就业为例[J]. 民族研究，2004（6）. 50–59.

甘孜州藏区移民主要集中居住在双流区和武侯区等地，阿坝州藏区的移民主要集中居住在都江堰市、郫都区和金牛区等地。地缘团结组织作为一种正式组织也开始出现，2008年以来，阿坝州在成都有实体经济的9个县都成立了县级成都商会组织。阿坝州于2012年12月在成都沙湾会展中心举行隆重的仪式，成立阿坝州成都商会，甘孜州则于2017年8月在成都锦江宾馆举行甘孜州成都商会成立庆典。在社会组织层面也成立了一些互助公益性质的组织，如九龙县藏族同胞成立就医中心，民族歌舞队、民族志愿者队、少数民族联络服务站等，这实际是一种自我赋权。藏族移民为弥补社会资本不足，还借助一些组织机构或其他组织的力量增强自身的能力。我们调查发现，在成都已经有专门帮助移民维护合法权益和提供法律帮助的机构，这些机构主要是对藏族移民提供服务的。如2011年以来在成都市民族宗教局登记成立了多个为少数民族服务的组织，主要有成都市来蓉少数民族医疗救助服务中心、成都市祥瑞少数民族法律援助服务中心（办公地点设在藏艺商场）、成都市众友龙达少数民族地区汽车贸易发展服务中心（阿坝州藏族企业家成立）等，还有成都的律师协会成立了专门服务于少数民族的律师组织。

# 第三节　四川藏区内迁移民的社会适应

藏民长期生活在青藏高原，在特定的自然环境条件下发展出一套独特的社会经济文化系统。四川藏区内迁移民进入城市后，面对的是与高原环境完全不同的社会经济文化环境，他们不仅要克服自然环境、社会环境的变化，还要在工作方式、生活方式、交流交往方式、社会心理等方面适应城市社会环境，在不断调适自身的过程中融入城市社会生活。

## 一、四川藏区内迁移民对成都城市环境的适应

从表4–11我们可以看到，四川藏区内迁移民对成都环境总体适应一般。在水土条件、气候条件、交通条件和文化娱乐设施四项调查中，移民对水土条件很适应的占比达27.2%，一般的占53.4%，表示不适应的占14.8%。移民对气候条件很适应的占24.9%，一般的占60.9%，不适应的占10.6%。移民对交通条件很适应的占18.9%，一般的占57%，不适应的占20.2%。移民对成都的文化娱乐设施很适应的占17.9%，一般的占66.6%，不适应的占10.1%。从移民对四项环境适应来看，最适应的是水土条件，最不适应的是交通条件（表4–10）。

表 4-10 四川藏区内迁移民对成都环境适应（$N$=386）

| 水土条件 | | | 气候条件 | | 交通条件 | | 文化娱乐设施 | |
|---|---|---|---|---|---|---|---|---|
| | 频数 | 百分比 | 频数 | 百分比 | 频数 | 百分比 | 频数 | 百分比 |
| 很适应 | 105 | 27.2 | 96 | 24.9 | 73 | 18.9 | 69 | 17.9 |
| 一般 | 206 | 53.4 | 235 | 60.9 | 220 | 57.0 | 257 | 66.6 |
| 不适应 | 57 | 14.8 | 41 | 10.6 | 78 | 20.2 | 39 | 10.1 |
| 有效 | 368 | 95.3 | 372 | 96.4 | 371 | 96.1 | 365 | 94.6 |
| 缺失 | 18 | 4.7 | 14 | 3.6 | 15 | 3.9 | 21 | 5.4 |
| *N* | 386 | 100.0 | 386 | 100.0 | 386 | 100.0 | 386 | 100.0 |

在对移民的访谈中，被访者提到最多的是成都的气候、交通、生活条件都好，在饮食方面很习惯川菜的味道，觉得到国内其他城市不是太习惯。在交友方面其实都习惯，在生活上也没有遇到过什么大困难，城市的各种生活设施都比较齐全，能够充分享受社会经济发展的成果，对成都的认同比较高。“教育质量高，城市环境好，公共服务体系建立比较完善。购物方便，信息方便。”①

从藏族移民不适应的方面看，反映出的问题主要有“人情味淡，亲情感下降；生活节奏快；看不习惯对少数民族的歧视行为，比如坐出租车拒载，一些公共场所（如洗桑拿）多收钱等，小事中显示文化的冲突与矛盾，并希望有关部门解决；缺乏心灵的寄托地，特别是老人心灵缺乏寄托；语言障碍；对成都路况不熟悉；少了与他人深入的交流。”移民的适应不仅是对城市环境的适应，更重要的是社会文化调适。

① 根据访谈对象叙述整理。以下凡是楷体字未注明的皆源于访谈资料。

## 二、四川藏区内迁移民对成都社会环境的适应

成都，自古就是一个包容性强、文化多元的城市。从明代中后期，成都就成为藏区前往中央政府朝贡、商贸往来、文化交流最重要的通道。中华人民共和国成立后，随着成都通往藏区的国道317、318线陆续建成通车，极大地便捷了内地与藏区的沟通联系，成都成为进出藏区的枢纽。改革开放以来，成都社会经济的高速发展吸引了大量四川藏区流动人口和移民源源不断地进入。从样本中被试来成都的时间看，2000年前来成都的移民仅占5.9%，2001—2005年为4.9%，2006—2010年为35.5%，也就是说2010年以前进入成都的移民占51.6%。2011—2015年大量的移民进入成都，接近调查样本的一半，这部分群体将对成都市民族经济的发展产生重要的影响，也为以武侯祠民族用品街为代表的民族经济聚集区发展注入了强劲的活力（表4-11）。

表4-11　四川藏区内迁移民来成都的年份

| | *N* | 百分比 | 有效百分比 | 累积百分比 |
|---|---|---|---|---|
| 2000年以前 | 20 | 5.2 | 5.9 | 5.9 |
| 2001—2005年 | 19 | 4.9 | 5.6 | 11.5 |
| 2006—2010年 | 137 | 35.5 | 40.2 | 51.7 |
| 2011—2015年 | 153 | 39.6 | 44.9 | 96.6 |
| 2016年 | 12 | 3.1 | 3.5 | 100.0 |
| 总计 | 341 | 88.3 | 100.0 | |
| 缺失 | 45 | 11.7 | | |
| *N* | 386 | 100.0 | 117.6 | |

语言是区别不同民族的重要标志，也是人们日常工作、学习、生活的交流工具。少数民族进入城市后要和不同民族打交道。从四川藏区内迁移民掌握普通话的情况看，88.4%的藏民会讲普通话，11.6%的藏民不会讲普通话。想学说普通话的意向调查表明，24.3%的藏族移民非常想学，47.8%的比较想学，41%的一般想学。不想学和说不清的占11.2%。笔者通过访谈一些年轻一代藏族移民，发现，他们绝大多数汉语表达比较好，不存在语言交流的障碍。甚至有访谈者说："我已经习惯说汉语，在一起的朋友也说汉语。我们直来直去，有什么说什么，接受的教育不一样，汉族比较精明，还是有一定的差距。"事实上，武侯祠民族用品街附近有多个汉语、藏语的教学组织，针对各类移民开设汉语的初级、中级、高级的语言学习培训，满足各类不同移民的需求（表4–12 、表4–13）。

表 4–12 你会说普通话吗?

| | *N* | 百分比 | 有效百分比 | 累积百分比 |
|---|---|---|---|---|
| | | | | |
| 会 | 336 | 87.0 | 88.4 | 88.4 |
| 不会 | 44 | 11.4 | 11.6 | 100.0 |
| 总计 | 380 | 98.4 | 100.0 | |
| 缺失 | 6 | 1.6 | | |
| 总计 | 386 | 100.0 | | |

表 4–13 你想学说普通话吗?

| | *N* | 百分比 | 有效百分比 | 累积百分比 |
|---|---|---|---|---|
| 非常想 | 89 | 23.1 | 24.3 | 24.3 |

续表

| | $N$ | 百分比 | 有效百分比 | 累积百分比 |
|---|---|---|---|---|
| 比较想 | 86 | 22.3 | 23.5 | 47.8 |
| 一般想 | 150 | 38.9 | 41.0 | 88.8 |
| 不想 | 17 | 4.4 | 4.6 | 93.4 |
| 说不清 | 24 | 6.2 | 6.6 | 100.0 |
| 总计 | 366 | 94.8 | 100.0 | |
| 缺失 | 20 | 5.2 | | |
| 总计 | 386 | 100.0 | | |

从饮食习惯的适应看，四川藏区内迁移民有93.8%比较适应，仅6.3%的移民觉得不适应。从就餐习惯看，42.5%的藏民在家里做饭，16.3%的藏民藏餐馆和普通餐馆都去，15.7%的藏民在工作单位就餐，14.5%的藏民会选择普通餐馆，11.1%的藏民专门选择藏餐馆（表4–14）。笔者在调查对象家中观察到藏族移民家中桌子上都有糌粑，也经常打酥油茶，饮食习惯虽然有一些变化，但本民族的饮食习惯并未根本改变。一位访谈对象Y告诉笔者："经常想吃家乡的青稞、牛肉，亲戚们来成都的时候或者自己回老家的时候经常带些青稞面、酥油等。平常我们也会过汉族节日比如中秋节、端午节等，家常菜也以川菜为主，但早餐一般都是藏餐。我们整个甘孜的饮食也就这样。"从文化人类学的观点来看，特定的地理生态环境，形成人们特定的生产方式，并造就了特定的生活方式、习惯和文化类型。长期生活在青藏高原的藏民饮食主要以牛羊肉为主，辅之糌粑、酥油等。这种看似简单的饮食其实深植于民族内在的文化结构，虽然他们流动的地域发生了变化，但千百年来形成的饮食习惯不会短期内发

生根本性改变。“民以食为天”，为解决藏族流动人口和移民的饮食习惯问题，各种藏餐馆便应运而生，这也是以“玛吉阿米”“阿热藏餐”等为代表的藏餐馆在藏族聚居的内地城市能够风行的缘由，也是文化因素驱动民族经济发展的体现。

表 4–14　经常就餐的地方

| | $N$ | 百分比 | 有效百分比 | 累积百分比 |
|---|---|---|---|---|
| 家里 | 141 | 36.5 | 42.5 | 42.5 |
| 藏餐馆 | 37 | 9.6 | 11.1 | 53.6 |
| 普通餐馆 | 48 | 12.4 | 14.5 | 68.1 |
| 藏餐馆和普通餐馆都去 | 54 | 14.0 | 16.3 | 84.4 |
| 工作单位 | 52 | 13.5 | 15.7 | 100.0 |
| 总计 | 332 | 86.0 | 100.0 | |
| 缺失 | 54 | 14.0 | | |
| 总计 | 386 | 100.0 | | |

四川藏区内迁移民有72.9%去过娱乐场所，从选择的主要场所来看，45.8%的移民会去藏茶馆喝茶娱乐，23.1%的移民选择朋友家里，13.6%的移民选择城市酒吧，而城市歌舞厅去得较少，仅为4.7%。（表4–15）从娱乐空间看，68.9%的藏民选择藏族文化氛围浓厚的地方，群体的认同非常强烈。

表 4–15　您经常去的娱乐场所

| | $N$ | 百分比 | 有效百分比 | 累积百分比 |
|---|---|---|---|---|
| 藏茶馆喝茶娱乐 | 135 | 35.0 | 45.8 | 45.8 |

续表

| | $N$ | 百分比 | 有效百分比 | 累积百分比 |
|---|---|---|---|---|
| 城市酒吧 | 40 | 10.4 | 13.6 | 59.4 |
| 城市歌舞厅 | 14 | 3.6 | 4.7 | 64.1 |
| 朋友家里 | 68 | 17.6 | 23.1 | 87.2 |
| 其他 | 38 | 9.8 | 12.9 | 100.0 |
| 总计 | 295 | 76.4 | 100.0 | |
| 缺失 | 91 | 23.6 | | |
| 总计 | 386 | 100.0 | | |

宗教活动场所是开展各种宗教活动的专门地方，成都市有藏传佛教背景的场所较多，成都文殊院、昭觉寺、石经寺（龙泉驿）、近慈寺（石羊场）、新都宝光寺、彭州龙兴寺、双流应天寺、永祚寺、镇江寺等。调查表明，58%的四川藏区内迁移民去过当地的各种宗教场所，42%的移民表示没有去过。

从移民的宗教信仰活动方式来看，位居前三位的方式依次为心中有佛、去寺院布施和在家供奉，所占百分比为34.9%、20.9%、18.9%。虽然移居城市生活，宗教仍然是他们日常生活的重要组成部分，笔者在调查中注意到所有藏民家中都会或多或少地供奉他们信仰的佛像或唐卡等，也会定期不定期地参加在成都组织的一些放生活动，而且往往以藏区的县为单位联系，组织建立微信群，互相交流确定放生的时间地点。从移民每年去藏传佛教场所的次数看，每年一次及以上的达80.8%，因各种原因没有去的占19.3%（表4-16、4-17）。

表 4–16 宗教信仰活动的主要方式

| | $N$ | 百分比 |
|---|---|---|
| 通过在家供奉的方式 | 82 | 18.9 |
| 通过去寺院布施的方式 | 91 | 20.9 |
| 通过其他布施的方式 | 26 | 6.0 |
| 通过参加放生活动的方式 | 49 | 11.3 |
| 通过心中有佛的方式 | 152 | 34.9 |
| 通过其他的方式 | 35 | 8.0 |
| 总计 | 435 | 100.0 |

表 4–17 每年去藏传佛教场所的次数

| | 频率 | 百分比 | 有效百分比 | 累积百分比 |
|---|---|---|---|---|
| 没有时间去 | 62 | 16.1 | 19.3 | 19.3 |
| 一次 | 72 | 18.7 | 22.4 | 41.7 |
| 两次 | 91 | 23.6 | 28.3 | 70.0 |
| 三次 | 48 | 12.4 | 14.9 | 84.9 |
| 三次以上 | 49 | 12.7 | 15.2 | 100.0 |
| 系统缺失 | 64 | 16.6 | | |
| 总计 | 386 | 100.0 | | |

## 三、四川藏区内迁移民经济适应状况

成都吸引大量藏族移民，其重要的原因除了制度安排外，良好的经商环境和庞大的市场是吸引藏族移民进入成都的核心因素，21世纪以来，以经商和务工为主的两大群体大量来到成都，主要从事藏区的特色资源产业和民族文化产业，经营民族特色资源产业的移民以安德民族贸易市场为中心，经营民族文化产业的移民以四川藏区驻成办的武侯祠片区和成都西门片区为聚集中心，大量经商就业的人口工作、生活在这些区域。

“千年成都，百年会府”。成都一直有古玩市场，最早的在忠烈祠西街的“会府”，后来有送仙桥古玩市场，琴台路的古玩一条街，文殊坊、大慈寺街区，草堂北路的古玩市场，罗马假日广场的古玩市场，金沙遗址附近古玩街或文物保护街。目前，北京、上海和成都是全国最大的三个古玩市场，有统计表明，成都目前大约有30万的收藏爱好者。成都悠久的营商环境和庞大的古玩市场为四川藏区文化产业发展提供了良好的条件，特别是四川省博物馆附近的送仙桥古玩艺术城和草堂北路锦绣工场古玩城成为商人经营藏族文化产业理想的场所。

**（一）四川藏区内迁移民的就业情况**

从四川藏区内迁移民进入成都的目的来看，前三位的原因分别是藏区收入低、城市收入高占22.3%，孩子有条件接受更好的教育占16.8%，看看外面的世界占14.0%。从样本的统计来看，移民的主要目的还是就业（表4–18）。2014年9月，习近平总书记在中央民族工作会议上指出，“就业是社会稳定的重要保障。一个人没有就业，就无法融入社会，也难以增强对国家和社会的认同。失业的人多了，社会稳定就面临很大危险。”因此，做好移民的就业工作是城市民族工作的重要内容。笔者在调查中遇到的一位国家级非物质文化遗产省级传承人画家拉孟就是带动藏族就业的典范。他说：“来成都前已经在唐卡画界有一定名气。2003年，为了拓展自己的眼界，得到更好的发展，来到成都，为中国藏学研究中心创作了50幅藏文大藏经插图的彩色佛像、80幅记叙惹琼巴事迹的唐卡，以及17幅以益勋诺布法王为内容的唐卡，前后完成了400余幅唐卡和400余幅山水画。”其中由其创作的十世班禅大师肖像画，《格萨尔千幅唐卡》等作品获得了外界很高的评价。他在业界越来越有名气，消息传到家乡，很多对唐卡感兴趣的藏族学徒都要来成都跟他学画。他到武侯区晋阳路吉福社区租下一间屋子作为画室。招收的徒弟越来越多，从最初的一两个到目前40多个。2014年，拉孟在成都注册成立了“成都拉孟绘画艺术交流中心”，社区为支持他对学徒们的帮助，向其提供了一间相对宽敞的工作室，这些孩子们终于有了一个可以安心画画的新家。由于他对民族就业工作做出的出色成绩，2015年2月10日拉孟荣登中国文明网“好人365”封面，成为第524期封面人物。像他这样带动本民族就业的例子还有很多。

表 4–18　您来成都目的是什么

| | *N* | 百分比 |
|---|---|---|
| 藏区收入太低，城市收入较高 | 110 | 22.3 |
| 看看外面的世界 | 69 | 14.0 |
| 养老/度假 | 44 | 8.9 |
| 受到别人的影响 | 30 | 6.1 |
| 不想待在农村，城市生活条件好 | 55 | 11.1 |
| 学习一技之长，再回家乡创业 | 65 | 13.2 |
| 进城后孩子有条件接受更好的教育 | 83 | 16.8 |
| 其他 | 38 | 7.7 |
| 总计 | 494 | 100.0 |

从四川藏区内迁移民的住房类型来看，租住的最高，达36.4%，其次是自购住房31.4%，住工作单位的23.2%，住干休所的4.8%，住亲戚家的

4.2%（表4-19）。在市场经济条件下，住房是移民进入城市最重要的社会保障。调查表明，四川藏区移民的住房类型主要以租住和工作单位为主。没有解决住房问题的藏族移民希望早日购房，这种情况在笔者的访谈中比比皆是。一位退休移民说："如今随着身边的朋友们都纷纷在成都买房，为了方便未来子孙们的教育，也为了自己养老方便，家人出来玩有个落脚的地方，自己也在温江西藏地质花园买了一套房子。首先听这个名字就能感受到浓浓的藏族氛围，小区里有很多藏族人，平时人还不是特别多，到过年过节，大家就纷纷出来过节，小区里就热闹多了。"还有很多年轻的移民表达了自己的愿望，说得最多的就是"等以后安定下来在成都买房。"

表4-19　现在的住房类型

| | 频率 | 百分比 | 有效百分比 | 累积百分比 |
|---|---|---|---|---|
| 租住 | 129 | 33.4 | 36.4 | 36.4 |
| 自购住房 | 111 | 28.8 | 31.4 | 67.8 |
| 住亲戚家 | 15 | 3.9 | 4.2 | 72.0 |
| 住工作单位 | 82 | 21.2 | 23.2 | 95.2 |
| 干休所 | 17 | 4.4 | 4.8 | 100.0 |
| 总计 | 354 | 91.7 | 100.0 | |
| 缺失 | 32 | 8.3 | | |
| 总计 | 386 | 100.0 | | |

成都城市化的快速发展导致人口不断外迁以改善居住条件，由于以前受各方面条件的限制，建筑的房子一般都比较小，环境设施也比较差，随着经济的快速发展，人们的经济生活水平不断提高，但一环路周围几乎没

有土地，再加上武侯祠旅游景点、高升桥商圈、红牌楼商圈的强大影响力，于是人们搬迁到一环外新建设的小区或者自己购买商品房。这些本地人空置的房子就成为藏族流动人口和移民租用的首要选择。拿武侯祠蜀汉路9号大院来说，改革开放初是武侯祠新蓉生产队的田地，20世纪80年代为了解决这个生产队居民的住房问题，建设了一栋楼房，4个单元6层，共48户。随着成都经济的高速发展，城市规模的不断扩展，人们追求居住条件的改善，原住人口全部搬迁到新建设的一些小区，这些旧房产的租金成为他们收入来源的一部分，大院的管理出租给一对来自遂宁的老年夫妻，被用来向外来车辆收取停车费和向住户收取电瓶车充电费用。现在所有房屋都出租出去，其中藏族人租用的多达40套，位于底层的几户出租给周围的商家做库房。而藏族人租用的一部分又作为家庭旅馆使用，在康定宾馆门口和十字路口周围整天可以看到手握“住宿”纸牌、吆喝住宿的“二房东”。这类藏族移民开设的家庭旅馆主要集中在武侯祠附近的社区和茶店子汽车客运站周围，据笔者调查现有300家左右，这些家庭旅馆绝大多数是租别人房子开设的，也有一小部分是自己购买的，武侯祠附近家庭旅馆主要是甘孜州德格人开设的，主要分布在武侯祠横街、洗面桥横街各个小区。茶店子汽车客运站周围的则是阿坝州理县人开设的，主要集中在车站后门的几个小区（西岸观邸、益州蓉苑等）。这类家庭旅馆共同的特征是以家庭为经营单位，家带旅馆，主要服务对象是本族流动人口，每个家庭旅馆有10张左右的床，收费便宜（一般按床位收取，每张床位30—50元）。

从四川藏区内迁移民2016年工作的时间来看，最长的工作了12个月，最短的工作了2个月，平均9.69个月，众数、中位数均为10个月。每个月工作天数最多的30天，最少的15天，平均25.86天，众数30天，中位数26天。每天工作时间最多的14小时，最少的5小时，平均9.17小时，众数8小时，中位数9小时。移民的工作时间统计表明，平均每年工作时间不足10个月，但每月每天平均工作的天数和小时数比国家法定工作时间要长（表4-20）。由于藏族移民就业主要集中在餐饮服务业、民族文化业、个体工商业和零售服务业，服务业的性质决定了工作时间较长，休息时间短；而民族文化业由于复杂的工艺和流程花费的时间更多，因此，工作的时间普遍较长。

表4-20　2016年工作时间统计

| | 2016年工作时长（月） | 平均一个月工作多少天 | 一天工作几小时 |
|---|---|---|---|
| 平均值 | 9.69 | 25.86 | 9.17 |
| 众数 | 10.00 | 30.00 | 8.00 |
| 中位数 | 10.00 | 26.00 | 9.00 |
| 标准差 | 2.42 | 3.81 | 1.80 |
| 范围 | 10.00 | 15.00 | 9.00 |
| 最小值 | 2.00 | 15.00 | 5.00 |
| 最大值 | 12.00 | 30.00 | 14.00 |

从四川藏区内迁移民工作的岗位变化来看，68.3%的移民工作岗位没有发生变化，变动过1次的占18.3%，变动过2次的占8.7%，变动过3次及以上的仅占4.8%。由此表明，藏族移民在成都工作是比较稳定的，不会频繁地跳槽（表4-21）。分析原因我们发现，因为他们就业主要集中在本民族的产业中，特别是民族文化产业、民族服务业等劳动密集型行业，因此，没有更多选择的情况下，只能在本民族的产业中就业。

表 4-21　您来成都后工作变化如何

| | 频率 | 百分比 | 有效百分比 | 累积百分比 |
|---|---|---|---|---|
| 没有变化 | 157 | 40.7 | 68.3 | 68.3 |
| 1次 | 42 | 10.9 | 18.3 | 86.6 |
| 2次 | 20 | 5.2 | 8.7 | 95.3 |
| 3次及以上 | 11 | 2.8 | 4.8 | 100.0 |
| 总计 | 230 | 59.6 | 100.0 | |
| 系统缺失 | 156 | 40.4 | | |
| *N* | 386 | 100.0 | | |

## （二）四川藏区内迁移民的休闲时间

从藏族移民的闲暇时间看，看电视的占23.6%，逛大街的占21.7%，找老乡玩的占18.6%，聊天交友的占14.6%，念经的占10.5%（表4-22）。

表 4-22　您的闲暇时间怎么度过

| | *N* | 百分比 |
|---|---|---|
| 看电视 | 181 | 23.6 |
| 玩游戏 | 65 | 8.5 |
| 聊天交友 | 112 | 14.6 |
| 找老乡玩 | 143 | 18.6 |
| 逛大街 | 167 | 21.7 |
| 念经 | 81 | 10.5 |
| 做其他事 | 19 | 2.5 |
| 总计 | 768 | 100.0 |

从藏族移民业余时间的社会活动空间看，23.2%的人在家或宿舍休息，15.2%的人去公园，13.6%的人去体育馆，12.6%的人去电影院。其他公共场所如文化馆、图书馆、宗教寺庙等去的人数比例都不足10%（表4–23）。

表 4–23　您业余时间最常去的地方

| | *N* | 百分比 |
|---|---|---|
| 网吧 | 74 | 7.6 |
| 在家或宿舍休息 | 227 | 23.2 |
| 文化馆 | 84 | 8.6 |
| 图书馆 | 96 | 9.8 |
| 公园 | 149 | 15.2 |
| 电影院 | 123 | 12.6 |
| 体育馆 | 133 | 13.6 |
| 宗教寺庙 | 73 | 7.4 |
| 其他 | 21 | 2.1 |
| 总计 | 980 | 100.0 |

### （三）四川藏区内迁移民对城市的认同

无论是长期流动的藏族人口还是定居的移民，他们都对城市有自己的认识和看法。调查表明，62.8%的藏民认为自己是城市人了。藏族移民认为是城市人的主要依据前三位的理由分别是，购买住房占23.9%，有一份比较稳定的工作和较高的收入占19.4%，享有和城市人一样的待遇占17.1%。认为和城市人一样的生活方式和价值取向占14.4%，成为企事业单位的正式职工占12.3%，取得了城市户口占10.6%（表4–24）。

从调查中我们发现，藏族移民在城市就业和投资过程中希望得到亲戚、朋友、家人的帮助，这三项占66.1%，其次才是希望得到政府的帮助，占14.3%（表4–25）。

表 4–24 您认为城市人的主要依据或者主要标志

| | *N* | 百分比 | 响应百分比 |
|---|---|---|---|
| 取得了城市户口 | 75 | 10.6 | 21.2 |
| 有一份比较稳定的工作和较高的收入 | 137 | 19.4 | 38.7 |
| 在城市购买了住房 | 169 | 23.9 | 47.7 |
| 成为企事业单位的正式职工 | 87 | 12.3 | 24.6 |
| 享有和城市人一样的待遇 | 121 | 17.1 | 34.2 |
| 具有和城市人一样的生活方式和价值取向 | 102 | 14.4 | 28.8 |
| 其他 | 16 | 2.3 | 4.5 |
| 总计 | 707 | 100.0 | 199.7 |

表 4–25 您在城市中就业和投资希望从哪些方面得到帮助和支持

| | *N* | 百分比 |
|---|---|---|
| 当地政府 | 120 | 14.3 |
| 当地民委 | 43 | 5.1 |
| 当地宗教局 | 11 | 1.3 |
| 所在单位领导 | 58 | 6.9 |
| 企业老板 | 53 | 6.3 |
| 家人 | 169 | 20.2 |

续表

| | $N$ | 百分比 |
|---|---|---|
| 亲戚 | 194 | 23.2 |
| 朋友 | 190 | 22.7 |
| 总计 | 838 | 100.0 |

从四川藏区移民在城市生活中希望得到的帮助和支持看，位居前三位的原因依次为政策优惠、法律保护和住房，分别占24.1%、19.9%和18.4%（表4–26）。由此表明，希望得到政策优惠的期望高于住房的基本保障，移民更加关注的是自己的社会保护，由于城市的法制与规则远比藏区社会复杂得多，藏族移民进入城市有一个逐步适应、学习的过程，往往因为不熟悉一些规则而受到各种处罚，由此产生的各种纠纷和问题非常多。比如我们在调查中有移民S说："我刚开始在成都开车不知道一些规则，也没有得到一些提醒，要年检的时候才知道有太多违章，仅顺城大街一个路口就有几十次，光罚款就一万多，还要去交警队学习。"但他讲述这些的时候并不觉得是什么问题，因为他确实不知道一些变化的新规则，违章也是在所难免。因此，怎么让藏族移民以更多途径了解、学习现代城市社会的法律法规和一些规则是融入城市的必要举措。子女教育问题也是非常值得关注的一个现实问题，15.2%的人对此有期待。我们调查的一些对象，都是把孩子送到成都上学。一位移民Y谈道："从小学开始就把孩子送到成都上学，接受优质的教育，孩子成绩比较优秀，在成都中考的时候名列前茅，现在双流区棠湖中学就读，明年参加高考，希望能够考取西南民族大学。"此外，期望在就业方面得到帮助的占12.9%。

表 4–26 您在城市生活中希望得到哪些方面的帮助和支持

| | *N* | 百分比 | 响应百分比 |
|---|---|---|---|
| 法律保护 | 145 | 19.9 | 42.4 |
| 政策优惠 | 176 | 24.1 | 51.5 |
| 资金或贷款支持 | 46 | 6.3 | 13.5 |
| 住房 | 134 | 18.4 | 39.2 |
| 就业 | 94 | 12.9 | 27.5 |
| 子女就学 | 111 | 15.2 | 32.5 |
| 解决生活困难 | 23 | 3.2 | 6.7 |
| 总计 | 729 | 100.0 | 213.2 |

改革开放以来，四川藏区持续不断的内迁移民不仅希望当地政府能给予最大限度的帮助和支持，他们自身通过民族认同、地域认同、心理认同、文化认同等加固这些稳定的社会连接纽带，维护他们在城市生活的权利，在行业经济生产活动中结成利益共同体组织。如阿坝州驻都江堰干部休养所、甘孜州老年协会等组织维护老年人的权益；各类商会协会组织维护藏商的权益。我们调研发现，成都的藏族移民呈现出地域认同的鲜明特点，最先进入一个人站稳脚跟，然后带动家庭成员甚至一个地方的老乡陆续来到成都，在成都藏族传统珠宝市场中的“德格派”和“黑水派”等，成都藏族餐饮市场以红原人、丹巴人为主，家庭旅馆中以德格人、理县人为主等都是典型的例子。

# 第五章　四川藏区内迁移民的社会支持

自从有人类社会以来，个体与个体之间的社会支持就是维持人类社会的重要社会力量，而在传统社会，家人、亲戚、好友、邻里等组成个体最重要的社会连接纽带。费孝通在分析中国传统社会时用“差序格局”理论解释人们之间立体的社会联系，他认为每个人都是以自己为中心结成特定社会关系网络的。“就像把一块石子丢在静止的水面上，会推出一圈圈的波纹。每个人都是他社会影响所推出去的圈子的中心。被圈子的波纹所推及的就发生联系。”[①] 通过这种人与人之间的连接机制，个体从中获取在社会生活的各种社会支持。现代社会，个体与个体之间的社会支持除了传统社会非正式的社会支持纽带外，还有各类正式组织如企业、事业单位，政府部门相关的公共管理服务机构等为个体提供了各种所需的社会支持。人类总是处在特定的社会文化环境中，无论哪种形式的社会支持都对人们的社会生活起到重要的作用。按照文献综述中我们对社会支持的介绍和定义，目前社会支持研究比较一致的观点划分为三类：客观支持、主观支持和社会支持利用度。本章将对四川藏区内迁移民的社会支持状况做全面分析。

---

① 费孝通. 乡土中国 [M]. 修订版. 上海：上海人民出版社，2013：25.

# 第一节　四川藏区内迁移民社会支持概况

## 一、社会支持的评价标准

我国学者肖水源制定的社会支持量表是多轴评价法，该量表共分为十个测试题目，包括客观支持（三个题目）、主观支持（四个题目）和社会支持的利用度（三个题目）三个维度，三大维度共同构成总体社会支持。该量表设计合理，具有较高的信度和效度，各个测试项目一致性介于0.89—0.94之间，适合分析各类群体的社会支持水平。通过该量表可以了解判断不同个体的社会支持水平，从而采取一些有效举措帮助人们适应社会环境，提高个体的身心健康，增进社会融合。

社会支持量表具体的记分方法：第一至四题和第八至十题，每题只能选择四个选项中一个符合条件的对应项，①、②、③、④选项分别对应记分1、2、3、4，第五题划分为5类不同的家庭成员，分4项记分，每项对应分别记1—4分，第六、七题为相倚问题，如果回答无任何支持来源就计0分，如果回答支持来源有几个就记为几分。

量表的分析方法：社会支持的总分为十个题目的记分之和，其中，客观支持得分为第二、六、七题的记分之和；主观支持得分为第一、三、四、五题记分之和；社会支持的利用度为第八、九、十题的记分之和。每个题目由低到高分为4个记分级别。量表的总分介于12—64分之间。

量表的正常状况：三大维度的总分大于22分，即可认为是正常的社会支持状态。量表的判断标准：根据社会支持体系研究，这个社会支持评定量表的理论参照值最低为12分，最高为64分，划分为3个等级进行评断：如果总分≤22分，可以认为四川藏区内迁移民得到低水平的社会支持；总分在22—44（包括44分）分，可以认为四川藏区内迁移民为得到中等水平的社会支持；总分在44—64（包括64分）分的，可以认为四川藏区内迁移民得到高水平的社会支持。量表的总分数越高，就说明四川藏区内迁移民获得的社会支持度就越高。

## 二、社会支持维度的相关性

根据社会支持的量表，我们把四川藏区内迁移民社会支持划分为主观支持、客观支持、社会支持的利用度三大维度，三大维度的得分之和构成总体社会支持。社会支持不同维度相关性统计分析结果表明三大维度之间和三大维度与总体社会支持之间的相关性均具有显著的统计学意义（$P<0.01$），且社会支持的三大维度与总体社会支持之间呈正相关，不同的维度之间存在显著性差异。我们从相关系数来比较，发现三大维度与总体社会支持之间高度相关，从大到小依次为主观支持0.872、客观支持0.736和支持利用度0.695（表5–1）。

表 5-1　四川藏区内迁移民社会支持的相关性分析

| | 社会支持利用度 | 主观支持 | 总体社会支持 |
|---|---|---|---|
| 客观支持 | .468** | .420** | .736** |
| 支持利用度 | | .362** | .695** |
| 主观支持 | | | .872** |

注：**. 在 0.01 级别（双尾），相关性显著。

## 三、四川藏区内迁移民社会支持状况

### （一）四川藏区内迁移民人口学特征的社会支持

从性别变量看，四川藏区内迁移民无论是客观支持、主观支持、社会支持利用度还是总体的社会支持，男性均高于女性，男性的客观支持得分为10.11，女性为9.61；男性的主观支持得分为25.45，女性为24.96；男性的社会支持利用度为7.53，女性为7.44；男性总体社会支持得分为42.97，女性为41.96。根据社会支持量表的判断标准，从性别变量衡量四川藏区内迁移民的社会支持，男女都处于中等水平的社会支持状态，男性稍高于女性（表5-2）。

表 5-2　不同性别藏族移民社会支持状况得分（*N*=386）

| | 客观支持<br>M ± SD | 支持利用度<br>M ± SD | 主观支持<br>M ± SD | 总体社会支持<br>M ± SD |
|---|---|---|---|---|
| 男 | 10.11 ± 2.43 | 7.53 ± 2.33 | 25.45 ± 4.40 | 42.97 ± 7.38 |
| 女 | 9.61 ± 2.20 | 7.44 ± 2.21 | 24.96 ± 4.62 | 41.96 ± 7.15 |

从婚姻变量看，已婚四川藏区内迁移民在客观支持、主观支持、社会

支持利用度上都高于未婚和离异的藏族移民，总体社会支持也呈梯级分布，已婚的最高，未婚的其次，离异的最低。已婚的藏族移民客观支持得分为10.10，未婚为9.59，离异为8.28。已婚的主观支持得分为25.95，未婚为24.27，离异为23.85。已婚的社会支持利用度为7.49，未婚为7.48，离异为7.14。已婚、未婚、离异的移民总体社会支持得分依次为43.43、41.27、39.28。根据社会支持量表的判断标准，从婚姻变量测量四川藏区内迁移民的社会支持介于39—41之间，处于中等水平的社会支持状态（表5-3）。

表5-3　不同婚姻状况的藏族移民社会支持状况得分（$N$=386）

| | 客观支持<br>M ± SD | 支持利用度<br>M ± SD | 主观支持<br>M ± SD | 总体社会支持<br>M ± SD |
|---|---|---|---|---|
| 未婚 | 9.59 ± 2.06 | 7.48 ± 2.39 | 24.27 ± 4.24 | 41.27 ± 6.88 |
| 已婚 | 10.10 ± 2.49 | 7.49 ± 2.18 | 25.95 ± 4.60 | 43.43 ± 7.45 |
| 离异 | 8.28 ± 1.49 | 7.14 ± 1.86 | 23.85 ± 4.56 | 39.28 ± 6.39 |

从年龄变量来看，60岁以上的四川藏区内迁移民不论是客观支持、主观支持和社会支持利用度还是总体社会支持均高于其他年龄段的移民。从三大维度的社会支持来看，60岁以上的移民客观支持得分为11.80，51—60岁为10.83，41—50岁为10.36，31—40岁为9.76，22—30岁为9.43，18—22岁为9.64；60岁以上的主观支持得分为26.80，51—60岁为24.93，41—50岁为26.63，31—40岁为26.00，22—30岁为24.64，18—22岁为24.00；60岁以上的社会支持利用度为9.80，51—60岁为7.60，41—50岁为7.40，31—40岁为7.42，22—30岁为7.35，18—22岁为7.51。从不同年龄移民的总体社会支持来看，60岁以上的得分最高，

达48.4分；18—22岁的移民得分最低，为41.08。从年龄变量测量四川藏区内迁移民的社会支持，总分介于41.08—48.40之间，唯有60岁以上的移民属于高水平的社会支持，其他年龄的移民都处于中等水平的社会支持状态（表5-4）。

表 5-4　不同年龄的藏族移民社会支持状况得分（$N$=386）

| | 客观支持<br>M ± SD | 支持利用度<br>M ± SD | 主观支持<br>M ± SD | 总体社会支持<br>M ± SD |
|---|---|---|---|---|
| 18—22岁 | 9.64 ± 2.02 | 7.51 ± 2.46 | 24.00 ± 4.66 | 41.08 ± 7.23 |
| 23—30岁 | 9.43 ± 2.20 | 7.35 ± 2.33 | 24.64 ± 4.20 | 41.37 ± 7.03 |
| 31—40岁 | 9.76 ± 2.22 | 7.42 ± 2.12 | 26.00 ± 4.71 | 42.86 ± 7.37 |
| 41—50岁 | 10.36 ± 2.53 | 7.40 ± 2.22 | 26.63 ± 4.62 | 44.38 ± 7.17 |
| 51—60岁 | 10.83 ± 2.75 | 7.60 ± 1.94 | 24.93 ± 4.35 | 43.36 ± 7.43 |
| 60岁以上 | 11.80 ± 1.98 | 9.80 ± 1.54 | 26.80 ± 4.02 | 48.40 ± 5.39 |

### （二）四川藏区内迁移民社会经济变量特征的社会支持

从居住地点变量看，四川藏区内迁移民的客观支持、主观支持、社会支持利用度略有差异，总体的社会支持存在明显的差异。具体来说，移民居住在双流区的客观支持得分最高为10.59，武侯区为10.08，金牛区为10.07，郫都区为9.30，都江堰市最低，为9.04。移民居住在双流区的主观支持得分为25.75，武侯区为25.84，金牛区为25.06，郫都区为24.11，都江堰市为24.55。移民居住在双流区的移民社会支持利用度得分为7.73，武侯区为7.61，金牛区为7.60，郫都区为7.58，都江堰市为6.87。从总体社会支持的得分看，移民居住在双流区、武侯区和金牛区明显高于郫都区和都江堰市，最高得分在双流区为44.09，最低得分在都江堰市为40.03。根据社会支持量表的判断标准，从居住地点变量测量四川藏区内迁移民的社会支持介于40.30—44.09之间，都处于中等水平的社会支持状态（表5–5）。

表 5–5　不同居住地点藏族移民社会支持状况得分（$N$=386）

| | 客观支持<br>M ± SD | 支持利用度<br>M ± SD | 主观支持<br>M ± SD | 总体社会支持<br>M ± SD |
|---|---|---|---|---|
| 双流区 | 10.59 ± 2.73 | 7.73 ± 2.28 | 25.75 ± 4.59 | 44.09 ± 7.62 |
| 武侯区 | 10.08 ± 2.14 | 7.61 ± 2.26 | 25.84 ± 4.56 | 43.47 ± 7.22 |
| 金牛区 | 10.07 ± 2.55 | 7.60 ± 2.20 | 25.06 ± 4.82 | 42.70 ± 7.89 |
| 郫都区 | 9.30 ± 2.15 | 7.58 ± 2.24 | 24.11 ± 4.06 | 40.87 ± 6.35 |
| 都江堰市 | 9.04 ± 1.84 | 6.87 ± 2.29 | 24.55 ± 4.28 | 40.30 ± 6.52 |

从文化程度变量来看，本科及以上学历的四川藏区内迁移民，不论是客观支持、主观支持和社会支持利用度还是总体社会支持，均明显高于其他学历的移民。统计表明，文化程度是社会支持的重要影响因素。本科及以上学历的客观支持得分为11.33，大专为9.50，高中为9.88，初中为9.97，小学为9.70，没有上过学的为8.47。本科及以上的主观支持得分为27.00，大专为24.44，高中为25.75，初中为24.94，小学为25.26，没有上过学的为23.87。本科及以上的社会支持利用度为9.19，大专为7.59，高中为7.80，初中为7.41，小学为6.78，没有上过学的仅为6.88。从不同文化程度的移民总体社会支持得分来看，本科及以上的得分最高，为47.52，没有上过学的最低，为39.29。根据社会支持量表的判断标准，从文化程度变量测量四川藏区内迁移民的社会支持总分介于39.29—47.52之间，唯有本科及以上学历的移民属于高水平的社会支持，其他文化程度的移民都处于中等水平的社会支持状态（表5–6）。

表 5-6 不同文化程度的藏族移民社会支持状况得分（$N$=386）

| | 客观支持<br>M ± SD | 支持利用度<br>M ± SD | 主观支持<br>M ± SD | 总体社会支持<br>M ± SD |
|---|---|---|---|---|
| 没有上过学 | 8.47 ± 2.23 | 6.88 ± 1.99 | 23.87 ± 5.01 | 39.29 ± 6.42 |
| 小学 | 9.70 ± 2.11 | 6.78 ± 2.13 | 25.26 ± 4.47 | 41.68 ± 6.64 |
| 初中 | 9.97 ± 2.33 | 7.41 ± 2.41 | 24.94 ± 4.09 | 42.26 ± 7.18 |
| 高中 | 9.88 ± 2.38 | 7.80 ± 2.21 | 25.75 ± 4.51 | 43.22 ± 7.69 |
| 大专 | 9.50 ± 2.12 | 7.59 ± 1.93 | 24.44 ± 5.20 | 41.57 ± 7.23 |
| 本科及以上 | 11.33 ± 2.61 | 9.19 ± 1.99 | 27.00 ± 4.82 | 47.52 ± 6.75 |

在文化程度变量上，社会支持的三大维度都表现为文化程度越高，社会支持水平越高的趋势。教育作为提高人力资本最重要的因素，不仅对人们的实际工作产生极其重要的作用，而且对维持正常的社会生活特别是移民融入城市社会环境有不可替代的作用。一般来说，一个人文化水平越高，他的认知水平也会较高，就会容易接受新事物和新现象，更容易适应城市生活，从特定的社会环境中获得尽可能多的各种社会支持。

从职业变量看，四川藏区内迁移民的客观支持、主观支持、社会支持利用度得分比较接近，不同职业不存在明显的差异；总体社会支持存在差异。退休的四川藏区内迁移民客观支持得分最高，为11.18，藏区驻成办为10.70，交通运输业为10.27，零售服务业为10.05，民族文化业为9.60，餐饮服务业为9.46，个体商业为9.26，其他职业为9.92。主观支持得分方面，从事交通运输业的藏族移民得分最高，为26.05，离退休人员得分为25.11，藏区驻成办为25.44，零售服务业为25.94，民族文化业为25.21，餐饮服务业为24.36，个体商业为25.22，其他职业为24.48。交通运输业的社会支持利用度为8.38，离退休人员为8.07，藏区驻成办为7.80，零售服务业为7.65，民族文化业为7.49，餐饮服务业为7.18，个体商业为7.22，其他职业为6.97。从不同从业人员的总体社会支持来看，离退休人员和藏区驻成办工作人员得分最高，都为44分以上，餐饮服务业人员得分最低为40。根据社会支持量表的判断标准，从职业变量测量四川藏区内迁移民的社会支持总分介于40.83—44.37之间，都大致处于中等水平的社会支持状态（表5-7）。在总体社会支持中离退休人员和交通运输从业人员较高，主要与各职业特征紧密相关，对于离退休人员来说，他们大多居住在干部休养所或集中的小区，原先各单位的或同一个地方的往往会安排在一起，大家习惯在一起交流，有一些稳定的社会联系，互相之间的社会支持比较多。而交通运输从业人员由于业务联系的需要，相互之间需要频繁的互动和交流信息，形成稳定的社会支持关系，而且支持度不断地扩大。

表5-7　不同职业藏族移民社会支持状况得分（$N$=386）

| | 客观支持<br>M ± SD | 支持利用度<br>M ± SD | 主观支持<br>M ± SD | 总体社会支持<br>M ± SD |
|---|---|---|---|---|
| 离退休人员 | 11.18 ± 2.55 | 8.07 ± 2.20 | 25.11 ± 4.88 | 44.37 ± 8.11 |
| 藏区驻成办 | 10.70 ± 3.74 | 7.80 ± 1.39 | 25.44 ± 7.10 | 43.50 ± 10.45 |
| 交通运输业 | 10.27 ± 2.60 | 8.38 ± 2.25 | 26.05 ± 3.32 | 44.11 ± 7.03 |
| 零售服务业 | 10.05 ± 2.19 | 7.65 ± 2.19 | 25.94 ± 4.41 | 43.62 ± 6.91 |
| 民族文化业 | 9.60 ± 2.34 | 7.49 ± 2.36 | 25.21 ± 4.53 | 42.32 ± 7.35 |
| 餐饮服务业 | 9.46 ± 2.24 | 7.18 ± 1.99 | 24.36 ± 4.85 | 40.83 ± 7.40 |
| 个体商业 | 9.26 ± 1.96 | 7.22 ± 2.33 | 25.22 ± 4.72 | 41.57 ± 7.21 |
| 其他职业 | 9.92 ± 2.07 | 6.97 ± 2.58 | 24.48 ± 3.65 | 41.42 ± 6.29 |

注：1.藏区离退休人员是重要的一类移民群体，故列为一类；

2.由于藏区驻成办工作人员数量较少，故用机构代替职业。

从月收入看，四川藏区内迁移民的客观支持、主观支持、社会支持利用度、总体社会支持都随着收入的增加呈现上升趋势。就客观支持看，月收入5001—6000元得分最高，为10.68，6000元以上为10.40，3000元以下的最低，为9.58。主观支持看，月收入6000元以上的最高，为27.14，3001—4000元的最低，为24.56。从社会支持利用度看，月收入4001—5000元的最高，为7.89，3001—4000元的最低，为7.26。从总体社会支持来看，月收入越高，总体社会支持得分也越高，最高的45.00分，最低的41.58分。根据社会支持量表的判断标准，从收入变量测量四川藏区内迁移民的社会支持总分介于41.58—45.00之间，也大致处于中等水平的社会支持状态（表5-8）。

表5-8 不同月收入的藏族内迁移民社会支持得分（$N$=386）

| | 客观支持<br>M ± SD | 支持利用度<br>M ± SD | 主观支持<br>M ± SD | 总体社会支持<br>M ± SD |
|---|---|---|---|---|
| 3000元及以下 | 9.58 ± 2.21 | 7.28 ± 2.32 | 24.80 ± 4.26 | 41.58 ± 7.10 |
| 3001—4000元 | 9.79 ± 2.56 | 7.26 ± 2.30 | 24.56 ± 4.39 | 41.59 ± 7.35 |
| 4001—5000元 | 9.85 ± 2.35 | 7.89 ± 2.05 | 25.86 ± 5.29 | 43.64 ± 7.82 |
| 5001—6000元 | 10.68 ± 1.90 | 7.88 ± 1.96 | 25.56 ± 4.51 | 44.08 ± 6.65 |
| 6000元以上 | 10.40 ± 2.27 | 7.73 ± 2.20 | 27.14 ± 3.55 | 45.00 ± 6.15 |
| 总计 | 9.83 ± 2.34 | 7.49 ± 2.23 | 25.20 ± 4.55 | 42.46 ± 7.30 |

从以上我们通过四川藏区内迁移民的人口学特征、社会经济特征分析社会支持状况发现，在成都生活的藏族移民总体社会支持表现为中等水平状态，只有年龄在60岁以上的老年移民、文化程度为本科和月收入6000元以上的移民处于高水平的社会支持状态。对于移民群体社会支持的影响

因素需要下文进一步分析。

### （三）四川藏区内迁移民社会支持的总体概况

四川藏区内迁移民的客观支持、主观支持、社会支持利用度、总体社会支持的平均得分依次为9.84、7.46、25.19、42.43，总体社会支持的最低得分为26分，最高得分为62分。根据社会支持量表的评价标准判断，总分介于22—45分之间为中等水平，因此，四川藏区内迁移民的总体社会支持处于中等水平的状态（表5-9）。

表5-9　四川藏区内迁移民社会支持感知概况

| | 客观支持 | 支持利用度 | 主观支持 | 总体社会支持 |
|---|---|---|---|---|
| 平均值 | 9.84 | 7.46 | 25.19 | 42.43 |
| 个案数 | 378 | 377 | 375 | 380 |
| 标准差 | 2.32 | 2.26 | 4.52 | 7.27 |
| 最小值 | 5.00 | 3.00 | 14.00 | 26.00 |
| 最大值 | 18.00 | 12.00 | 32.00 | 62.00 |

描述性分析只能说明移民的社会支持状况，社会支持不同维度的比较需要我们做进一步的统计分析。根据社会支持的量表，总分越高，代表社会支持的水平越高，但社会支持三大维度的得分不能直接比较大小，为了比较客观支持、主观支持和社会支持利用度对总体社会支持的贡献，需要将其标准化转换为0—100的分数。从表5-10中我们发现，四川藏区内迁移民社会支持利用度的标准分最高为62.03（*SD*=25.13），主观支持标准分为49.47（*SD*=25.29），客观支持标准分为37.38（*SD*=17.87）。这一统计结果表明，四川藏区内迁移民社会支持利用度在移民的总体社会支持中发挥的作用最大，主观支持其次，客观支持最低，但离散性也最低

（$SD$=17.87）。

表 5–10 四川藏区内迁移民社会支持的标准得分

| | 客观支持 | 社会支持利用度 | 主观支持 |
|---|---|---|---|
| 平均值 | 37.38 | 62.03 | 49.47 |
| 中位数 | 38.46 | 66.66 | 44.44 |
| 标准差 | 17.87 | 25.13 | 25.29 |

我们通过四川藏区内迁移民的人口社会经济特征与社会支持的交互分析发现，不同特征的移民社会支持有所差异，那么，差异有多大？这些差异由什么原因引起的？社会支持不同维度的差异是什么原因造成的？哪些人口、社会经济变量影响移民的社会支持？这需要对数据进一步挖掘分析，探讨背后的差异原因。

## 四、四川藏区内迁移民社会支持变量的选择与测量

### （一）因变量的选择与测量

根据前面社会支持量表的记分标准，总体社会支持波动范围为12—64分，其中客观支持得分区间为1—20，主观支持得分区间为8—32，社会支持利用度得分区间为3—12。本研究根据社会支持三大维度的得分进行统计分析。

### （二）自变量的选择与测量

本研究的主要自变量是四川藏区内迁移民的人口学特征变量、社会经济特征变量、移居地特征变量等。变量的具体信息见表5–11。

表 5-11　变量及其取值

| 变量含义 | 变量类型 | 变量性质 | 标签 |
| --- | --- | --- | --- |
| 客观支持 | 因变量 | 连续变量 | 1 — 18 |
| 主观支持 | 因变量 | 连续变量 | 8 — 32 |
| 社会支持利用度 | 因变量 | 连续变量 | 3 — 12 |
| 总体社会支持 | 因变量 | 连续变量 | 12 — 62 |
| 性别 | 自变量 | 分类变量 | 1=男；2=女； |
| 年龄 | 自变量 | 定序变量 | 1=18 — 22岁；2=23 — 30岁；3=31 — 40岁；4=41 — 50岁；5=51 — 60岁；6=60岁以上 |
| 婚姻 | 自变量 | 分类变量 | 1=未婚；2=已婚；3=离异 |
| 文化程度 | 自变量 | 定序变量 | 1=未上过学；2=小学；3=初中；4=高中；5=大专；6=本科 |
| 职业类别 | 自变量 | 分类变量 | 1=个体商业；2=餐饮服务业；3=民族文化业；4=零售服务业；5=交通运输业；6=其他；7=藏区驻成都派出机构；8=退休 |
| 月收入 | 自变量 | 定序变量 | 1=3000元及以下；2=3001 — 4000元；3=4001 — 5000元；4=5001 — 6000元；5=6000元以上 |
| 居住地点 | 自变量 | 分类变量 | 1=武侯区；2=都江堰市；3=双流区；4=郫都区；5=金牛区 |
| 成都户口身份 | 自变量 | 分类变量 | 1=本地户口；2=居住证；3=未办理登记 |
| 住房情况 | 自变量 | 分类变量 | 1=租住；2=自购；3=住亲戚家；4=工作单位；5=住干休所 |

续表

| 变量含义 | 变量类型 | 变量性质 | 标签 |
| --- | --- | --- | --- |
| 移民时间 | 自变量 | 定序变量 | 1=2000年以前；2=2001—2005年；3=2006—2010年；4=2011—2016年 |
| 是否获得官方、半官方组织的帮助 | 自变量 | 二分变量 | 1=是；0=否 |
| 是否获得民间组织的帮助 | 自变量 | 二分变量 | 1=是；0=否 |

# 第二节　四川藏区内迁移民主观支持的影响因素分析

第一节我们对四川藏区内迁移民的社会支持状况进行了描述性分析，根据移民的人口属性特征、社会经济特征，不同的移民在客观支持、主观主持和社会支持的利用度三大维度之间存在不同程度的差异，那么，社会支持的三大维度在移民中的差异是什么因素造成的？需要我们进一步进行社会支持三大维度的差异因素分析、多层次模型的回归分析。下面我们对移民的主观支持维度进行统计分析。

## 一、四川藏区内迁移民主观支持的差异分析

第一节的分析我们看到，四川藏区内迁移民的社会支持在三大维度上不同的变量特征有不同因素的差异，为了探究主观支持维度上的影响因素，需要进行多因素方差分析，结果如表5–12所示。四川藏区内迁移民主观支持的多因素方差模型表明，居住地点和文化程度变量在主观支持模型的主效应上有显著差异，说明不同的居住地点和文化程度对移民的主观支持有显著影响。现户籍地、性别、婚姻、职业、年龄、月收入等对藏族移民的主观支持没有达到统计意义上的显著性水平。

表 5-12 四川藏区内迁移民主观支持的多因素方差分析

| 变量来源 | Ⅲ类平方和 | 自由度 | 均方 | $F$ | 显著性 |
| --- | --- | --- | --- | --- | --- |
| 修正模型 | 1187.244a | 31 | 38.298 | 1.985 | .002 |
| 截距 | 32149.777 | 1 | 32149.777 | 1666.009 | .000 |
| 居住地点 | 246.879 | 4 | 61.720 | 3.198 | .013* |
| 现户籍地 | 52.382 | 2 | 26.191 | 1.357 | .259 |
| 性别 | 7.450 | 1 | 7.450 | .386 | .535 |
| 婚姻 | 30.733 | 1 | 30.733 | 1.593 | .208 |
| 文化程度 | 240.109 | 5 | 48.022 | 2.489 | .031* |
| 职业 | 178.684 | 7 | 25.526 | 1.323 | .239 |
| 年龄 | 162.822 | 5 | 32.564 | 1.687 | .137 |
| 月收入 | 61.161 | 4 | 15.290 | .792 | .531 |
| 误差 | 6252.383 | 324 | 19.297 | | |
| 总计 | 233403.000 | 356 | | | |
| 修正后总计 | 7439.626 | 355 | | | |

a. $R^2$ = .159（调整后 $R^2$ = .082）

居住地点和文化程度变量对主观支持的影响到底有多大？需要我们进一步进行多元回归模型分析。

## 二、四川藏区内迁移民主观支持的影响因素分析

为了探究四川藏区内迁移民主观支持的影响因素，我们把藏族移民的

性别、年龄、婚姻、户籍等人口学特征变量，居住地点、文化程度、职业、月收入、居住类型、来成都时间和在有困难时是否有过官方组织、民间组织帮助等社会经济特征变量作为自变量，以主观支持为因变量进行回归分析。

从表5-13中可以看到，四川藏区内迁移民的主观支持影响因素回归分析表明，自变量对主观支持的解释力达到显著性水平（$R^2$=0.160，$P$<0.001）。我们从具体变量逐一探讨影响因素的显著性，在人口特征变量中，性别、年龄、婚姻变量没有对藏族移民的主观支持产生显著影响。从居住地点变量来看，以金牛区为参照，武侯区和都江堰市与之存在显著差异，说明武侯区和都江堰市藏族移民的主观支持更高。其他地点的藏族移民对主观支持并未产生显著影响作用。从具体的影响因子来看，居住地点对主观支持的回归系数分别为2.755（$P$<0.001）、1.908（$P$<0.05）、1.801（$P$>0.05）和0.076（$P$>0.05）。也就是说，在其他条件不变的情形下，和居住在金牛区藏族移民的主观支持相比，居住在武侯区的藏族移民高出2.755分，都江堰市的藏族移民高出1.908分，双流区的藏族移民高出1.801分，郫都区的藏族移民高出0.076分。

从社会经济特征变量看，仅职业类别未对藏族移民的主观支持产生显著影响，其他变量都对主观支持有显著影响。从文化程度变量看，以本科为参照，没有上过学和上过小学的藏族移民在主观支持方面有显著性水平，初中、高中、大专文化程度没有产生显著差异。未上学和小学的对主观支持的回归系数分别为–4.536（$P$<0.05）、–2.661（$P$<0.05），说明在控制其他自变量的条件下，未上学的和小学藏族移民主观支持低于本科学历的4.536分、2.661分。月收入对数对主观支持的回归系数0.408（$P$<0.05），说明在控制其他自变量的条件下，藏族移民月收入每增加一个单位，其主观支持高出0.408分，由此可见月收入对藏族移民的主观支

持有显著影响。从居住类型变量看，以住在干休所为参照，自购住房和住在工作单位的藏族移民在主观支持方面有显著性水平，租住与住亲戚家没有产生显著差异。自购住房和住工作单位的对主观支持的回归系数分别为2.216（$P<0.05$）、2.013（$P<0.05$），统计表明在控制其他自变量的条件下，自购住房和住工作单位的藏族移民主观支持为2.216分、2.013分。

从藏族移民遇到急难情况时，是否得到官方或半官方组织的经济支持和解决实际问题不存在显著差异；是否有宗教、社会团体等非官方组织帮助有显著差异，得到过帮助的藏族移民对主观支持的回归系数为6.511（$P<0.001$），说明在控制其他自变量的条件下，得到过非官方帮助的藏族移民比没有得到过帮助的主观支持高6.511分。

表 5-13　四川藏区内迁移民主观支持的影响因素回归分析

| | 未标准化系数 | | 标准化系数 | *t* | 显著性 |
|---|---|---|---|---|---|
| | B | 标准误差 | *Beta* | | |
| （常量） | 17.578 | 3.291 | | 5.341 | .000 |
| 武侯区（金牛区=0） | 2.755 | .812 | .290 | 3.393 | .001** |
| 都江堰市 | 1.908 | .915 | .160 | 2.084 | .038* |
| 双流区 | 1.801 | .960 | .150 | 1.875 | .062 |
| 郫都区 | .076 | .893 | .006 | .085 | .932 |
| 甘孜（成都=0） | .537 | 1.480 | .059 | .363 | .717 |
| 阿坝 | 1.123 | 1.476 | .120 | .761 | .447 |
| 木里 | .727 | 2.191 | .024 | .332 | .740 |
| 男（女=0） | .101 | .502 | .011 | .202 | .840 |
| 未婚（已婚=0） | –.683 | .705 | –.075 | –.969 | .333 |

续表1

| | 未标准化系数 | | 标准化系数 | *t* | 显著性 |
|---|---|---|---|---|---|
| | B | 标准误差 | *Beta* | | |
| 未上学（本科=0） | –4.536 | 1.572 | –.212 | –2.885 | .004** |
| 小学 | –2.661 | 1.192 | –.224 | –2.232 | .026* |
| 初中 | –1.998 | 1.108 | –.211 | –1.803 | .072 |
| 高中 | –.931 | 1.163 | –.084 | –.801 | .424 |
| 大专 | –2.214 | 1.166 | –.173 | –1.899 | .059 |
| 个体工商业（退休=0） | 2.012 | 1.676 | .158 | 1.201 | .231 |
| 餐饮服务业 | 1.522 | 1.612 | .118 | .944 | .346 |
| 民族文化业 | 2.595 | 1.588 | .245 | 1.634 | .103 |
| 零售服务业 | 3.012 | 1.537 | .283 | 1.960 | .051 |
| 其他行业 | 1.902 | 1.632 | .124 | 1.165 | .245 |
| 交通运输业 | 1.835 | 2.041 | .067 | .899 | .370 |
| 藏区驻成办机构 | 1.882 | 1.859 | .082 | 1.012 | .312 |
| 租住（干休所=0） | 1.051 | .836 | .114 | 1.258 | .210 |
| 自购 | 2.216 | .859 | .219 | 2.579 | .010* |
| 住亲戚家 | .611 | 1.331 | .029 | .459 | .646 |
| 住工作单位 | 2.013 | .988 | .159 | 2.038 | .042* |
| 来成都时间 | –.004 | .060 | –.005 | –.069 | .945 |
| 年龄 | .068 | .042 | .176 | 1.603 | .110 |
| 2016年平均月收入对数 | .408 | .162 | .157 | 2.525 | .016* |

续表2

| | 未标准化系数 | | 标准化系数 | $t$ | 显著性 |
|---|---|---|---|---|---|
| | B | 标准误差 | *Beta* | | |
| 有党团工会等官方或半官方组织帮助（0=没有） | −.484 | 1.553 | −.017 | −.312 | .756 |
| 有宗教、社会团体等非官方组织帮助（0=没有） | 6.511 | 1.332 | .262 | 4.887 | .000*** |
| $F$ | 2.888*** | | | | |
| 调整后 $R^2$ | .160 | | | | |

注：***$P$<0.001，**$P$<0.01，*$P$<0.05

# 第三节　四川藏区内迁移民客观支持的影响因素分析

## 一、四川藏区内迁移民客观支持的差异分析

为了探究客观支持维度上的影响因素，我们进行了多因素方差分析，结果如表5-14所示。四川藏区内迁移民客观支持的多因素方差模型表明，居住地点、性别和文化程度三个变量在客观支持模型的主效应上有显著差异，说明性别特征、居住地点和文化程度对移民的客观支持有显著影响。而户籍地、婚姻、职业、年龄、月收入等对藏族移民的主观支持没有达到统计意义上的显著性水平。

性别、居住地点和文化程度变量纳入客观支持的多元回归模型是否还有影响？需要我们进一步进行统计分析。

表5-14　四川藏区内迁移民客观支持的多因素方差分析

| 变量来源 | Ⅲ 类平方和 | 自由度 | 均方 | *F* | 显著性 |
|---|---|---|---|---|---|
| 修正模型 | 370.428a | 30 | 12.348 | 2.557 | .000 |
| 截距 | 5491.690 | 1 | 5491.690 | 1137.255 | .000 |

续表

| 变量来源 | Ⅲ 类平方和 | 自由度 | 均方 | $F$ | 显著性 |
|---|---|---|---|---|---|
| 居住地点 | 55.573 | 4 | 13.893 | 2.877 | .023 |
| 户籍地 | 15.384 | 3 | 5.128 | 1.062 | .365 |
| 性别 | 19.287 | 1 | 19.287 | 3.994 | .046 |
| 婚姻 | .827 | 1 | .827 | .171 | .679 |
| 文化程度 | 60.998 | 5 | 12.200 | 2.526 | .029 |
| 职业 | 21.026 | 7 | 3.004 | .622 | .738 |
| 年龄 | 42.489 | 5 | 8.498 | 1.760 | .121 |
| 月收入 | 27.937 | 4 | 6.984 | 1.446 | .218 |
| 误差 | 1569.393 | 325 | 4.829 | | |
| 总计 | 37380.000 | 356 | | | |
| 修正后总计 | 1939.820 | 355 | | | |

a. $R^2 = 0.191$（调整后 $R^2 = 0.116$）

## 二、四川藏区内迁移民客观支持的影响因素分析

四川藏区内迁移民客观支持可能受到多种因素的影响，为进一步分析客观支持的影响因素，纳入可能的影响因素，包括藏族移民的性别、年龄、婚姻、户籍等人口学特征变量，居住地点、文化程度、职业、月收入、居住类型、来成都时间和在有困难时是否有过官方组织或民间组织帮助等社会经济特征变量为自变量，以主观支持为因变量，拟合线性回归模型。

从表5-15中可以看到，四川藏区内迁移民客观支持的影响因素回

归分析表明，所有纳入的自变量对客观支持的解释力均达到显著性水平（$R^2$=0.273，$P$<0.001）。我们从具体变量逐一探讨影响因素的显著性，在人口特征变量中，户籍、性别、年龄、婚姻变量等均未对藏族移民的客观支持产生显著影响。

从社会经济特征变量看，居住地点和职业变量对藏族移民的客观支持未产生显著影响。文化程度、收入和住房类型对藏族移民的客观支持产生了显著影响。从文化程度变量看，以本科为参照，未上过学的藏族移民在客观支持方面有显著性水平，小学、初中、高中、大专文化程度均没有达到显著性水平。未上学的移民对客观支持的回归系数分别为–2.238（$P$<0.05），说明在控制其他自变量的条件下，未上学的藏族移民客观支持低于本科学历的2.238分。月收入对数对客观支持的回归系数0.202（$P$<0.05），说明在控制其他自变量的条件下，藏族移民月收入每增加一个单位，其客观支持高出0.202分，由此可见月收入对藏族移民的客观支持有显著影响。从居住类型变量看，以住在干休所为参照，自购住房的藏族移民在客观支持方面有显著性水平，租住、住工作单位和住亲戚家没有达到显著性水平。自购住房的对客观支持的回归系数为1.267（$P$<0.05），说明在控制其他自变量的条件下，自购住房的藏族移民客观支持高于住干休所的1.267分。

藏族移民遇到急难情况时，是否得到官方或半官方组织的经济支持和解决实际问题不存在显著差异；是否有宗教、社会团体等非官方组织帮助的有显著性水平，得到过帮助的藏族移民对客观支持的回归系数为4.200（$P$<0.001），说明在控制其他自变量的条件下，得到过非官方帮助的藏族移民比没有得到过帮助的客观支持高4.200分。

表 5-15　四川藏区内迁移民客观支持的影响因素回归分析

| | 未标准化系数 | | 标准化系数 | *t* | 显著性 |
|---|---|---|---|---|---|
| | *B* | 标准误差 | *Beta* | | |
| （常量） | 8.515 | 1.578 | | 5.397 | .000*** |
| 武侯区（金牛区=0） | .636 | .389 | .130 | 1.633 | .104 |
| 都江堰市 | -.324 | .439 | -.053 | -.738 | .461 |
| 双流区 | .001 | .460 | .000 | .002 | .999 |
| 郫都区 | -.334 | .428 | -.051 | -.780 | .436 |
| 甘孜（成都=0） | -.071 | .710 | -.015 | -.100 | .920 |
| 阿坝 | -.123 | .708 | -.026 | -.174 | .862 |
| 木里 | -1.106 | 1.050 | -.069 | -1.053 | .293 |
| 男（女=0） | .322 | .241 | .069 | 1.338 | .182 |
| 未婚（已婚=0） | .230 | .338 | .049 | .680 | .497 |
| 未上学（本科=0） | -2.238 | .754 | -.203 | -2.969 | .003** |
| 小学 | -.828 | .572 | -.135 | -1.449 | .148 |
| 初中 | -.643 | .531 | -.132 | -1.210 | .227 |
| 高中 | -.613 | .558 | -.108 | -1.099 | .273 |
| 大专 | -.906 | .559 | -.138 | -1.621 | .106 |
| 个体工商业（退休=0） | -1.103 | .803 | -.167 | -1.372 | .171 |
| 餐饮服务业 | -.808 | .773 | -.122 | -1.046 | .296 |
| 民族文化业 | -1.026 | .761 | -.188 | -1.347 | .179 |
| 零售服务业 | -.694 | .737 | -.127 | -.941 | .347 |

续表

| | 未标准化系数 | | 标准化系数 | t | 显著性 |
|---|---|---|---|---|---|
| | B | 标准误差 | Beta | | |
| 其他行业 | –.608 | .782 | –.077 | –.776 | .438 |
| 交通运输业 | –.562 | .979 | –.040 | –.574 | .566 |
| 藏区驻成办机构 | –.364 | .891 | –.031 | –.408 | .684 |
| 租住（干休所=0） | .344 | .401 | .072 | .858 | .392 |
| 自购 | 1.267 | .412 | .243 | 3.076 | .002** |
| 住亲戚家 | .332 | .638 | .030 | .520 | .603 |
| 住工作单位 | .669 | .474 | .103 | 1.413 | .159 |
| 来成都时间 | .047 | .029 | .104 | 1.656 | .099 |
| 年龄 | .026 | .020 | .133 | 1.303 | .193 |
| 2016年平均月收入对数 | .202 | .080 | .150 | 2.517 | .012** |
| 有党团工会等官方或半官方组织帮助（0=没有） | .634 | .745 | .043 | .852 | .395 |
| 有宗教、社会团体等非官方组织帮助（0=没有） | 4.200 | .639 | .328 | 6.576 | .000*** |
| F | 4.735*** | | | | |
| 调整后 $R^2$ | .273 | | | | |

注：***$P<0.001$，**$P<0.01$，*$P<0.05$

# 第四节　四川藏区内迁移民社会支持利用度的影响因素分析

## 一、四川藏区内迁移民社会支持利用度的方差分析

为了探究社会支持利用度维度上的影响因素，需要我们进行多因素方差分析，结果如表5-16所示。四川藏区内迁移民社会支持利用度的多因素方差模型表明，仅文化程度变量在社会支持利用度模型的主效应上有显著差异，说明文化程度对移民的社会支持利用度有显著影响。而现在的居住地点、户籍地、性别、婚姻、职业、年龄、月收入等变量对藏族移民的社会支持利用度没有达到统计学意义上的显著性水平。

文化程度变量纳入社会支持利用度多元回归模型是否还有影响？需要我们进一步进行多元统计分析。

表 5-16　四川藏区内迁移民社会支持利用度的多因素方差分析

| 变量来源 | Ⅲ类平方和 | 自由度 | 均方 | *F* | 显著性 |
|---|---|---|---|---|---|
| 修正模型 | 226.995a | 30 | 7.567 | 1.563 | .034 |
| 截距 | 3324.962 | 1 | 3324.962 | 686.660 | .000 |

续表

| 变量来源 | Ⅲ类平方和 | 自由度 | 均方 | *F* | 显著性 |
|---|---|---|---|---|---|
| 居住地点 | 9.067 | 4 | 2.267 | .468 | .759 |
| 现户籍地 | 6.325 | 3 | 2.108 | .435 | .728 |
| 性别 | .348 | 1 | .348 | .072 | .789 |
| 婚姻 | 2.351 | 1 | 2.351 | .486 | .486 |
| 文化程度 | 97.813 | 5 | 19.563 | 4.040 | .001 |
| 职业 | 30.090 | 7 | 4.299 | .888 | .516 |
| 年龄 | 14.149 | 5 | 2.830 | .584 | .712 |
| 月收入 | 6.638 | 4 | 1.659 | .343 | .849 |
| 误差 | 1573.724 | 325 | 4.842 | | |
| 总计 | 21676.000 | 356 | | | |
| 修正后总计 | 1800.719 | 355 | | | |

a. $R^2$ =0 .126（调整后 $R^2$ =0 .045）

## 二、四川藏区内迁移民社会支持利用度的影响因素分析

四川藏区内迁移民社会支持利用度可能受到多种因素的影响，为进一步分析社会支持利用度的影响因素，我们纳入可能的影响因素，包括藏族移民的性别、年龄、婚姻、户籍等人口学特征变量，居住地点、文化程度、职业、月收入、居住类型、来成都时间和在有困难时是否有过官方组织或民间组织帮助等社会经济特征变量为自变量，以社会支持利用度为因变量，拟合线性回归模型。

从表5-17中可以看到，四川藏区内迁移民的社会支持利用度影响

因素回归分析表明，自变量对社会支持利用度的解释力达到显著性水平（$R^2$=0.147，$P$<0.001）。我们从具体变量逐一探讨影响因素的显著性，在人口特征变量中，户籍、性别、婚姻变量均没有对藏族移民的社会支持利用度产生显著影响。仅年龄对社会支持利用度的影响达到显著性水平，回归系数为0.052（$P$<0.05），说明在控制其他自变量的条件下，年龄每增加一个单位藏族移民社会支持利用度高0.052分。

从社会经济特征变量看，居住地点、职业、收入、移民成都的时间和住房类型等变量对藏族移民的社会支持利用度均未达到显著性水平。仅文化程度变量对藏族移民的社会支持利用度产生了显著影响。在文化程度变量中，以本科为参照，未上过学、小学、初中、高中、大专的藏族移民在社会支持利用度方面均达到显著性水平，文化程度对社会支持利用度的回归系数分别为–2.565（$P$<0.01）、–2.407（$P$<0.001）、–1.665（$P$<0.01）、–1.194（$P$<0.05）、–1.667（$P$<0.01），文化程度的回归系数说明在控制其他自变量的条件下，未上学、小学、初中、高中、大专的藏族移民社会支持利用度低于本科学历的2.565分、2.407分、1.665分、1.194分、1.667分。藏族移民遇到急难情况时，是否得到官方或半官方组织的经济支持和解决实际问题不存在显著性差异；和没有得到过宗教、社会团体等非官方组织帮助的藏族移民相比得到帮助的社会支持利用度达到显著性水平，其对社会支持利用度的回归系数为3.650（$P$<0.001），说明在控制其他自变量的条件下，得到过宗教、社会团体等非官方组织帮助的藏族移民比没有得到过帮助的社会支持利用度高3.650分。

表 5-17　四川藏区内迁移民社会支持利用度的影响因素回归分析

| | 未标准化系数 | | 标准化系数 | *t* | 显著性 |
|---|---|---|---|---|---|
| | *B* | 标准误差 | *Beta* | | |
| （常量） | 7.927 | 1.632 | | 4.857 | .000*** |
| 武侯区（金牛区=0） | .434 | .403 | .093 | 1.078 | .282 |
| 都江堰市 | .119 | .454 | .020 | .263 | .793 |
| 双流区 | .022 | .476 | .004 | .045 | .964 |
| 郫都区 | .263 | .443 | .042 | .594 | .553 |
| 甘孜（成都=0） | −.733 | .734 | −.165 | −.999 | .318 |
| 阿坝 | −1.292 | .732 | −.281 | −1.765 | .079 |
| 木里 | −1.374 | 1.086 | −.090 | −1.265 | .207 |
| 男（女=0） | −.186 | .249 | −.042 | −.748 | .455 |
| 未婚（已婚=0） | .457 | .350 | .102 | 1.307 | .192 |
| 未上学（本科=0） | −2.565 | .780 | −.244 | −3.290 | .001** |
| 小学 | −2.407 | .591 | −.411 | −4.071 | .000*** |
| 初中 | −1.665 | .550 | −.357 | −3.030 | .003** |
| 高中 | −1.194 | .577 | −.220 | −2.070 | .039* |
| 大专 | −1.667 | .578 | −.265 | −2.883 | .004** |
| 个体工商业（退休=0） | .435 | .831 | .069 | .523 | .601 |
| 餐饮服务业 | .133 | .799 | .021 | .167 | .868 |
| 民族文化业 | .306 | .787 | .059 | .388 | .698 |
| 零售服务业 | .635 | .762 | .121 | .833 | .405 |

续表

| | 未标准化系数 | | 标准化系数 | *t* | 显著性 |
|---|---|---|---|---|---|
| | *B* | 标准误差 | *Beta* | | |
| 其他行业 | –.032 | .809 | –.004 | –.040 | .968 |
| 交通运输业 | –.036 | 1.012 | –.003 | –.036 | .972 |
| 藏区驻成办机构 | .279 | .922 | .025 | .303 | .762 |
| 租住（干休所=0） | –.152 | .415 | –.033 | –.368 | .714 |
| 自购 | .313 | .426 | .063 | .734 | .464 |
| 住亲戚家 | –.282 | .660 | –.027 | –.428 | .669 |
| 住工作单位 | –.133 | .490 | –.021 | –.272 | .786 |
| 来成都时间 | –.052 | .030 | –.121 | –1.773 | .077 |
| 年龄 | .052 | .021 | .277 | 2.510 | .013* |
| 2016年平均月收入 | .013 | .082 | –.010 | .154 | .563 |
| 有党团工会等官方或半官方组织帮助（0=没有） | .555 | .770 | .039 | .720 | .472 |
| 有宗教、社会团体等非官方组织帮助（0=没有） | 3.650 | .661 | .299 | 5.524 | .000*** |
| *F* | 2.718*** | | | | |
| 调整后$R^2$ | .147 | | | | |

注：***$P$<0.001，**$P$<0.01，*$P$<0.05

# 第五节　四川藏区内迁移民总体社会支持的影响因素分析

上面第二、三、四节我们分别从四川藏区内迁移民主观支持、客观支持和社会支持利用度三大维度详细分析了影响因素，通过纳入人口学特征变量、社会经济特征变量等建立了多层次回归模型，统计分析表明，居住地点、文化程度、居住类型和宗教团体等社会组织变量有显著性水平。那么对于总体的社会支持而言，这些变量是否仍然有显著性水平？同样我们把藏族移民的性别、年龄、婚姻、户籍等人口学特征变量，居住地、文化程度、职业、月收入、居住类型、来成都时间和在有困难时是否有过官方组织、民间组织帮助等作为自变量，以总体社会支持为因变量，拟合回归模型。

从表5-18中可以看到，自变量对总体社会支持的解释力达到显著性水平（$R^2$=0.276，$P$<0.001）。我们从具体变量逐一探讨影响因素的显著性，在人口特征变量中，户籍、性别、婚姻变量均没有对藏族移民的总体社会支持产生显著影响。仅年龄对总体社会支持达到显著性水平，回归系数为0.146（$P$<0.05），说明在控制其他自变量的条件下，年龄每增加一个单位，藏族移民总体社会支持高0.146分。

从社会经济特征变量看，居住地点、文化程度、收入、住房类型等变量对藏族移民的总体社会支持均达到显著性水平；职业和来成都的时间未达到显著性水平。从居住地点变量看，和居住在金牛区的藏族移民相比，仅武侯区的对总体社会支持达到显著性水平，其回归系数为3.824（$P<0.05$），在其他条件不变的情形下，武侯区藏族移民总体社会支持比金牛区移民高3.824分。与其他地点相比没有显著差异。统计表明，都江堰市、双流区、郫都区的回归系数依次为1.703（$P>0.05$）、1.823（$P>0.05$）和0.005（$P>0.05$），也就是说，在其他控制条件不变的情形下，和居住在金牛区藏族移民的总体社会支持相比，居住在都江堰市的高1.703分，双流区的高1.823分，郫都区的高0.005分。在文化程度变量中，以本科为参照，未上过学、小学、初中、高中、大专的藏族移民在总体社会支持方面均达到显著性水平，文化程度对总体社会支持的回归系数分别为–9.340（$P<0.001$）、–5.897（$P<0.01$）、–4.307（$P<0.01$）、–2.739（$P<0.01$）、–4.787（$P<0.01$），文化程度的回归系数说明在控制其他自变量的条件下，未上学、小学、初中、高中、大专的藏族移民总体社会支持分别低于本科学历的9.340分、5.897分、4.307分、2.739分、4.787分。统计结果表明，文化程度对藏族移民总体社会支持有显著影响。月收入对总体社会支持的回归系数为0.564（$P<0.05$），说明在控制其他自变量的条件下，藏族移民月收入每增加一个单位，其总体社会支持高0.564分，由此可见月收入对藏族移民的总体社会支持有显著影响。

从居住类型变量看，以住在干休所为参照，自购住房的藏族移民在总体社会支持方面达到显著性水平，租住、住工作单位、住亲戚家没有达到显著性水平。自购住房对总体社会支持的回归系数为3.796（$P<0.05$），说明在控制其他自变量的条件下，自购住房的藏族移民总体社会支持高于住干休所的3.796分。

藏族移民遇到急难情况时是否有官方或半官方组织的经济支持和解决

实际问题的帮助对总体社会支持未达到显著性水平；得到过宗教、社会团体等非官方组织帮助的达到显著性水平，其对总体社会支持的回归系数为14.361（$P$<0.001），说明在控制其他自变量的条件下，得到过宗教、社会团体等非官方组织帮助的藏族移民比没有得到帮助的总体社会支持高14.361分。统计分析表明，正式组织（官方或半官方）的社会支持对四川藏区内迁移民没有显著影响，而非正式组织的总体社会支持对四川藏区内迁移民融入城市社会产生非常显著的影响。

表 5–18　四川藏区内迁移民总体社会支持的影响因素回归分析

| | 未标准化系数 | | 标准化系数 | *t* | 显著性 |
|---|---|---|---|---|---|
| | *B* | 标准误差 | *Beta* | | |
| （常量） | 34.021 | 4.850 | | 7.015 | .000 |
| 武侯区（金牛区=0） | 3.824 | 1.196 | .254 | 3.197 | .002** |
| 都江堰市 | 1.703 | 1.349 | .090 | 1.262 | .208 |
| 双流区 | 1.823 | 1.415 | .096 | 1.288 | .199 |
| 郫都区 | .005 | 1.315 | .000 | .004 | .997 |
| 甘孜（成都=0） | –.268 | 2.181 | –.019 | –.123 | .902 |
| 阿坝 | –.292 | 2.175 | –.020 | –.134 | .893 |
| 木里 | –1.753 | 3.228 | –.036 | –.543 | .588 |
| 男（女=0） | .237 | .740 | .017 | .320 | .749 |
| 未婚（已婚=0） | .004 | 1.039 | .000 | .003 | .997 |
| 未上学（本科=0） | –9.340 | 2.317 | –.275 | –4.031 | .000*** |
| 小学 | –5.897 | 1.757 | –.312 | –3.357 | .001** |

续表1

| | 未标准化系数 | | 标准化系数 | t | 显著性 |
|---|---|---|---|---|---|
| | B | 标准误差 | Beta | | |
| 初中 | –4.307 | 1.633 | –.287 | –2.637 | .009** |
| 高中 | –2.739 | 1.714 | –.156 | –2.598 | .011** |
| 大专 | –4.787 | 1.718 | –.236 | –2.786 | .006** |
| 个体工商业（本科=0） | 1.344 | 2.469 | .066 | .544 | .587 |
| 餐饮服务业 | .847 | 2.375 | .041 | .356 | .722 |
| 民族文化业 | 1.875 | 2.340 | .112 | .801 | .424 |
| 零售服务业 | 2.954 | 2.265 | .175 | 1.304 | .193 |
| 其他行业 | 1.262 | 2.405 | .052 | .525 | .600 |
| 交通运输业 | 1.236 | 3.008 | .028 | .411 | .681 |
| 藏区驻成办机构 | 1.798 | 2.739 | .049 | .656 | .512 |
| 租住（干休所=0） | 1.243 | 1.232 | .085 | 1.009 | .314 |
| 自购 | 3.796 | 1.266 | .236 | 2.998 | .003** |
| 住亲戚家 | .661 | 1.961 | .019 | .337 | .736 |
| 住工作单位 | 2.548 | 1.455 | .127 | 1.751 | .081 |
| 来成都时间 | –.009 | .088 | –.007 | –.105 | .917 |
| 年龄 | .146 | .062 | .240 | 2.357 | .019* |
| 2016年平均月收入 | .564 | .244 | .137 | 2.310 | .022* |
| 有党团工会等官方或半官方组织帮助（0=没有） | .705 | 2.288 | .015 | .308 | .758 |
| 有宗教、社会团体等非官方组织帮助（0=没有） | 14.361 | 1.963 | .365 | 7.315 | .000*** |

续表2

| | 未标准化系数 | | 标准化系数 | $t$ | 显著性 |
|---|---|---|---|---|---|
| | *B* | 标准误差 | *Beta* | | |
| *F* | 4.784*** | | | | |
| 调整后 $R^2$ | .276 | | | | |

注：***$P$<0.001，**$P$<0.01，*$P$<0.05

## 第六节　四川藏区内迁移民社会支持结论

从本章第二、三、四、五节的统计结果中，我们对四川藏区内迁移民社会支持可以得出如下结论。

### 一、四川藏区内迁移民总体社会支持处于中等水平

本研究通过对四川藏区内迁移民社会支持三大维度的测量，统计分析了它们被运用的状况，结果表明，总体社会支持处于中等水平状态。其中，社会支持的利用度对总体的社会支持影响最大，主观支持其次，客观支持最低。在藏族移民的社会支持网络关系格局中，社会支持利用度最大，只有放置在藏区社会中才能认识到其重要性，在藏区社会运用最多、发挥影响最大的社会关系仍然符合费孝通先生讲的“差序格局”，家庭、家族、地缘关系仍然是最重要的社会力量，不论是他们进入城市的方式、还是在城市工作和生活都被原籍地形成的这种牢固社会关系所影响，特别是21世纪以来大规模的藏族流动人口和移民，充分利用各种在藏区社会已经存在的关系资源，并在城市生活中最大限度发挥它的功能。社会学家兰德尔·柯林斯强调“个体就是互动仪式链”（2009），藏区移民把个人在家乡的社会支持联系延伸至城市，依靠已有社会网络资源不断融入

城市，这种社会支持是他们进入城市，从而与整体社会连接起来最重要的途径。因此，四川藏区内迁移民的社会支持网络是一种维系他们生产、生活的社会性资源，也是他们在融入城市社会经济生活过程中没有被主流社会所“同化”的重要原因，更是藏区社会文化维系他们在城市运作逻辑的体现。

四川藏区内迁移民在成都生存现状的研究表明，他们在维系城市社会生活中有多种连接机制，藏区社会传统的社会支持力量仍然是维持城市社会经济生活最重要的纽带，民族认同、地域认同、宗教认同、文化认同等仍是民族共同体的内在精神纽带，一些藏区的社会仪式、习惯、习俗等有力地约束着群体的凝聚，演变成移民在城市“有机团结”的载体，又在此基础上形成各类利益的共同体、社区生活的共同体等。虽然他们已经移居城市，其生产生活的方式发生了重要变化，但民族文化的“文化堕距”现象依然存在，文化对藏族移民社会行动的逻辑影响并未发生根本转变，不论是发展城市民族经济还是维持城市社会交往，藏族文化的内在因子对他们的行动都产生决定性的影响，例如在调查中一些访谈对象提道：“我们的很多藏族人生病后，就通过活佛打卦，活佛说到兰州或西安或成都等哪个城市去看病，然后他们会去活佛告诉的地方，哪怕等半个月、一个月甚至时间更长也要待在那个城市，直到看完病。”类似这种习俗、习惯、仪式的民族文化传统的力量有极其重要的社会意涵，不仅维护了社会秩序，传承了文化，而且彰显了一个民族文化认同的价值，在移民城市后仍然会保持这些文化的传统，特别是四川藏区几百座藏传佛教寺庙每年都会举行一些法会仪式，移民往往会选择时间去家乡参加这些宗教仪式，场面之壮观，社会影响之大，可以想象。仪式是个体微观情境行动的主要形式，它也反映宏观行动的结构，通过各种仪式达到社会整合的目的。因此，四川藏区内迁移民不仅在城市延续他们在藏区的各种社会行动，传承民族文化，而且这些行动成为他们获得社会支持的重要来源。因为这些社会行动和文化现象是藏区社会内在核心结构的体现，是维系社会秩序的力量源泉，渗透到民族中的那些深层文化因子不可能在短期内发生改变，在城市仍然是支配藏族移民社会行动的逻辑。“变迁孕育变迁”（克莱德·伍兹，1989），在中国现代化浪潮席卷下，藏族移民也要不断适应当代中国社会的剧烈变化，在城市变迁中寻找适应之路，因此，如何把这种根深蒂固的结构性力量转化到少数民族在城市社会的建设中，是一个值得进一步研究的重大学术问题。

## 二、四川藏区内迁移民社会支持的三大维度不平衡

四川藏区内迁移民社会支持的研究表明，社会支持利用度在总体社会支持中起到最重要的作用，主观支持居中，客观支持最弱；藏族移民的人口变量特征是一些影响因素，但最重要的是社会经济特征变量，特别是居住地点、文化程度、住房、社会组织的支持和帮助等因素对社会支持影响较大，其中非官方组织的宗教和社会团体发挥的影响最大。主观支持和社会支持利用度通过藏族移民自身的建设可以改变，而客观支持弱是我们需要进一步思考的问题。在我国民族政策完善、民族宗教工作的机构比较健全和相关组织服务部门都具备的条件下，四川藏区内迁移民有困难的时候为什么不多求助于官方或半官方的组织。

因此，提升四川藏区内迁移民社会支持水平重点在于加强客观支持。无论是四川藏区内迁移民的主观需求还是社会支持的实际状况都表明，官方组织的支持相对薄弱，为了进一步完善优化服务的举措，提供更好的服务，需要结合藏族移民融入城市的发展需求给予实际的社会支持。

## 三、影响四川藏区内迁移民社会支持的主要因素

本研究发现，四川藏区内迁移民现在的居住地点、移民时间、年龄、文化程度、住房类型、宗教和社会团体等非官方组织帮助对总体社会支持达到显著性水平。第一，不同的居住地点对藏族移民社会支持差异明显，主要表现为居住在成都市武侯区的藏族移民社会支持高于其他地点。究其原因，武侯祠区域在历史上就是藏族各类人员前往内地的驻地，中华人民共和国成立后，为加强西藏的社会经济建设在成都设立西藏驻成办，甘孜州也在此设立驻成办，以及改革开放后逐步发展起来的最重要的藏民族用品市场，该区域就成为藏族移民最集中的区域，这些综合性社会影响对藏族移民社会支持是显而易见的。

移民时间的长短对藏族移民的社会支持有显著差异，移民时间越早，所得到的社会支持相应越强。相关研究表明，移民在迁入地点时间越长，就会形成更多的社会资源，积累更多的人才资本，从而更好融入城市社会生活。

年龄对藏族移民的社会支持有显著差异。一般而言，随着年龄的增大，所获得的社会支持会不断降低。但我们在前面分析四川藏区内迁移民的原因时发现，最早迁入的成都藏族移民都是有一定级别的藏区离退休干部，国家对其有一系列较好的待遇，因此，藏族移民的老年人社会支持普遍高于中青年移民。

文化程度对藏族移民的社会支持有显著影响。教育是获取社会资本最重要的途径，不同的文化程度会对人们的社会经济地位产生全面的影响。一般而言，文化程度越高，收入相应也越高，就会处于越有利的社会地位，从而形成群体间的社会经济差异。

自购住房的藏族移民社会支持水平显著高于其他类别。住房是当代中

国社会重要的社会财富之一和进入城市的门槛，拥有城市住房可以享受一系列的社会福利保障服务。

从藏族移民遇到急难情况时，得到过宗教、社会团体等非官方组织经济支持和解决实际问题这类帮助的藏族移民总体社会支持与没有得到过这类帮助的相比有非常显著的差异。

总之，对四川藏区内迁移民主观支持、客观支持、社会支持利用度三大维度的统计表明，总体社会支持处于中等水平。从具体维度来看，社会支持利用度>主观支持>客观支持。因此，要提高四川藏区内迁移民社会支持的水平，不仅需要藏族移民积极主动参与到城市民族社会生活的建设，而且需要本地居民和当地政府等多主体、多层次、多方位的社会支持行动建设。

# 第七节　加强四川藏区内迁移民社会支持的对策与建议

四川藏区内迁移民社会支持的实证研究结果表明，总体社会支持处于中等水平状态，主观支持、客观支持、社会支持利用度在不同的移民群体之间存在差异，社会经济特征变量是影响移民的核心因素，特别是居住地点、文化程度、住房类型、社会组织等变量对移民产生最大的社会支持影响。目前，我们国家在中华多元一体的民族实践中制定了“两个共同”“三个离不开”“五个认同”等民族政策，在这种良好民族局面下，我们要持续不断加强民族团结建设，构建新型城市民族关系，建立嵌入式民族社会结构格局，铸牢中华民族共同体意识。我们研究认为，应从以下几方面着手提升藏族移民的社会支持，促进他们不断融入城市社会生活，维护民族团结良好局面。

## 一、继续加大四川藏区内迁移民社会经济发展优惠政策

本研究的调查分析表明，四川藏区内迁移民最希望能够在城市社会经济生活中提供优惠政策。为了给移民创造更好的融入社会经济的发展环境，应在以下几个方面加大政策的支持力度：一是四川藏区与成都平原

及其周边地区的社会经济协作，依托现有的阿成工业园区、德阿工业园区、成甘工业园区、甘眉工业园区等，为移民提供更多的就业机会和就业岗位；二是大力扶持民族经济聚集区的快速发展，进一步加强安德镇民族贸易市场、民族工业园区的建设；三是进一步加大民族用品生产基地的建设；四是为民族经济发展提供信贷政策的支持。

汉藏民族交流发展的历史表明，凡是双方良性互动的时期，就是藏区稳定发展的时期，否则就会出现各种社会问题。因此，创造良好的社会经济发展条件，使已经移居成都的藏族移民能够安居乐业，因为经济融入是藏族移民融入城市的物质前提，稳定的职业是维持生活的重要来源，也是藏族移民融入城市的关键。

## 二、进一步加强民族沟通机制建设

成都市在民族工作中已经取得了不少的经验，构建了稳定的少数民族流动人口服务管理体系。为了进一步增强服务少数民族流动人口和移民的能力，一是强化城市少数民族流动人口和移民服务管理体系建设。2012年由成都市政府牵头，19个市级职能部门组成的少数民族流动人口管理办公室成立，建立了定期联席会议制度，加强部门之间的横向联动和协作配合。针对重点工作建立了“12315”少数民族消费维权服务站等。二是加强区域联动机制建设。加强少数民族流出地和流入地工作联动，在已经建立的“一市三州”的沟通机制、“一局（民宗局）三办（驻蓉办事处）”“一局三州民宗委”等民族工作定期联席协作机制的基础上，增强对少数民族流动人员和移民服务管理的有效性。三是进一步增强以社区为服务管理单元的机制建设。充分利用已建成的少数民族流动人口综合信息系统，将少数民族流动人口和移民工作纳入社区网格化管理，着力推进嵌入式社区建设，实现少数民族流动人员和移民的动态化、精准化服务管理。四是进一步加强少数民族服务平台的建设，在已有的社区民族团结协调小组、民族工作亲情服务团、民族志愿者队伍和民族工作联络站等平台的基础上构建社区民族工作服务管理协调机制，不断夯实社区少数民族群众服务管理的工作基础。

## 三、不断提高四川藏区内迁移民的教育水平

本研究表明，文化程度对藏族移民的社会支持产生重要影响，藏族移民由于在藏区受到诸多客观条件的限制，未能接受良好的教育，在融入城市社会生活的过程中难免碰到各种各样的问题。社会学研究表明，教育社会化是适应现代社会发展，胜任现代工作岗位的必要条件，也是获得各种社会技能的必备条件，是提升人力资本最重要的途径。历史学家汤因比说:“教育和灾难之间存在激烈的竞争”。因此，不断加强教育事业发展是解决藏区社会问题极其重要的举措。

自1986年我国颁布《义务教育法》以来，四川藏区的教育也获得了长足的进步。21世纪四川省政府把藏区的义务教育从9年延伸到12年，2016年又延伸至15年。尤其是2009年以来四川省政府针对藏区实施的“9+3”教育项目已获得了成功经验，藏区教育面貌发生根本性的转变。因此，我们要进一步加强四川藏区教育制度改革，不断提高基础教育的质量，强化职业人才培养机制、人力资源技能培训，提高高等教育入学水平，不断提升年轻一代藏民的人力资本。通过藏区与内地经济合作机制，为他们提供工作机会、更加注重社会公平，提升他们的收入水平。我们的研究表明，文化程度越高，获得的社会支持水平也越高，从而越有利于融入城市社会。“9+3”教育项目培养的大批藏族人才已分布在成都各行各业

的工作岗位。

## 四、为四川藏族内迁移民提供良好的公共服务

为实现藏族移民在城市的融入，需建立嵌入式民族社区，不断加大政府公共服务的投入和政策性扶持，做好藏族移民在城市的民生保障，真正使改革发展成果更多惠及城市少数民族群众。一是提供均等化服务，让藏族移民平等享受子女就学、证照申领、社会保险、住房保障等基本的公共服务。通过改善住房条件完善社会保障制度等措施有针对性地提高他们的生活质量，从而更好地提升他们对城市生活的满意度和心理融入感。二是加强公共服务平台建设，除了政府相关职能部门已经设置的服务窗口外，还要积极建设一些专门为少数民族服务的行业协会、商会、社会组织等，在已经建立的少数民族购车服务中心、法律援助中心、就医咨询服务中心、阿坝州成都商会、甘孜州成都商会等服务组织平台的基础上，进一步为少数民族流动人口和移民提供多元服务选择和帮助。三是进一步完善少数民族就业政策和就业服务体系。加强少数民族职业技能培训、创业培训和就业指导培训，提升少数民族劳动者的职业技能和就业、创业能力。

积极主动回应藏族移民对基本公共服务的新需求，进一步健全完善居住证持有者的服务保障政策，切实保障其在居住地依法享受劳动就业、社会保险等权利和义务教育、法律援助等基本公共服务，让藏族流动人口和移民共享改革发展新成果。

## 五、加强四川藏族内迁移民的社区社会支持网络建设

城市社区是藏族移民生活的重要场所，因而社区融入是城市融入的关

键，通过构建藏族流动人口和移民的社区支持网络，可以推动藏族移民和当地居民发展更密切的联系，使藏族移民在城市中积累起本地化的社会资本，构建多元化的社会支持网络，拓宽社区参与的渠道、拓展参与的范围。为此，第一，需增强社区服务的能力，加强社区工作的人才建设，特别是多培养一些熟悉民族工作和经常性服务于民族社区日常工作的专业人才。第二，可借鉴“三社互动”的经验，在社区建立各类服务藏族移民的社会组织机构，满足不同群体的社会需求。第三，充分发挥藏族移民中的一些老干部、老党员的带头示范作用，让更多的移民也参与其中，把自己当作主人翁，而不是被服务的对象。现有的一些研究证实，城市民族不同群体间的社会交往增多有助于提高不同民族间的积极评价，而民族间的和谐有助于增强民族间的主观接受程度、缩短民族间的主观社会距离。因此，社区是城市民族工作的重点，应充分发挥社区在民族沟通中的桥梁和纽带作用，为四川藏区内迁移民与本地社区居民搭建社会交往的活动平台，增强不同民族社区居民之间的相互了解，这既是丰富藏族移民客观支持和主观支持的过程，更是促进藏族移民本地化的过程。

成都市在长期的民族工作实践中积累了丰富的民族工作经验，1994年国务院授予武侯区浆洗街街道办“全国民族团结进步模范单位”荣誉称号。2005年，又被成都市授予“成都市民族团结进步模范集体”荣誉称号，武侯区浆洗街街道多次被评为成都市、四川省和国家城市民族工作的示范点。成都市在民族团结的实践中建立了社区民族文化之家、社区少数民族联络服务站、民族工作志愿者队伍和民族团结歌舞队等形式多样的民族融入组织，实现了社区各族居民和谐共处，共同发展。这些创造性的做法值得进一步推广、扩大。通过嵌入式民族社区建设，逐步形成对社区的认同归属感和自我存在的价值感，从而增强满足感和幸福感，更好地融入城市生活。

# 第六章　主要结论及讨论

成都市作为藏族流动人口和移民在内地最大的聚居地，不仅产生了广泛的社会经济影响，促进了城市新型民族关系发展，而且引发了不同学科学者持续关注，形成了各类学术成果，不断激发了学术的想象力。成都市的藏族移民聚居区和商业聚集区像一座富矿，吸引学术界挖掘其丰富的学术资源，不断产生有影响力的学术成果。成都市从藏区迁来的移民不仅有深厚的历史传统烙印，更有当代社会经济发展演变的丰富内涵。我们在成都的调研发现，四川藏区内迁移民从最初的聚居点逐步演变为以甘孜州驻成都办事处和阿坝州驻成都办事处（武侯祠横街和金鱼街）为中心、两翼（317、318国道成都段）分布为主体、全面嵌入主要城区为特征的聚居格局。居住格局有机镶嵌在成都的社区环境中，社会关系网仍然以传统的亲缘关系网为主，新型的以业缘关系网为主的社会沟通机制初步建立，打造出了藏族特色的城市民族社会空间，公共活动空间，各式锅庄舞成为这些空间里最亮丽的风采，大街小巷着便装的藏族同胞很难辨认其民族身份，社会生活中也取得了和本地市民一样的公共服务待遇，他们已经成为城市社会经济文化的重要组成部分。同时，这些从藏区持续不断涌入的流动人口和移民也深刻地影响着藏区社会的变迁。

四川藏区内迁移民从当初销售藏区的土特产品到发展出城市民族经济

特色产业，从开设宗教用品店铺到形成宗教文化市场，从传统藏族文化产品销售到城市藏族文化产业，从零星的工作移民到目前的10多万常住人口，藏区内迁移民在成都的社会经济生活发生了翻天覆地的变化。这些变化已引起社会各界和学术研究的关注。正如农民工成为当代中国重要的社会阶层一样，四川藏区内迁成都的移民在社会经济上取得的成功，已经使其成为一支城市新兴的民族力量，不仅初步建立了以武侯祠民族用品市场和安德民族贸易市场为特色的城市民族经济聚集区，融入了市场经济环境，而且为城市多民族发展和民族文化繁荣注入了活力，践行着中华民族共同繁荣共同发展的理念，谱写着成都华丽的篇章。

# 第一节　主要结论

## 一、四川藏区内迁移民是四川藏区与内地社会经济发展的必然结果

我们在第三章从不同的角度分析了四川藏区内迁移民形成的社会性原因，他们进入城市的过程既有少数民族的共性，又有不同于其他少数民族的个性。藏族作为一个全民信教，内聚性很强的民族，这种内聚性在移民中表现尤为突出。四川藏区内迁移民社会融入路径有鲜明的特点，首先是国家为了加强对藏区的社会治理，建立了以藏区驻内地办事处为主的社会制度性安排，为藏区内迁移民奠定了社会基础；其次是四川藏区在成都建立了以离退休干部养老为目的的“单位制”管理形式的干部休养所，形成了以都江堰和双流为主要基地的藏区各单位干部休养所；再次是在市场经济条件下藏族移民充分发挥民族文化资源的优势，在成都建立起藏族特色民族经济市场，以武侯祠民族用品街和郫都区安德民族贸易市场为代表，解决了数万藏族流动人口和移民的就业问题；最后是四川藏区以购房为主的移民，他们在成都或为了养老或为了孩子接受更好教育，通过购房入户的形式获得成都移民资格。大量藏族个体的聚集形成了特定的社会群体，这些不同的社会群体构成了不同的社会网络，有血缘关系网、地缘关

系网、亲缘关系网和业缘关系网等，不同人群组成的这些关系网络相互交织、相互作用，构成了他们在成都的社会经济生活方式。正是这些不同的群体进入城市的路径构成了四川藏区内迁移民融入的社会机制。

### （一）中华人民共和国成立后加强藏区联系的社会制度安排成果

中华人民共和国成立后，伴随西藏的和平解放，为巩固边疆、促进民族团结，加强藏区与内地的联系，1954年底青藏公路、川藏公路正式通车，有力地支援了藏区的社会经济建设，为了进一步增强藏区事务管理，中央政府先后在内地成立了西藏自治区人民政府驻格尔木、兰州、西安、成都、北京、上海六个办事处。其中成都办事处于1956年从重庆迁至现在的位置，即成都市武侯祠横街。由于成都平原物产丰富再加上川藏线的优势，成都变为输送藏区大量生活物资的大后方，与此同时到成都工作的藏族干部职工也不断增多，成都办事处规模不断扩大，修建了一些附属设施如保育院、招待所、医院等，它们不仅成为联系内地的枢纽，而且成为广大藏族干部职工的生活基地。四川藏区完成民主改革后，也因为工作的需要在成都设立了办事处，位置就在西藏驻成办的对面，而阿坝州则设立在成都西门附近。这些办事处的先后建立带来了大批藏族工作人员。

中华人民共和国成立伊始，党中央就把民族干部队伍的建设放在重要位置。1951年在成都成立西南民族学院（今西南民族大学），主要为西南少数民族地区培训紧缺的民族干部和各类专业技术人才，此后每年都有一定数量的藏族干部和专业技术人才接受各类培训和教育。因此，围绕藏区驻成都办事处和西南民族学院逐步形成了藏族流动人口的工作生活聚居点，并在此基础上不断扩大规模，成为藏区联系内地的窗口，由此产生了深远的社会经济影响。

### （二）改革开放后社会政策选择的结果

改革开放后，四川省政府根据中央有关西藏工作座谈会和中央民族工作会议精神制定了促进藏区发展的一系列政策措施，主要有藏区经济发展优惠政策、离退休干部内地安置政策、建立政府部门的各级各类民族工作机构和民族科研院所藏区驻成都办事处政策、专项援助政策、“9+3”职业教育政策等，在这些政策影响下，越来越多的藏区移民迁居成都，形成藏族移民聚居的社区。

因藏区自然环境严酷，长期在藏区生活、工作的人到了晚年都会有各种各样的慢性疾病，国家为了安置在藏区工作的离退休干部在内地养老，建立了大量的离退休干部休养所。由于在计划经济体制下，仍然延续单位社会的管理方式，在成都建设了四川藏区以州级行政、事业单位和藏区县级为单元的一个个单位干休所养老大院，由此在成都建立了一种新型的社区—单位共同体，这是改革开放后第一批较大规模的移民，真正拉开了藏区移民的序幕。不同的民族在进入城市过程中形成了特有的路径，学者们提出了不同解释观点，我们看到少数民族进入城市生活的多样性和多元性。王汉生对维吾尔人在北京“新疆村”的研究发现，维吾尔人以经营餐饮业为主形成了一个特定聚居区（2008）。项飚在研究北京“浙江村”时认为它是流动的社会空间，提出了跨越边界的社区解释路径（1998）；王春光则认为是一种社会重构与社会流动（1995）。王春光研究法国华人移民时运用社会网络资源对生活的社会空间进行重构（1999）。周敏运用民族经济集聚理论解释美国唐人街的变迁（1992）。而我们发现藏族人进入城市的模式与这些研究观点中的任何一种都不完全相同，这进一步丰富了移民研究的视野，拓展了学术研究的空间。

四川藏区内迁成都的移民并不完全是社会制度和政策安排的结果，而是在其实践中创造了适宜于他们自身生存的城市空间，建设了富有藏族民族文化特色的社区空间（如天伦家园）。他们在长期的社会经济活动中创造出在城市工作、生活特有的空间，即不同于原生地但又和原生地有千丝万缕关联的新型社区（如西藏地质花园、道孚家苑等），因而在这个城市的新空间他们能够沿袭和承载他们所希望的生活文化方式和公共活动空间。毫无疑问，这些都是他们自身根据文化适应创造的社会性结果。

### （三）20 世纪 90 年代后市场机制选择的结果

在计划经济体制下人们的基本社会需求通过国家的各项社会制度保障得以满足，20世纪90年代以来随着计划经济体制逐步瓦解，人们的基本社会需求就必须要通过市场机制才能解决。其实，在汉藏商贸往来源远流长的历史中我们发现，民族间的交换满足了各自社会的生产生活所需乃至国家战略需要，而茶马古道就如一条流淌的河流源源不断地把各种物资运输过去，一旦断流必然出现社会问题。计划经济条件下，通过国家的指令分配基本的生产生活资料，维持正常的社会生活。但市场经济条件下，国家不再是分配者，主要通过市场机制满足人们基本需求。因此，市场机制成为移民最重要的驱动机制。我们在藏族移民的历史中发现，从茶马互市到边茶贸易的演变中，不但导致藏区沿线城市的产生和人口的东移，更为重要的是维系中华民族共同体、国家统一的重要纽带，正如石硕老师研究中所揭示的那样，西藏文明东向发展是历史必然。中华人民共和国成立以来，藏族人口的迁移创造了新的历史，把千年以来的商贸交易中心进一步向东发展到内地城市，其中以成都最为典型。这与其说是历史的必然倒不如说是当代中国社会经济发展的客观结果，是社会主义新型民族关系的集中体现，这便是我们看到的成都的民族用品街、民族贸易市场出现的深层社会原因。

具体来说，自确立社会主义市场经济体制目标以来，中国内地经济增长的强劲动力吸引了大量藏族流动人口和移民。一些敏锐的藏族商人注意到移居成都的大量藏族人有较大的市场需求，他们最先在藏区驻成办附近开设了藏族用品商店，随着市场的逐步扩大又出现藏族商人群体。越来越多的藏族商人进入这个市场，武侯祠周围小区、商铺不断被藏族移民租用或购买，从最初的租用到购买是极其重要的跨越，他们在城市的勤劳经商赚取了丰厚的利润，生意的规模不断拓展，不断带来亲戚、朋友、同乡定居成都，经济的集聚效应开始出现，藏族人口越来越集中，居住规模不断扩大，生意上相互分工合作，甚至有一部分商人开始在成都办企业、办公司，走上正规化的发展道路，涉足领域也不断扩展，从民族传统产业到现代各类产业，从民族文化、服饰、珠宝、佛像、法器、印刷、餐饮、音乐等到房地产、现代加工制造、酒店、交通运输、旅游业等。一个由藏族商人移民建立的民族经济聚集区初具规模。

**（四）21 世纪以来国家、市场、社会多种因素共同作用的结果**

在有关藏区的社会政策、制度安排和市场力量等几种因素的共同作用下，21世纪以来四川藏区内迁移民进入城市的方式更加多元化，以经商、购房、求学、打工等形式形成多元生活的利益共同体，分布于城市不同的区位。正如自然界的生态位一样，藏族移民一方面表现为小范围聚居（离退休干部休养所、建制小区、同一小区购房），另一方面受社会经济发展的影响出现移民在同一个区域多元并存的格局，武侯祠民族用品街就是一个典型，在藏区城市存在的行业在武侯祠几乎都能找到。据笔者调查，目前在武侯祠及其周边分散了上千家各类藏族移民开设的店铺及其组织，从人们的衣食住行到吃喝玩乐都可以找到相应的场所，从地摊市场到高档的甚至奢侈品消费市场一应俱全，从街头卖艺到耍都的会所演艺，贫穷与富裕并存，小商小贩与藏商富豪同在，官方的机构与民间的宗教慈善团体共存，正是这样一个看似十分混杂多元的场域，真实反映了藏族移民生活的场景，这也许是为什么研究者称之为“小拉萨”“八廓街”的缘由。

如果说过去的迁移仅是一种空间位置的变化，那么21世纪以来藏族移民在成功融入城市的社会经济文化的过程中，不但在城市开辟了新的生存空间，而且在市场经济体制和国家社会经济政策的激励下，靠自己的智慧在经济上获得了成功，在城市开发出了民族经济空间，并不断扩大规模，同时出现产销分离的发展趋势。

因此，在多种社会机制的共同作用下，四川藏区内迁移民从最初的移民据点发展为移民聚居区，从单位共同体空间格局逐步发展到社区共同体空间格局，从单一的产品交换到多元民族经济的创造，社会经济融合程度加深，与城市产业经济联系更加紧密，就业的路径也开始多元化。

## 二、成都市已成为四川藏区内迁移民的第二故乡

青藏高原是“世界之巅”“亚洲的水塔”，发源于此的长江、黄河之水哺育了伟大的中华民族。生活在青藏高原的藏族儿女，在特殊的自然环境条件下适应了高原环境创造了辉煌的文明，千百年来汉藏民族社会经济文化交往交流交融已经成为一个不可分割的整体，是中华民族的有机组成部分。中华人民共和国成立特别是改革开放以来，藏区和内地社会经济文化的交流越来越紧密，大量藏族流动人口进入内地生活。成都作为藏区进入内地最重要的门户，成为藏族同胞优先选择的城市。

### （一）成都市已经成为四川藏区内迁移民工作生活的最佳场所

源于九寨沟的岷江之水哺育了成都平原，成就了天府之国。成都作为最受藏族同胞欢迎的城市，不但有悠久的历史，而且自明代以来形成的传统商贸活动有厚重的历史，成都不仅是联系藏区事务的重要枢纽城市，也是推动藏区社会经济发展的强大引擎。从政治安排来说，藏区驻成办可以联络解决内迁移民面对的一些政治性事务问题；从经济方面而言，四川藏区与成都的横向经济联系越来越多，四个飞地园区已经陆续建成，它们将成为助推藏区发展的持久动力；初具规模的城市民族经济能够支撑移民安

居乐业；从文化而言，汉藏千年交往交流交融的历史足以承载他们在城市的生活，成都平原有几十座具有藏传佛教背景的寺庙，如昭觉寺、近慈寺、石经寺等。藏族人把成都比喻为“后花园”足以说明它是藏族移民最理想的城市，要不然怎么会有几十万藏人长期生活在成都，对于四川藏区的内迁移民来说，他们在成都的生活真正诠释了成都是一座“来了就不想离开”的城市。

### （二）四川藏区内迁移民建立了多元化社区

四川藏区内迁移民在不断的迁移过程中建立了多元化的社会生活单元，形成了以双流区和都江堰市为代表的休闲养老居住区域，双流主要集中在东升街道、中和街道、西航港街道等，以天伦家园、道孚家苑等为典型代表。都江堰则集中在灌口街道、幸福街道等，以景环路一带小区为主，以馨福苑、威中花园、福临家园等为典型。在藏区驻成办周边经商务工的藏族移民建立了以武侯区为代表的政务化、商业化居住社区，以浆洗街街道的蜀汉社区、洗面桥横街社区等为典型。以金牛区为代表的中高端商务居住型社区，则以一批从事藏族实体经济的实业家为代表，其中鑫城府社区具有地标性的象征意义（详见第三章图3–3）。

## 三、四川藏区内迁移民初步建立了城市民族经济聚集区

四川藏区内迁移民在城市社会经济实践中发展出了富有民族特色的经济产业，按卡尔·波兰尼对人类经济形式的理解，迄今为止，没有一种单独脱离于社会的经济形式，即便是市场经济也不是独立存在的。那么，藏族移民建立的城市民族经济聚集区也不可能脱离特定的社会关系格局，可以说它是嵌入藏区与内地社会经济一体化的关系格局中，依托藏区驻成办及以发展经济为目的的各类办事机构，借助藏族文化的特色资源，利用群

体规模的效应走出的一条城市民族经济发展道路。

**（一）四川藏区内迁移民建立民族特色经济产业**

20世纪90年代全球经济一体化的进程加快，中国在拥抱全球化过程中推动社会经济的变革，促进中国经济发展、社会稳定、民族团结。中央政府对藏区的治理也是在现代化这一大背景下，对藏区的治理力度也是空前的，极大推动了藏区与祖国内地的联系。从历史的角度看，从来没有哪个历史时期汉藏关系同现在一样紧密，成都也是中央和地方关系、民族关系发展的成功典范，在一系列的社会经济政策实践中，藏区与内地的互动愈加频繁，经济的依赖性进一步增强。国家从藏区与内地发展的历史轨迹中寻求内在的连接机制，主导现代化的制度安排，促成了藏区和内地发展的走向和路径，我们沿着西藏驻成办路径可以清晰地发现其阶段性特征。第一，从历史的视角看，西藏驻成办是藏区和中央政府良性互动的纽带，从明朝蜀王建红牌楼迎接藏区使者，到今天藏区驻成都若干办事处进一步加强社会经济联系无不体现这一点。第二，从社会治理角度看，“治国必先治边，治边必先治藏，治藏必先安康”，成都治理康区在历史上占有举足轻重的地位，不仅有地缘优势，而且有良好的社会物质基础，成都平原丰富的物产对藏区有不可替代的作用。第三，中华人民共和国成立后，成都在治理藏区的实践中扮演了更重要的角色，发挥了更为重要的功能。从十八军进藏到成立西藏驻成都办事处，从发挥政治军事功能到社会经济功能，从后勤服务基地到生活服务区，再到成为展示藏区的重要窗口，从服务西藏工作到全面服务藏区与藏族内迁移民的日常事务的转变，特别是鼓励和支持藏区移民在成都建立各类民族产品市场，这些经验在国内外民族关系处理中都占有重要地位。藏区驻成都的各类办事处现已成为外界了解藏区极其重要的窗口，发挥这种连接机制最重要的群体就是藏区驻成都的各类工作人员，他们也实际成了成都的移民。事实上，这种演变全面阐释了藏区与内地社会经济发展关系的内在统一性。

武侯祠民族用品一条街的形成、发展、变迁极具代表性，在很大程度上能够反映四川藏区内迁移民的历史脉络和社会经济活动，它已初步具备民族经济聚集区的主要特征。冯敏的调查表明，仅武侯区工商管理登记的藏族企业就有600多家（2012）。这些企业对内建立了主要服务于藏区及其移民的民族用品市场、民族餐饮市场、民族演艺市场、民族制造业市场、民族文化产品市场、民族劳动力市场等；对外则与内地的经济紧密联系，建立各种横向合作的市场联系，以藏艺商场为代表的零售服务业市场、安德民族贸易市场、启雅尚酒店服务业市场、藏区旅游服务业市场、藏区特产电子商务市场等，通过与外部世界发生不同形式的连接，建立起了市场机制条件下的民族经济聚集区。武侯祠从最初的藏区办事处，逐步形成了藏人聚居点，伴随藏区流动人口和移民的大量进入，20世纪90年代以来，街道的个体经营户越来越多，经营的民族用品种类也不断增多，市场影响力越来越大。2002年，四川省和成都市将其命名为“民族用品一条街”，随着市场经济的不断扩展，民族用品街发展为商城经济——藏艺商场，可以说实现了华丽的转身。其实，我们通过这条街道的发展既可以看到藏族移民融入城市的路径，又可以发现他们在城市的社会经济贡献。通过考察移民的过程，发现群体的内在变化行为，从而达到社会学的原则与宗旨，“就是要洞察整个群体及其总体行为”。①

如果我们把民族用品市场的发展放置在全球化的背景中，我们的认识会更为清晰，西部大开发以来成都成为发展最快的城市，吸引了国内外大型企业在此设立办事处和工厂，促进了成都与国内外经济的联系，大量国内外客商和游客也来到成都，成都成为最具活力的西部城市。经济上的紧

① [法]马塞尔·莫斯. 礼物：古式社会中交换的形式与理由[M]. 北京：商务印书馆，2016：130.

密联系必然带来文化的交流和繁荣，藏族流动人口和移民在成都充分发挥民族优势，使民族文化经济得到前所未有的发展，主要表现在音乐文化、歌舞文化、餐饮文化、宗教文化及这些文化的产业化，以音乐文化为例，20世纪90年代一首高亢的《青藏高原》唱遍了神州大地，著名的康巴汉子歌手亚东的一首《向往神鹰》流行大江南北，容中尔甲的《神奇九寨》唱遍了长城内外，在成都以梦幻唐古拉为代表的藏族文化产业兴起，为城市民族经济的发展注入了强劲的活力，开创了藏族人在成都的文化经济事业。民族经济的成功犹如一块磁石吸引着越来越多的藏族人口来到成都，增强了民族经济的规模效应，促进了民族经济产业规模化的发展。再加上成都作为重要的旅游城市，越来越多的游客成为民族文化经济发展的重要增长点，进一步推动了民族文化经济的发展。其实，整个四川藏区内迁移民的演变过程，深刻地体现了当代中国社会转型的特征。

**（二）初步建立了适应市场经济发展的多元经营主体**

通过对四川藏区内迁移民的调查研究，我们发现既有计划经济时期一系列社会制度安排的因素，又有汉藏民族文化传统交流的因素，还有社会主义市场经济力量的驱动因素，是多种社会经济文化因素共同作用的结果。在国家政策影响和藏区经济转型升级的背景下，藏区的流动人口和移民在城市建立了几类有影响的民族经济实体：

一是围绕四川藏区驻成办建立了两大民族用品市场：武侯祠民族用品街和成都老西门抚琴西北街民族市场。其经营主体主要是藏族个体工商户和一些民族产品制造商。藏艺商场、罗马假日古玩市场、送仙桥古玩市场、锦绣工场等都是各类珠宝、佛珠等的交易市场；

二是建立了民族贸易企业，以安德民族贸易市场和安德工业园区为代表；从洞子口木材交易市场到四川大西南建材城再到青白江国际木材交易中心，都离不开藏族商人忙碌的身影，他们的木材贸易也是市场的一支重要力量；为解决民族地区购车服务问题而成立的四川众友龙达汽车贸易有限公司等也是民族贸易企业的代表。

三是民族文化企业，以成都梦幻唐古拉、天地吉祥、央可尔民族大舞台等为代表的民族演艺业，拓展了民族文化的边界，极大丰富了城市文化的多元内涵；为传承民族文化和融入迁入地社会，他们自己组织了一些藏语和汉语培训机构；为推广作为传统文化精粹的唐卡，发展出最具民族文化影响力的唐卡产品市场；藏族移民中的一些精英为更好地发扬和创新民族文化，以康巴汉子亚东、拉孟等为代表的民族文化艺术人才成立了各类艺术组织，积极发展适应城市的民族文化；以阿热藏餐等为代表的藏族餐饮服务市场不断适应多元需求。

四是建立民族经济多元化实体经济，以阿坝州著名的藏族商人LJ创办的四川地润投资有限责任公司、LZY创办的四川众友实业集团公司、YYD的银元投资集团公司、甘孜州GQZX创办的四川嘎玛博秀雪艺文化发展有限公司等为代表，这些成功的藏族商人现在都是跨界、跨区域经营的实业家，拥有矿产、房地产、酒店、文化旅游、金融服务等广泛的投资产业，在四川藏区和成都产生了较大的社会经济影响，特别是被称为阿坝州“犹太人”的金川商人影响甚大。

此外，还有一部分藏族青年在目前良好的创新创业环境条件下，创办了各类代表新兴产业发展的新经济形式以及各类“互联网+”企业，如青年大学生珠扎创办的信息数字化服务成都云使绿能科技有限公司等。

## 三、四川藏区内迁移民生存状况

### （一）四川藏区内迁移民社会适应状况

从调查结果看，四川藏区内迁移民对成都环境总体适应一般，在水土条件、气候条件、交通条件和文化娱乐设施四项调查中，移民对水土条件适应度最高，移民对气候条件、交通条件、文化娱乐设施适应一般。从移民对四项环境的适应来看，最适应的是水土条件，最不适应的是交通条件。

从四川藏区内迁移民社会适应来看，总体比较好，迁移时间的长短有较大的影响。语言适应普遍较好，绝大多数会讲普通话甚至讲四川话，学习语言的动机比较强烈。从饮食习惯的适应看，藏族移民比较适应，川菜是他们日常生活中经常食用的，但本民族的饮食习惯并未根本改变。从公共空间的适应看，四川藏区内迁移民经常会去公园、电影院、体育馆等场所，从娱乐场所来看，多选择藏茶馆喝茶娱乐，或选择朋友家里或选择城市酒吧，其他场所很少去。宗教活动场所是开展各种宗教活动的专门地方，成都市有藏传佛教背景的场所较多，成都文殊院、昭觉寺、石经寺（龙泉驿）、近慈寺（石羊场）、新都宝光寺、彭州龙兴寺、双流应天寺、永祚寺、镇江寺等。从移民的宗教信仰活动方式来看，位居前三位的方式依次为心中有佛、去寺院布施和在家供奉。虽然移居城市生活，但宗教信仰仍然是他们日常生活的重要组成部分，从移民每年去藏传佛教场所的次数看，多数人每年要去两次及以上，因各种原因没有去的较少（详见第四章）。

### （二）四川藏区内迁移民经济适应状况

成都作为内地藏族人最多的城市，其重要的原因除了制度安排外，良好的经商环境和庞大的市场是吸引藏族移民进入成都的核心因素，21世纪以来，以经商和务工为主的两大群体大量来到成都，主要从事藏区的特色资源产业和民族文化产业，经营民族特色资源产业的移民以安德民族贸易市场为中心，经营民族文化产业的以四川藏区驻成办的武侯祠片区和成都西门片区为聚集中心，大量经商就业的人口工作生活在这些区域。从总体来看，经济适应比较好。

改革开放以来，四川藏区持续不断的内迁移民不仅希望当地政府能给予最大限度的帮助和支持，他们自身通过民族认同、地域认同、心理认同、文化认同等强化这些稳定的社会连接纽带，维护他们在城市生活的权利，形成各类社会移民的整合机制，在行业经济生产活动中结成利益共同体组织。如阿坝州驻都江堰干部休养所、甘孜州老年协会等组织维护老年人的权益；各类商会协会组织维护藏商的权益。

**（三）四川藏区内迁移民社会支持状况**

统计结果表明，四川藏区内迁移民的总体社会支持处于中等水平的状态。从客观支持、主观支持和社会支持利用度对总体社会支持的贡献看，社会支持利用度在移民的总体社会支持中发挥的作用最大，主观支持其次，客观支持最低。

四川藏区内迁移民的总体社会支持多元因素回归分析表明，在人口特征变量中，户籍、性别、婚姻变量均没有对藏族移民的总体社会支持产生显著影响。仅年龄对总体社会支持达到显著性水平，说明在控制其他自变量的条件下，年龄对藏族移民总体社会支持有明显的影响。

从社会经济特征变量看，居住地点、文化程度、收入、住房类型等变量对藏族移民的总体社会支持均达到显著性水平；职业和来成都的时间未达到显著性水平。从居住地点变量看，和居住在金牛区的藏族移民相比，仅武侯区的藏族移民对总体社会支持达到显著性水平。从文化程度变量来看，以本科学历为参照，文化程度的不同因子均对藏族移民对总体社会支持达到显著性水平，在文化程度变量中，以本科为参照，未上过学、小学、初中、高中、大专的藏族移民在总体社会支持方面均达到显著性水平，统计结果表明，文化程度对藏族移民总体社会支持有显著影响。月收入对藏族移民的总体社会支持有显著影响。从居住类型变量看，以住在干休所为参照，自购住房的藏族移民在总体社会支持方面达到显著性水平，租住、住工作单位、住亲戚家没有达到显著性水平。

藏族移民遇到急难情况时，是否有官方或半官方组织的经济支持和解决实际问题的帮助对总体社会支持未达到显著性水平；得到过宗教、社会团体等非官方组织帮助的达到显著性水平。统计分析表明，正式组织（官方或半官方）的社会支持对四川藏区内迁移民没有显著影响，而非正式组织的总体社会支持对四川藏区内迁移民融入城市社会产生非常明显的影响（详见第五章）。

# 第二节　相关讨论

我们在肯定四川藏区内迁移民所取得的成绩的同时，也要看到存在的一些问题和不足。

## 一、四川藏区内迁移民的社会经济发展是否有普遍性的问题?

本研究主要探讨了四川藏区内迁移民演变的社会机制及其在成都的生存状况。从中华人民共和国成立以来，中央政府治理藏区的一系列制度性安排、政策性选择和市场经济的驱动，形成四川藏区内迁移民的演变轨迹，从聚居点到呈带状分布，再到区域分布的格局；从聚居点到聚集社区，从零星店铺到规模化市场再到民族经济聚集区，从小群体到成都市规模巨大的少数民族群体。四川藏区内迁移民在不断的迁移中创造出成都的民族特色经济，在市场经济条件下不断创造性适应城市的社会生活。在21世纪以来，四川藏区移民踏着时代发展节律，以敏锐的发展眼光捕捉到发展契机，不但走出了藏区而且在内地城市创造出一片属于自己的天地，将民族经济融入成都社会经济发展。

随着社会主义市场经济不断深入发展和城市化进程快速推进，少数民族也加入了人口流动行列，成都少数民族人口流动不断增加，在城市中形成相当数量和规模的少数民族聚居社区。在同一个社区的不同民族之间因为经济利益、风俗习惯、文化传统、宗教信仰等原因导致民族之间的矛盾问题在不同层面上也有所增加，从而直接加大了城市社区管理难度。从现代化发展角度来说，藏区向内地的流动人口和移民规模仍然比较大，推动藏区社会经济的发展和加强移民在城市的融入依然是主要问题，如何进一步改善藏区内迁移民和社会经济生活的完全融入，仍然是城市民族工作的艰巨任务。

21世纪以来随着大量民营企业、民营公司的快速发展，初步形成一定规模的民族产业，为城市多元民族经济的发展做出了极大贡献。特别是民族优势产业，武侯祠民族用品一条街成为国内最大的藏族文化用品的市场，不仅辐射藏区和内地，而且其产品也销售到国外。在21世纪的第二个十年里，以手机为载体的移动互联网消费迅猛发展，很大一部分消费已经转战网络消费，各种民族产品的交易平台应运而生。

那么，这种移民模式及其解释观点是否具有普遍性？

虽然四川省凉山彝族自治州也在成都设立了办事处，也有一些工作人员长期工作在成都，四川省彝族的人口数量多，贫困程度比较高，而且比藏族人口的数量多，在成都的流动人口和移民数量仅次于藏族，但并没有形成类似四川藏区移民的聚居区，也没有建立起类似的民族经济聚集区。这也为我们进一步思考城市民族流动人口和移民的各项工作留下了巨大的研究空间。或许，这些都为我们开创新时代城市民族工作提供了启发，为这些少数民族流动人口和移民提供就业机会、创业条件和各项基本公共服务，是他们融入城市社会、共享社会经济发展成果的重要路径，也是践行中华民族共同体意识的举措，是贯彻落实民族政策“两个共同”“三个离不开”等的重要内容。

## 二、四川藏区内迁移民需要进一步研究的问题

行文至此，自2010年接触藏族流动人口和移民以来，困扰笔者的研究问题不得不暂时告一段落，但对此问题的逐步深入思考会引起更多的反思，我们整个社会需要进一步思考解决的问题还有很多，以此抛砖引玉，可以让更多学者更进一步深入研究这些时代命题。

### （一）宗教与社会发展主题

从涂尔干和马克斯·韦伯开创宗教社会学研究以来，宗教主题一直是社会学研究的经典命题，涂尔干分析宗教生活的基本形式时指出，仪式作为一种集体意识的产物发挥了重要的社会功能，对人们的思想和行为产生重大影响。韦伯从新教伦理出发论证了资本主义的起源。到今天为止，宗教对世俗世界的影响更加多元化，宗教并没有伴随现代社会世俗化而衰落。

宗教对社会发展有重大影响，美国著名的藏学研究专家梅·戈尔斯坦（Melvyn Goldstein）研究西藏现代史时所著《喇嘛王国的覆灭》以大量翔实的史料，揭示了喇嘛王国走向灭亡的必然结果，但宗教现象作为一种社会存在，藏传佛教不仅在藏区影响至今仍然巨大，而且在内地产生了众多的信徒，数量越来越多，对此已经有一些相关的研究成果，但揭示它背后的逻辑还需要进一步调查研究。

1982年19号文件对宗教的发展影响极其巨大，民族用品街道的繁荣一定程度上和宗教的发展息息相关，宗教的发展在一定程度上催生了这条街道的发展，周边的宗教用品生产厂家不断增多，进入21世纪更是得到快速发展，以眉山、郫都区、邛崃冉义镇为例，可以发现当地人大量从事民族宗教用品生产，生产方式也发生了巨大的变化，从传统的手工生产过渡到规模化的机械生产。同时，还有大量的移民长期在成都生产宗教产品，宗教产品的生产地点、市场、消费主体等都发生重大变化，这也引起

藏区与内地的各种联系出现一些新的值得关注的社会现象。

### （二）宗教与社会主义社会相适应

1982年3月31日，中共中央下发了《关于我国社会主义时期宗教问题的基本观点和基本政策》（中发〔1982〕年19号）。宗教是人类社会发展到一定阶段的历史现象，它有发生、发展和消亡的过程。宗教信仰，宗教感情，以及同这种信仰和感情相适应的宗教仪式和宗教组织，都是社会的历史的产物。尊重和保护宗教信仰自由，是党对宗教问题的基本政策。《中华人民共和国宪法》第三十六条规定："中华人民共和国公民有宗教信仰自由。""国家保护正常的宗教活动。"同时也规定："任何人不得利用宗教进行破坏社会秩序、损害公民身体健康、妨碍国家教育制度的活动。""宗教团体和宗教事务不受外国势力的支配。"

如果说19号文件为宗教信仰自由提供了政策基石，扫清了障碍。那么1992年的市场经济体制则为宗教市场化发展开拓了道路，信仰人士的不断增多催生宗教用品市场的扩大，是武侯祠民族用品街得以形成的重要推动力量。内在动力和外部影响叠加产生了民族用品市场。每年定期举办的宗教法会与盛大佛事活动强化了宗教用品市场发展，可以说是推动民族用品街繁荣的一支重要动力。寺庙的大量修建、僧人的增多、信众规模的扩大、经济发展水平的提高、旅游业的兴起等等，都客观上刺激了宗教的繁荣，甚至出现假活佛"满天飞"的一些乱象，由此说明对一些宗教活动的治理也刻不容缓，2015年中华文化与佛教研讨会在成都召开，与会人员达成"成都共识"就是加强治理的集中体现。

由于藏区长期实行政教合一的统治，宗教在政治、经济、文化和日常社会生活中的影响极其巨大，在短期内不可能消失。宗教经济有深厚的社会基础，寺院制度的久远影响，藏区僧人的群体观念和群体现象，这些短期都不可能发生根本性改变。为此，如何引导信教群众与社会主义社会相契合，现有的研究无疑为宗教的发展提供了一些启示，但这还需要进一步研究。

### （三）具体的一些民族问题

一般来说，大量的人口流动现象必然引发一些犯罪问题，比如治安问题、偷盗、抢劫、经济纠纷、民族冲突、民族歧视等，如何有效解决这些少数民族流动人口和移民的共性问题，是我们必须正确面对和处理的问题，否则会引发不必要的民族不和谐。

少数民族经商办事难、子女读书难、买车难、住院看病难等一些社会问题并未得到有效的解决，城市生活中拒载、拒医、拒住、拒购等现象时有发生。

此外，还有藏族商人移民在成都所创办企业的发展、专门为藏族移民提供服务的各类社会组织、针对少数民族提供教育、医疗等公共服务等问题的研究也较少涉及；还有藏族家庭移民的研究等等也值得探究。

以此，希望更多的学者对这些问题能够进行专题研究。

# 参考文献

## 一、外文期刊与著作

1. SJAASTAD L A. The costs and returns of human migration[J]. Journal of Political Economy，1962.
2. WOLPERT JULIAN. Behavioral aspects of the decision to migrate[J]. Papers and Proceedings of the Regional Science Assciation，1965（15）.
3. TODARO MICHAEL P. A model of labor migration and urban unemployment in less developed countries[J]. American Economic Review，1969（59）.
4. M GRANOVETTER. The Strength of Weak Ties[J]. American Journal of Sociology，1973，78（6）.
5. BREMAN J. A dualistic labour system? A critique of the informal sector concept[J]. Economic and Political Weekly，1976，11（48）.
6. GOODMAN JOHN L. Migration Decision-Making：Multidisciplinary Approaches to Microlevel Studies in Developed and Developing

Countries[M]. New York：Pergamon Press，1981.

7. MASSEY DOUGLAS S. The social and economic origins of immigration[J]. Annals of the American Academy of Political and Social Science，1990.
8. MASSEY DOUGLAS S，Kristin E. What' s driving Mexico-US migration? A theoretical，empirical，and policy analysis[J]. 1997，102（4）.
9. WRIGHT RICHARD，ELLIS MARKS. Nativity，ethnicity，and the evolution of the intra-urban division of labor in metropolitan Los Angeles》[J]，Urban Geography，1997（18）
10. AMIN ASH. An institutionalist perspective on regional economic development[J]. International Joural of Urban and Regional Reasearch》，1999，23（2）.
11. RIAU W NALON. Development Anothroplogy Encountersin the Real World[J]. the Unite state west view press，2002.
12. SKOCPOL THEDA. Bringing the state back in：Strategies of analysis in current research[M]. Cambridge：Cambridge University Press，1985.
13. JAMES A BECKFORD. Religion and Advanced Industrial Society[M]. Unwin Hyman Ltd，1989.
14. SCHULTZ T W. Floating Population and Migration in China：The Impact of Economic Reforms[M]. Hamburg：Institutfur Asienkunde，1997.

## 二、国外翻译著作

15. [美]希尔·米歇尔. 宗教社会学[M]. 纽约：基础图书公司，1973.

16. [美]彼特·贝格尔. 神圣的帷幕——宗教社会学理论之要素[M]. 高师宁，译，上海：上海人民出版社，1991.

17. [德]马克斯·韦伯. 经济与社会[M]. 林荣远，译，北京：商务印书馆，1997.

18. [美]克利福德·格尔茨. 文化的解释[M]. 纳日碧力戈等，译，上海：上海人民出版社，1999.

19. [法]爱弥尔·涂尔干. 宗教生活的基本形式[M]. 渠敬东、汲喆，译，上海：上海人民出版社，1999.

20. [英]爱德华·泰勒. 原始文化（重译本）[M]. 连树声，译，桂林：广西师范大学出版社，2005.

21. [法]马塞尔·莫斯. 礼物[M]. 商务印书馆，2016.

22. [美]约翰·R.魏克斯. 人口学概论[M]. 侯苗苗，译，北京：中国社会科学出版社，2016.

## 三、国内期刊

23. 汪宁生. 迁入昆明的少数民族及其文化适应[J]. 社会科学战线，1990（2）.

24. 杨荆楚. 族际大交流在当今中国[J]. 民族团结，1995（12）.

25. 李苏幸. 中国大都市面对族际交流[J]. 民族团结，1995（12）.

26. 沈林. 中国城市里的少数民族聚落[J]. 中南民族学院学报，1996（3）.

27. 郑信哲.浅谈我国城市民族关系的现状与发展趋势[J].中央民族大学学报（哲学社会科学版），1996（3）.
28. 阮西湖.都市人类学学科的建立和中国都市人类学的发展[J].民族研究，1996（3）.
29. 周大鸣.未来的城市与都市人类学——都市人类学研究（下）[J].广西民族学院学报（哲社版），1997（10）.
30. 王希恩.社会主义市场经济和中国的民族意识[J].民族研究，1998（3）.
31. 王树新，巴巴拉安，等.西藏拉萨市流动人口与社会经济发展[J].人口与经济，1998（6）.
32. 高师宁.试论现代化与新兴宗教[J].世界宗教研究，1999（4）.
33. 杜永彬.藏传佛教世俗化倾向的反思[J].战略与管理，1999（4）.
34. 田孟清.论城市民族工作的对外开放[J].广西民族研究，2000（1）.
35. 李筱文，盘小梅.少数民族文化与都市文明之双向调适——以广州、深圳为例[J].广西民族研究，2000（1）.
36. 郑信哲.略论我国少数民族人口流动及其影响[J].满族研究，2001（1）.
37. 张文静，乔木.城市少数民族流动人口引发问题及管理对策研究[J].法制与社会，2001（3）.
38. 周竞红.少数民族流动人口与城市民族工作[J].民族研究，2001（4）.
39. 周竞红.城市民族关系的结构变化与调整[J].中央民族大学学报（哲学社会科学版），2001（6）.
40. 胡令明.城市少数民族流动人口的新情况、新问题[J].民族论坛，

2001（4）.
41. 李华权. 关于城市民族工作的几点理论思考[J]. 广西民族学院学报（哲学社会科版），2001（6）.
42. 格勒. “茶马古道”的历史作用和现实意义初探[J]. 中国藏学，2002（3）.
43. 金春子. 城市少数民族流动人口与城市民族工作[J]. 中国民族，2002（3）.
44. 邓行. 少数民族流动人口权益保护初探[J]. 中南民族大学学报（人文社会科学版），2002（3）.
45. 郑信哲，周竞红. 少数民族人口流动与城市民族关系研究[J]. 中南民族大学学报（人文社会科学版），2002（4）.
46. 杨健吾. 城市少数民族流动人口问题研究——以成都市为例[J].《西南民族学院学报》，2002（7）.
47. 马中璞. 浅析北京的少数民族及其民族工作[J]. 北京联合大学学报（人文社会科学版），2003（1）.
48. 汤夺先. 试论影响城市民族关系的几个因素[J]. 黑龙江民族丛刊，2003（6）.
49. 华彦龙. 关于城市少数民族人口流动问题的思考[J]. 中州统战，2003（10）.
50. 韩敏. 少数民族流动人口与城市民族工作[J]. 理论与实践，2003（12）.
51. 马跃. 藏族中学生内地教育的跨文化研究——教育人类学的观察方式[D]. 北京：中央民族大学，2004.
52. 赵建华. 中国城市化进程与社会分层[J]. 改革，2004（2）.
53. 王琛，周大鸣. 试论城市少数民族的社会交往与族际交流——

以深圳市为例[J]. 广西民族研究，2004（2）.
54. 汤夺先. 试论城市少数民族的民族意识与民族关系——以兰州市为例[J]. 中南民族大学学报（人文社会科学版），2004（3）.
55. 张继焦. 城市民族的多样化——以少数民族人口迁移对城市的影响为例[J]. 思想战线，2004（3）.
56. 乌兰察夫. 东南沿海城市少数民族人口研究[J]. 内蒙古社会科学（汉文版），2004（3）.
57. 徐黎丽，陈文祥. 当代西北少数民族地区移民对民族关系的影响[J]. 兰州大学学报（社会科学版），2004（32）.
58. 张善余，曾明星. 少数民族人口分布变动与人口迁移形势——2000年第五次人口普查数据分析[J]. 民族研究，2005（1）.
59. 凌锐. 试论城市少数民族流动人口对城市民族关系的影响[J]. 中南民族大学学报，2005（1）.
60. 张继焦. 城市中的人口迁移与跨民族交往[J]. 云南社会科学，2005（1）.
61. 陶斯文，喇明清. 城市化进程中社区民族工作的特点及对策——以城市社区治理为视角[J]. 西南民族大学学报（人文社科版），2005（2）.
62. 拉毛才让. 试论少数民族流动人口的构成、分布特点及动因[J]. 攀登，2005（2）.
63. 林均昌. 少数民族人口的迁入对东部城市民族关系的影响[J]. 烟台师范学院学报，2005（4）.
64. 冯敏. 成都市藏族经商流动人口对多元文化城市的贡献——对民族用品一条街的调查与思考[J]. 西藏研究，2005（3）.
65. 汤夺先. 西北大城市少数民族流动人口若干特点论析——以甘

肃省兰州市为例[J]. 民族研究，2006（1）.
66. 李伟梁，陈云. 城市少数民族流动人口的社会支持——以武汉市的调研为例[J]. 中南民族大学学报（人文社会科学版），2006（3）.
67. 马戎，旦增伦珠. 拉萨市流动人口调查报告[J]. 西北民族研究，2006（4）.
68. 任远，邬民乐. 城市流动人口的社会融合：文献述评[J]. 人口研究，2006（3）.
69. 李林凤. 城市少数民族流动人口的社区支持[J]. 青海民族研究，2006（3）.
70. 蒋连华. 城市少数民族流动人口聚居区的形成及应对原则[J]. 社会科学，2006（9）.
71. 陈云. 城市与少数民族流动人口管理与适应——以武汉市为例[J]. 黑龙江民族丛刊，2006（4）.
72. 李伟梁. 少数民族流动人口的城市生存与适应[J]. 内蒙古社会科学，2006（5）.
73. 白晓荣. 城市少数民族流动人口聚落的形成与功能[J]. 中国穆斯林，2006（2）.
74. 南文渊，卢守亭. 少数民族城市化研究综述[J]. 中南民族大学学报（人文社会科学版），2006（5）.
75. 陈乐齐. 我国城市民族关系问题及其对策研究[J]. 中南民族大学学报（人文社会科学版），2006（5）.
76. 马旭. 少数民族流动人口城市适应研究——以武汉市为例[D]. 北京：中央民族大学，2007.
77. 黄文芬. 少数民族地区农村富余劳动力就业现状分析与思考[J]. 贵

州民族研究，2007（1）.

78. 杨军昌.论西北少数民族流动人口问题[J].黑龙江民族丛刊，2007（2）.

79. 马强.回族特色人才的迁移就业及城市适应——广州市宁夏籍阿拉伯语从业者田野调查[J].西北第二民族学院学报，2007（3）.

80. 亢鸿玲.民族人口流动：研究的现状、问题与展望[J].青海民族研究，2007（3）.

81. 窦开龙.西北少数民族流动人口大都市困境适应的人类学分析——来自甘肃的实证调查[J].西北第二民族学院学报（哲学社会科学版），2007（4）.

82. 马戎，马雪峰.西部六城市流动人口调查综合报告[J].西北民族研究，2007（3）.

83. 孙文慧，高向东，郑敏.上海市外来少数民族流动人口新情况、新问题的探讨[J].市场与人口分析，2007（4）.

84. 洲塔，齐德舜.藏传佛教世俗化研究中的几个理论问题探析[J].甘肃社会科学，2007（5）.

85. 潘正云，沙马日体.少数民族流动人口怎样与市民和谐相处探析——以成都市金牛区市民与少数民族流动人口关系为例[J].西南民族大学学报（人文社科版），2007（8）.

86. 文久富，陶斯文，刘琳.城市化进程中少数民族流动人口就业现状、存在问题及其对策分析[J].西南民族大学学报（人文社科版），2007（8）.

87. 唐希鹏，李缓.成都市“藏族文化街”的定位及发展对策[J].西南民族大学学报（人文社科），2007（9）.

88. 林钧昌，赵强.城市化进程中人口流动与和谐民族关系的构建——以威海市为例[J]. 黑龙江民族丛刊，2008（4）.

89. 张娜. 内地都市少数民族生存对文化艺术的传播——对成都武侯祠附近藏族的研究[J]. 柳州师专学报，2008（1）.

90. 骆为祥. 少数民族人口分布及其变动分析[J]. 南方人口，2008（1）.

91. 杨健吾. 城市社会治安的综合整治与少数民族盲流犯罪：以成都市为例[J]. 青少年犯罪研究，2008（2）.

92. 王平. 关于城市少数民族流动人口子女教育问题的思考——以兰州市少数民族流动人口子女教育为例[J]. 民族教育研究，2008（2）.

93. 王汉生，杨圣敏. 大城市中少数民族流动人口聚居区的形成与演变——北京新疆村调查之二[J]. 西北民族研究，2008（3）.

94. 陈云. 少数民族流动人口城市融入中的排斥与内卷[J]. 中南民族大学学报（人文社会科学版），2008（4）.

95. 李吉和. 我国城市少数民族流动人口特点探析[J]. 西南民族大学学报（人文社科版），2008（11）.

96. 马冬梅，谢一帆. 少数民族进城务工人员社会网络及其影响因素——以广西桂林市为例[J]. 黑龙江民族丛刊，2008（4）.

97. 贾东海，敏生兰. 城市化进程中影响民族关系的因素[J]. 西北民族大学学报（哲学社会科学版），2008（4）.

98. 松冈正子，曲木威古，彭欧，等. 冕宁县纳木义藏族改革开放后人口流动和文化变迁的关系[J]. 康定民族师范高等专科学校学报，2008（4）.

99. 张文宏，雷开春. 城市新移民社会融合的结构、现状与影响因素分析[J]. 社会学研究，2008（5）.

100. 嘎日达，黄匡时. 西方社会融合概念探析及其启发[J]. 国外社会科学，2009（2）.
101.李玉琴．藏族儿童内地学习生活的文化适应研究——对双流县就读的藏族儿童群体的调查[J]. 中国藏学，2009（3）.
102.赵蕤．双流县甘孜籍老年移民的文化适应[J]. 西南民族大学学报（人文社科版），2009（2）.
103.郭志仪，毛慧晓．中国五大藏区人口变动与迁移[J]. 人口与经济，2009（1）.
104.汤夺先．城市少数民族流动人口问题论析[J]. 中南民族大学学报（人文社会科学版），2009（2）.
105.杜永彬．都市少数民族对现代化的适应：以北京的藏族为例[J]. 中国藏学，2009（3）.
106.王泽群，于扬铭．论城市少数民族流动人口的社会保障问题[J]. 西北人口，2009（3）.
107.马戎．中国人口跨地域流动及其对族际交往的影响[J]. 中国人口科学，2009（6）.
108.秦伟江．城市化进程中民族问题发展的七大趋势[J]. 学术论坛，2009（8）.
109.贾秀兰，张天劲，卞莉，等．成都市构建民族团结和谐社区研究——以成都市浆洗街街道社区为例[J].《西南民族大学学报（人文社科版），2009（11）.
110.张继焦．经济文化类型：从“原生态型”到“市场型”——对中国少数民族城市移民的新探讨[J]. 思想战线，2010（1）.
111.江曼琦，翁羽．少数民族迁移就业的成本和收益与城市民族工作的开展[J]. 云南社会科学，2010（1）.
112.郑信哲，黄娜．少数民族人口流动与城市民族教育问题探讨——

以山东省青岛市朝鲜族教育实践为例 [J]. 中南民族大学学报（人文社会科学版），2010（1）.

113.徐合平. 论城市少数民族流动人口的劳动权益保障——以武汉市为例[J]. 中南民族大学学报（人文社会科学版），2010（1）.

114.阿布都外力·依米提，胡宏伟. 维吾尔族流动人口特点、存在问题及对策——基于乌鲁木齐市和西安市的调查 [J]. 中南民族大学学报（人文社会科学版），2010（1）.

115.杨西. 关于城市多民族社区和谐构建的研究——以成都市浆洗街民族社区为例[J]. 改革与开放，2010（2）.

116.王明黔. 关于迁入城市少数民族弱势群体生存现状的制度分析——以贵阳市少数民族背篼流动性非正规就业为例[J]. 贵州民族研究，2010（2）.

117.杨风，陶斯文. 四川民族地区人口流动与城市化发展路径研究[J]. 西北人口，2010（3）.

118.汤夺先. 城市少数民族流动人口子女义务教育问题的调查分析——以对兰州市的调查为视点 [J]. 黑龙江民族丛刊，2010（1）.

119.汤夺先，张莉曼. 少数民族流动人口的心理问题及其调适[J]. 贵州民族研究，2010（3）.

120.汤夺先. 试论城市少数民族流动人口的物质生活贫困问题[J]. 西南民族大学学报（人文社会科学版），2010（4）.

121.吴碧君. 分化与重组论场景转换下的都市藏族移民宗教行为变化[J]. 宗教学研究，2010（2）.

122.吴碧君. 成都市藏族移民社会融合的现状与影响因素分析[J]. 中共四川省委省级机关党校学报，2010（3）.

123.吴碧君．都市藏族移民宗教信仰的现代转换[J]. 青海社会科学，2010（3）.

124.徐君．成都市少数民族聚居特点与社区民族工作调查[J]. 研究报告，2013（1）.

125.徐君．私人化与外向化倾向：四川藏区宗教信仰活动变化趋的调研[J]. 藏学学刊（第7辑），2011.

126.程科，张晨光，王亮生．异地求学的少数民族大学生适应性研究——以成都藏族学生为例[J]. 岁月月刊，2011.

127.于萨日娜，丁继，于娜布其．城市少数民族流动人口的研究综述[J]. 前沿，2011（2）.

128.李玉琴．藏族儿童在内地学校教育中的文化适应状况及教育对策——以成都市为例[J]. 四川民族学院学报，2012（5）.

129.万华麒．四川省“9+3”免费中职教育模式下藏族学生文化适应研究[J]. 当代职业教育，2012.

130.耿静．藏族居民居住格局变化与城市民族关系的社会性——以“5·12“大地震后四川都江堰市为例[J]. 中国藏学，2012（2）.

131.仁真洛色，黄维忠．从在内地的藏族流动人口状况看汉藏民族关系[J]. 中国藏学，2012（2）.

132.窦存芳．成都武侯区民族街藏族流动人口生活状况调查报告[J]. 中国藏学，2012（2）.

133.王荻．试论城市少数民族群体生活现状、问题及对策基于对成都市武侯区武侯祠横街少数民族群体的调查[J]. 西南民族大学学报（自然科学版），2012（3）.

134.郑洲．西藏人口东向流动与民族关系再构建研究[J]. 民族学刊，2012（4）.

135.郑信哲，陈春霞. 藏族流动人口在城市的生存适应调查——以甘肃省甘南藏族自治州合作市为例[J]. 中南民族大学学报（人文社会科学版），2012（5）.

136.来仪. 西藏藏族人口东向流动现实意义探微民族问题研究[J]. 西南民族大学学报（人文社科版），2012（11）.

137.伍懿雯. 移居印度藏胞价值观变化探析——以婚姻家庭、信仰价值观为主[J]. 暨南学报（哲学社会科学版），2012（11）.

138.陈永亮. 成都市民族社区民族关系研究[D]. 北京：中央民族大学，2013.

139.郑长德. 2000年以来中国少数民族人口的增长与分布[J]. 西北人口，2013（2）.

140.吴晓蓉. 内地西藏班（校）学生文化适应状况调查分析——以成都西藏中学为例》[J]. 中国藏学，2013（3）.

141.邓作勇. 西部少数民族人口流动趋势分析——基于第六次全国人口普查数据[J]. 广西民族研究，2013（3）.

142.梁敏. 成都市武侯祠聚落中迁移和流动的藏族人口特征分析[J]. 西藏民族学院学报（哲学社会科学版），2013（6）.

143.马戎. 我国部分少数民族就业人口的职业结构变迁与跨地域流动——2010年人口普查数据的初步分析[J]. 中南民族大学学报（人文社会科学版），2013（6）.

144.王雨鹏. 成都市藏族流动人口生存状况研究[J]. 商，2013（21）.

145.胡蝶. 内地藏族中学生文化适应及学校社会工作介入研究——以孝感市X高中为例[D]. 湖北：中南民族大学，2014.

146.徐君. 西部地区中心城市民族教育现状与对策探析——以成都市为例[J]. 民族教育研究，2014（1）.

147.徐君，李彦．藏族流动人口城市适应性研究——以到成都就医的藏族为分析对象[J]．藏学学刊，2014（2）．
148.李灿松，梁海艳．西南边疆民族地区流动人口的族群关系研究——以迪庆藏族自治州建塘镇为例[J]．西北人口，2014（3）．
149.李灿松．西南边疆民族地区流动人口的族群关系研究[J]．西北人口，2014（3）．
150.焦开山．中国少数民族人口的城镇化水平及其发展趋势[J]．民族研究，2014（4）．
151.焦开山．中国少数民族人口分布及其变动的空间统计分析[J]．西南民族大学学报，2014（10）．
152.王瑜，侯玲．藏族中学生在内地学校教育中的文化适应研究——以四川省双流县的甘孜州籍藏族择校生为例[J]．民族学刊，2014，5（5）．
153.来仪．当前成都市藏商群体的基本特点及其现实意义[J]．西南民族大学学报（人文社会科学版），2014（12）．
154.马戎．中国城镇化进程中的民族关系演变[J]．西北民族研究，2015（1）．
155.李灿松，周智生，梁海艳．国内藏族流动人口的生存现状及其社会融入调查分析——基于国家卫计委全国流动人口动态监测数据的探讨[J]．西南边疆民族研究，2015（1）．
156.刘中一，张莉．藏汉通婚十年间的变迁（2000-2010）[J]．贵州民族研究，2015（2）．
157.杨菊华．中国流动人口的社会融入研究[J]．中国社会科学，2015（2）．
158.郝亚明．西方群际接触理论研究及启示[J]．民族研究，2015（3）．

159.徐君. 把教育作为引导少数民族融入城市的关键来自西部特大城市成都的经验[J]. 中国民族教育，2015（5）.

160.徐学书，喇明英，廖海亚. 藏族流动人口服务管理工作探讨——以四川省成都市为例[J]. 西南民族大学学报（人文社科版），2015（6）.

161.周俊利，张书军. 城市民族散居区文化冲突与文化融合探析——以成都市为例[J]. 西南民族大学学报（人文社科版），2015（11）.

162.何一民. 对内对外开放的枢纽与古代成都的三次崛起[J]. 四川师范大学学报（社会科学版），2016（2）.

163.叶姿含. 川籍藏族流行音乐人与其文化身份认同[J]. 西藏大学学报（社会科学版），2016（1）.

164.郑长德. 中国少数民族全面建成小康社会进展评估——基于人口普查数据的分析[J]. 民族学刊，2016（1）.

165.高向东，王新贤，朱蓓倩. 基于“胡焕庸线”的中国少数民族人口分布及其变动[J]. 人口研究，2016（3）.

166.来仪，马晓玲. 我国城市民族互嵌式社区建设研究——以成都市为例[J]. 西南民族大学学报（人文社科版），2016（11）.

167.张秋梅，陈睿. 藏传佛教法器市场化现状及其影响分析——基于成都市武侯祠市场的调查[J]. 中国藏学，2017（3）.

168.熊颖，高山. 成都市藏族流动人口就医行为现状研究[J]. 管理观察，2017（16）.

169.马莎，谌语谣，蒋颖，等. 社会融合视域下成都市少数民族流动人口社会服务需求研究[J]. 改革与开放，2017（17）.

170.范正娟，黄倩，张彩虹，等. 成都市少数民族流动儿童融入城市教育的法制保障研究[J]. 法制博览，2017（21）.

171.马子量.藏区城市少数民族流动人口流入生计研究——基于甘南藏族自治州合作市的调查[J].云南民族大学学报（哲学社会科学版），2018（2）.
172.杨凤岗.中国宗教的三色市场[J].中国人民大学学报，2006（6）.
173.沈林，张继焦，杜宇，等.中国城市民族工作的理论与实践[C].北京：民族出版社，2001.
174.来仪.相遇与沟通—对成都市多民族构成及多民族关系的记录与思考[C].北京：民族出版社，2010.

## 四、国内著作

175.石硕.西藏文明东向发展史[M].成都：四川人民出版社，1994.
176.戴康生，彭耀.宗教社会学[M].北京：社会科学文献出版社，2000.
177.项飚.跨越边界的社区[M].上海：三联书店，2000.
178.费孝通.江村经济：中国农民的生活[M].北京：商务印书馆，2001.
179.张继焦.城市的适应——迁移者的就业与创业[M].北京：商务印书馆，2004.
180.刘俊哲，等.四川藏族价值观研究[M].北京：民族出版社，2005.
181.杨庆堃.中国社会中的宗教——宗教的现代社会功能与其历史因素之研究[M].范丽珠，等，译.上海：上海人民出版社，2007.
182.陶斯文.四川少数民族流动人口研究[M].北京：民族出版社，2007.
183.叶小文.宗教七日谈[M].北京：宗教文化出版社，2007.

184.费孝通. 文化的生与死[M]. 上海：上海人民出版社，2009.
185.风笑天. 社会研究方法[M]. 北京：中国人民大学出版社，2013.
186.吴碧君. 中国少数民族流动人口宗教发展的社会学考察[M]. 成都：四川人民出版社，2014.
187.周永明主编. 中国人类学第一辑[M]. 北京：商务印书馆，2015.

附录

# 四川藏区内迁移民调查问卷

亲爱的朋友：

您好，我们是四川藏区内迁移民调查课题组，为了解藏族在成都的生活工作情况，进行学术研究，以便为改善公共服务提供有价值的参考，我们十分需要您的参与，非常感谢您帮助回答。请您如实填写，选择题请选出符合您情况的选项，填空题请将您的答案填写在横线上。按照《统计法》规定，我们将严格保护您的私人信息。

谢谢您的合作！

四川藏区内迁移民调查课题组

年　月　日

（一）基本情况

A1. 您现在的居住地点是______：

①武侯区　②都江堰　③双流　④郫县　⑤金牛区

A2. 您的户籍在四川哪个地区？ ______

①甘孜州　②阿坝州　③木里县　④成都市

A3. 您的家乡在______：

①农业区　②牧业区　③林业区　④半农半牧（林）区

⑤乡镇　⑥县城

A4. 您在本市居民身份______：

①本市居民户口　②临时居住证　③没有办理登记

A5. 您的性别______：① 男　②女

A6. 您的民族______：① 藏族　②汉族　③其他民族

A7. 您的年龄______：

A8. 您的婚姻状况______：

①未婚　②已婚　③离异

A9. 您的教育程度______：

①上过学　②小学　③初中　④高中　⑤大专　⑥本科及以上

A10. 您现在的职业______：

①个体商业　②餐饮服务业　③民族文化业　④零售服务业

⑤退休　⑥交通运输业　⑦藏区驻成办机构　⑧其他

A11. 平均算起来您2016年每个月的收入是多少？（请填写）______元/月

A12. 平均算起来您2016年每个月的日常生活开支大约是多少？（请填写）______元/月

（二）环境适应

B1. 您会说普通话吗？______

①会　②不会

B2. 您想学普通话吗？______

①非常想　②比较想　③一般　④不想　⑤说不清

B3. 您第一次是通过什么途径到城市工作或生活的（选一项）______？

①自己应聘　②亲戚介绍　③朋友同事介绍　④师傅介绍

⑤职业介绍所推介　⑥自己投资　⑦政府组织　⑧婚嫁

⑨其他途径（请注明）______

B4. 您去过成都的劳务市场吗？ ______

①去过　②没有去过（跳过下一题）

B5. 您觉得找工作容易吗？ ______

①比较容易　②一般　③比较困难

B6. 您去过成都的娱乐场所吗？ ______

①去过　②没有去过（跳过下一题）

B7. 您现在最常去的娱乐场所？ ______

①藏茶馆喝茶娱乐　②城市酒吧　③城市歌舞厅　④朋友家里

⑤其他

B8. 您适应成都的饮食习惯吗？ ______

①适应　②不适应

B9. 您一般在什么地方吃饭？ ______

①家里　②藏餐馆　③普通餐馆　④藏餐和一般餐馆都去

⑤其他

B10. 您去过当地的宗教活动场所吗？ ______

①去过　②没有去过

B11. 您现在宗教活动主要通过什么方式？ ______

①在家供奉　②去寺院布施　③布施　④参加放生活动

⑤心中有佛　⑥其他

B12. 您每年去藏传佛教寺院的次数______

①没时间去　②一次　③两次　④三次　⑤三次以上

B13. 您最初对城里的生活方式有哪些不习惯的地方？ ______（最多选三项）

①城市太大，交通不便　②饮食不习惯　③出门就得花钱

④住房拥挤　⑤工作不好找　⑥城里人不好交往　⑦邻居交往少

⑧服装总赶不上时髦　⑨其他

B14. 您觉得在哪些方面比较适应？哪些方面不太适应？

| 您对下列情形适应如何？ | 很适应 | 一般 | 不适应 |
| --- | --- | --- | --- |
| B14 您对成都的气候条件适应如何？ | | | |
| B15 您对成都的水土条件适应如何 | | | |
| B16 您对成都的交通状况适应如何 | | | |
| B17 您对成都的娱乐设施适应如何 | | | |

（三）社会适应

C1. 您是哪年来成都的？______年

C2. 您来成都主要做什么？______

①内地旅游　②医治疾病和疗养　③在成都候鸟式定居

④藏区驻成都各类办事处工作　⑤来内地办事　⑥上学

⑦商务往来　⑧打工　⑨其他

C3. 您觉得成都怎么样？______

①不喜欢　②不太喜欢　③一般　④比较喜欢　⑤非常喜欢

C4. 您外出目的是什么？______（此题可多选）

①农村收入太低、负担重，城里收入较高

②看看外面的世界 养老/度假　③受到别人的影响

④不想待在农村，城市生活条件好　⑤学习一技之长，再回家乡创业

⑥进城后孩子有条件接受更好的教育　⑦其他（请注明）______

C5. 您在成都如何找工作呢？________（此题可多选）

①托亲戚朋友找　②等单位来招工　③自己去职业中介找

④看招工广告找　⑤通过政府部门有组织的劳务输出

⑥还没想好

C6. 目前，您是否就业？ ______

①是　②否　③退休（选择②③跳过 C7. C8）

C7.（请填写）这份工作您2016年干了多久？ ______个月；平均一个月工作______天；一天工作______小时。

C8. 您来成都后工作岗位变化如何______？

①没有变化　②1次　③2次　④3次及以上

C9. 您现在的住房类型：______

①租住　②自购住房　③住亲戚家　④住工作单位

⑤住干休所　⑥其他

C10. 您现在的人均住房面积：（平方米）______

C11. 您对现在居住的社区满意吗？ ______

①不满意　②不太满意　③一般　④比较满意　⑤很满意

C12. 您的闲暇时间如何度过？（此题可多选）______

①看电视　②玩游戏　③聊天交友　④找老乡玩　⑤逛大街

⑥念经　⑦其他

C13. 您业余时间最常去的地方是（此题可多选）______

①网吧　②在家或宿舍休息　③文化馆　④图书馆　⑤公园

⑥电影院　⑦体育馆　⑧宗教场所　⑨其他（请注明）______

C14. 藏族主要节日的时候您会回老家吗？ ______

①必须回去　②偶尔回去　③无所谓

C15. 您认为成为城市人的主要依据或者主要标志是（此题可多选）______

①取得了城市户口　②有一份比较稳定的工作和较高的收入

③在城市买了住房　④已经成为企事业单位的正式职工

⑤享有和城市人一样的待遇

⑥具有和城市人一样的生活方式和价值观念

⑦其他（请注明）______

C16. 您在城市中就业和投资希望得到谁的帮助和支持?（最多选三项）______

①当地政府　②当地民委　③当地宗教局　④所在单位领导

⑤企业老板　⑥家人　⑦亲戚　⑧朋友　⑨同学　⑩老师

⑪老乡　⑫同事　⑬其他

C17. 您在城市中希望得到哪些方面的帮助和支持?（最多选三项）______

①法律保护　②政策优惠　③资金或贷款支持　④住房

⑤就业　⑥子女就学　⑦解决生活困难　⑧其他

C18. 您对目前的工作或经营状况感到满意吗？ ______

①很满意　②比较满意　③满意　④不满意　⑤很不满意

（四）社会支持

下面的情形根据您的实际情况选择。

D1. 您有多少关系密切，可以得到支持和帮助的朋友?（只选一项）______

①一个也没有　②1—2个　③3—5个　④6个或6个以上

D2. 近一年来您:（只选一项）______

①远离家人，且独居一室。

②住处经常变动，多数时间和陌生人住在一起。

③和同学、同事或朋友住在一起。

④和家人住在一起。

D3.您与现在的邻居:(只选一项)______

①相互之间从不关心，只是点头之交。

②遇到困难可能稍微关心。

③有些邻居很关心您。

④大多数邻居都很关心您。

D4.您与同事:(只选一项)______

①相互之间从不关心，只是点头之交。　②遇到困难可能稍微关心。

③有些同事很关心您。　④大多数同事都很关心您。

D5.从家庭成员得到的支持和照顾(在无、极少、一般、全力支持四个选项中，选择合适选项，在合适的框内划“√”)

| | 无 | 极少 | 一般 | 全力支持 |
|---|---|---|---|---|
| 夫妻(恋人) | | | | |
| 父母 | | | | |
| 儿女 | | | | |
| 兄弟姐妹 | | | | |
| 其他成员(如嫂子) | | | | |

D6.过去，在您遇到急难情况时，曾经得到的经济支持和解决实际问题的帮助来源有:

①无任何来源。　②下列来源:(可选多项)______

A.配偶;B.其他家人;C.朋友D.亲戚;E.同事;F.工作单位;

G.党团工会等官方、半官方组织;H.宗教、社会团体等非官方组织;